रामदूत अतुलित बलधामः

वाल्मीकि की रामायण का पुनर्कथन

श्रीनि कट्टा

समर्पण

गहन और व्यक्तिगत श्रद्धा एवं कृतज्ञता के साथ यह कार्य भगवान राम, सीता, लक्ष्मण, हनुमान और मेरे माता-पिता को समर्पित है।

राम को, जो सहनशीलता और धर्म के प्रतीक हैं, जिनकी धर्म के प्रति अडिग निष्ठा हमें सम्मान, अखंडता या सत्यनिष्ठा और करुणा के साथ नेतृत्व करने के लिए प्रेरित करती है।

सीता को, जो प्रेम और निष्ठा की आदर्श हैं, जिनकी आंतरिक शक्ति और विपत्ति में अनुग्रह हमें अपने संघर्षों में अडिग और सहनशील बने रहने की शिक्षा देती है।

लक्ष्मण को, जो निष्ठावान साथी और विवेकपूर्ण सलाहकार हैं, जिनका अडिग समर्थन और समर्पण हमें परिवार और मित्रता की अमूल्य शक्ति की याद दिलाते हैं।

हनुमान को, जो भक्ति और रणनीतिक कुशलता के प्रतीक हैं, जिनका निर्भीक समर्पण और बुद्धिमत्ता साहस, सृजनशीलता और अडिग विश्वास की शक्ति से चुनौतियों को पार करने का मार्गदर्शन प्रदान करते हैं।

आपकी कालातीत शिक्षाएं हमें मार्गदर्शित करती रहें, हमारी राहों को रोशन करें और हमें उत्कृष्टता की ओर बढ़ने, हमारे मूल्यों को बनाए रखने और दुनिया पर सकारात्मक प्रभाव डालने के लिए प्रेरित करें।

मेरे प्रिय माता-पिता ! यह पुस्तक आपके अडिग प्रेम और मार्गदर्शन का प्रमाण है, जो आपने मुझ पर बरसाया है। आपके स्थायी विश्वास और भगवान राम से प्राप्त शिक्षाएं न केवल मेरे जीवन और भक्ति की समझ को परिभाषित करती हैं, बल्कि मेरे सम्पूर्ण अस्तित्व को भी। मेरे पिता के अनुशासित कर्मकांड और मेरी माता की धैर्यता मेरे मूल्यों की नींव रहे हैं।

गहरी कृतज्ञता और ईमानदार आशा के साथ, मैं इन कालातीत शिक्षाओं को आपके समक्ष प्रस्तुत करता हूँ।

श्रीनि कट्टा

भूमिका

रामायण के साथ मेरी यात्रा ,जिसने मेरे जीवन को गहराई से प्रभावित किया ,तेलंगाना ,भारत के बूर्गमपहाड़ में शुरू हुई। पवित्र गोदावरी नदी और भद्राचलम में भगवान राम को समर्पित मंदिर की मेरे बचपन में एक स्थायी मौजूदगी थी, जिन्होंने मुझे उस स्थान की आध्यात्मिकता में डूबो दिया। आस-पास के जंगलों में मधुका वृक्षों के साथ ,जहां भक्त अभी भी देवता को पके हुए मधुका फूल अर्पित करते हैं ,इस महाकाव्य के परिवेश के साथ एक गहरा संबंध बना ,जिसे मैं आज भी अपने साथ संजोये रखता हूं।

रामायण की जीवंत परंपरा ,जिसे मैंने बचपन में देखा ,इस पुस्तक के लिए मेरी प्रेरणा का स्रोत बनी। मुझे स्पष्टता से याद है, जब मैं अपने घर के बाहर खड़ा होकर 'गुट्टी कोया' जनजातीय लोगों को भद्राचलम में राम नवमी महोत्सव के लिए पैदल यात्रा करते हुए पीने का पानी देता था। राम के प्रति उनकी निष्ठा और बच्चों व बुजुर्गों को बांस की खुली टोकरियों में कंधे पर ले जाने में उनकी निःस्वार्थता रामायण में निहित नेतृत्व और नैतिकता के मूल्यों का जीवंत प्रमाण थी ,जिसने उनके पिछले और आने वाली पीढ़ियों पर अपना प्रभाव छोड़ा और इसने मेरे अंदर एक जिज्ञासा सम्मान के भाव को जन्म दिया ,जो आज भी मेरे साथ है।

राम भक्तों की अविचल निष्ठा ,जो दस लाख बार (राम कोटि) राम का नाम लिखते हैं और भद्राचलम मंदिर में "राम कोटि यज्ञ" में भाग लेते हैं- विश्वास की शक्ति का प्रमाण है ,जो मुझे हमेशा आश्चर्यचकित करता है।

इसके अलावा मेरे पिता के ठंडे पानी से स्नान करते समय "राम राम भद्राद्रि राम और सीता राम "का जप करने की यादें और मेरी माता , जो गोदावरी नदी के किनारे के एक शहर में पैदा हुई थीं, जब भी हमारे परिवार को चुनौतियों का सामना करना पड़ता था, उनका हमेशा यह कहना होता कि "राम हैं "। मुझे बाद में एहसास हुआ कि वह भगवान राम से शक्ति और साहस प्राप्त करती थीं। बचपन में हम अकसर राम की वीर गाथाओं से प्रेरित होकर धनुष और बाण के साथ खेलते थे ।

राम का जीवन असाधारण सहनशीलता ,आंतरिक शक्ति और प्रतिबद्धता से चिह्नित ,मेरे लिए प्रेरणा का एक प्रकाश-स्तंभ रहा है। कई पूजनीय व्यक्तित्वों के विपरीत राम ने कभी खुद को भगवान घोषित नहीं किया। उनका जीवन सभी मनुष्यों में महानता की संभावना को दर्शाता है। यह पुस्तक उनकी यात्रा से समकालीन समानताएं खींचने का प्रयास करती है; नेतृत्व ,नैतिकता और व्यक्तिगत विकास में अंतर्दृष्टि प्रदान करती है।

मेरी बेटी सिरी के साथ रामायण का पाठ करना इस कार्य को आकार देने में महत्वपूर्ण रहा है। उसके प्रोत्साहन और गहरी रुचि ने हमारे विचार-विमर्श को एक व्यापक विश्लेषण में बदल दिया ,जो व्यापक दर्शकों के लिए लाभकारी होगा।

यह पुस्तक वाल्मीकि की रामायण का अन्वेषण करती है ,इसकी प्रामाणिकता को बनाए रखने के लिए मूल संस्कृत पाठ का कड़ाई से पालन करती है। सामाजिक ,व्यावहारिक ,मनोवैज्ञानिक और नेतृत्व विषयों पर केंद्रित इस महाकाव्य का पुनर्कथन कालातीत अंतर्दृष्टि प्रदान करता है ,जो प्रेरणादायक और प्रेरक हैं। प्रत्येक अध्याय

रामायण के प्रमुख प्रकरणों की गहनता से जांच करता है ,पात्रों के निर्णयों ,क्रियाओं और प्रेरणाओं का विश्लेषण करता है। यह दृष्टिकोण प्रभावी नेतृत्व और सटीक निर्णय लेने के अंतर्निहित सिद्धांतों पर प्रकाश डालता है ,जो समकालीन चुनौतियों के लिए उनकी प्रासंगिकता को दर्शाते हैं।

इस पुनर्कथन में संलग्न होकर पाठक यह जान पाएंगे कि प्राचीन ज्ञान आधुनिक नेतृत्व प्रथाओं को कैसे सूचित और मार्गदर्शित कर सकता है ,उनकी जटिल परिस्थितियों को अखंडता (सत्यनिष्ठा) और दूरदृष्टि के साथ मार्गनिर्देशित करने की क्षमता को बढ़ा सकता है। यह पुस्तक व्यापक पाठकों के लिए तैयार की गई है ,जिसमें युवा पाठक , पौराणिक कथाओं में रूचि रखने वाले ,पेशेवर नेता ,शिक्षाविद् , आत्मोन्नति-उन्मुख पाठक ,शिक्षक और यहां तक कि प्रौद्योगिकी पेशेवर भी शामिल हैं। प्राचीन कथा और आधुनिक विश्लेषण का अनूठा मिश्रण यह सुनिश्चित करता है कि कालातीत ज्ञान सभी के लिए सुलभ हो।

लेखक परिचय

श्रीनि कट्टा ,ऑस्टिन ,टेक्सास में स्थित एक दूरदर्शी नेता और सफल कार्यकारी हैं ,जिनके पास उत्पाद प्रबंधन ,प्रौद्योगिकी नवाचार और डिजिटल परिवर्तन में _20 से अधिक वर्षों का अनुभव है। उन्होंने यूनिवर्सिटी ऑफ टेक्सास ,ऑस्टिन से एआई और एमएल में लीडर्स के लिए एडवांस डिग्रीज ,मार्केटिंग में एमबीए और उस्मानिया यूनिवर्सिटी ,हैदराबाद ,भारत से इंजीनियरिंग में मास्टर ऑफ साइंस की डिग्री प्राप्त की है। श्रीनि एक तकनीकी उद्योग के दिग्गज ,एक भावुक कहानीकार ,शिक्षक ,प्रमाणित योग शिक्षक और योग चिकित्सक हैं ,जिनके पास संस्कृत की समझ है। वह नियमित रूप से

हाई स्कूल के छात्रों का मार्गदर्शन करते हैं और 'डिस्कवर एसएपी सीआरएम 'के लेखक हैं। रामायण पर श्रीनि के द्वारा किया गया काम भारत की सांस्कृतिक और आध्यात्मिक धरोहर के साथ उनकी गहरी सहभागिता को दर्शाता है।

आभार

मैं अपनी ग्यारह वर्षीय बेटी सिरी कट्टा के प्रति हार्दिक कृतज्ञता व्यक्त करना चाहता हूं ,जिसकी प्रेरणा और समर्थन इस पुस्तक के पीछे प्रेरक शक्ति रहे हैं। मैं डॉ० गोवर्धन रेड्डी ,अतिरिक्त महानिदेशक ,रक्षा गुणवत्ता सेवाएं ,भारत का उनकी अमूल्य अंतर्दृष्टि के लिए और आपून इंक.के सीओओ राज चप्पिडी का सामाजिक यात्राओं के दौरान मेरी कथाओं को धैर्यपूर्वक सुनने के लिए हार्दिक धन्यवाद करता हूं। महात्मा गांधी अंतर्राष्ट्रीय हिंदी विश्वविद्यालय , वर्धा)महाराष्ट्र(के पूर्व कुलपति श्री गिरीश्वर मिश्रा ,जिन्होंने मेरे अनुरोध पर एक भूमिका लिखने की कृपा की और मेरे प्रिय मित्र कुमार पराकला ,जीएचडी डिजिटल के अध्यक्ष ने भूमिका लिखी। श्री केशव गज्जाला ,बीएफए ,का भी मैं आभारी हूं ,जिन्होंने मेरे साथ धैर्यपूर्वक काम किया और मेरी दृष्टि को अंतिम रूप देने और इस पुस्तक के लिए सुंदर डिजिटल कला प्रदान करने में अपनी असाधारण प्रतिभा का प्रदर्शन किया और उन्होंने इसे निष्ठा के साथ किया। मैं valmikiramayan.net के लेखकों की भी सराहना करता हूं ,जिनकी ऑनलाइन सामग्री ने मेरे लेखन प्रक्रिया में महत्वपूर्ण संदर्भ प्रदान किया है। अंततः मैं उन सभी के प्रति गहरी कृतज्ञता व्यक्त करता हूं जिन्होंने प्रत्यक्ष या परोक्ष रूप से इस पुस्तक को लिखने में मेरा प्रोत्साहन और समर्थन किया।

डॉ० गिरीश्वर मिश्रा द्वारा प्रस्तावना

डॉ० गिरीश्वर मिश्रा पीएच.डी., एफएनए पीएसवाई एक प्रमुख सामाजिक वैज्ञानिक, मनोवैज्ञानिक और लेखक हैं। उन्होंने गोरखपुर विश्वविद्यालय से मनोविज्ञान में एम. ए. और पीएच.डी. की डिग्री प्राप्त की है। डॉ० मिश्रा ने एक विशिष्ट करियर बनाया है, जिसमें महात्मा गांधी अंतर्राष्ट्रीय हिंदी विश्वविद्यालय के कुलपति, दिल्ली विश्वविद्यालय के मनोविज्ञान विभाग के प्रमुख और प्रोफेसर, स्वार्थमोर कॉलेज और मिशिगन विश्वविद्यालय में फुलब्राइट फेलो जैसी महत्वपूर्ण भूमिकाएं शामिल हैं। वह भारतीय मनोविज्ञान के क्षेत्र में एक अग्रणी व्यक्तित्व हैं और उन्होंने अपने संपादकीय कार्य और अनुसंधान के माध्यम से महत्वपूर्ण योगदान दिया है। आप उनके ब्लॉग्स पढ़ सकते हैं।

महर्षि वाल्मीकि को भगवान श्रीराम की कथा, जिसे राम कथा के नाम से भी जाना जाता है, के पहले कथाकार के रूप में मान्यता प्राप्त है। उनकी रचना वाल्मीकि रामायण महाकाव्य का दर्जा प्राप्त कर चुकी है और हिंदुओं में इसे एक पवित्र धार्मिक साहित्य के रूप में मान्यता प्राप्त है। मूल पाठ प्राचीन समय में मौखिक रूप से प्रेषित हुआ था। वर्तमान में रामायण के कई संस्करण विभिन्न प्रमुख भारतीय भाषाओं में उपलब्ध हैं, जो कथा की विभिन्न व्याख्या और विवरण प्रस्तुत करते हैं। साहित्यिक दुनिया में इसे संस्कृत कविता के एक उत्कृष्ट उदाहरण के रूप में माना जाता है। इतिहास में वाल्मीकि रामायण ने संस्कृत और अन्य भारतीय भाषाओं के कई लेखकों को नाटकों और कविताओं की रचना करने के लिए प्रेरित किया है। महर्षि वाल्मीकि भी श्रीराम की जीवन-यात्रा की कथा के एक पात्र हैं। निर्वास की अवधि

में यह आश्रम श्रीराम की पत्नी सीता का आश्रय-स्थल बना। यहीं पर उन्होंने श्रीराम के दो पुत्रों, - लव और कुश को जन्म दिया था। अतः इस कार्य को भारतीय चिंतन परंपरा में इतिहास के रूप में जाना जाता है। रामायण पाठ ने दक्षिण एशिया और दक्षिण पूर्व एशिया की संस्कृति के भीतर महत्वपूर्ण लोकप्रियता प्राप्त की है। आज राम कथा के कई सौ संस्करण उपलब्ध हैं। विभिन्न हिंदू ग्रंथों में यह उल्लेख मिलता है कि राम त्रेता युग के दौरान निवास करते थे। समकालीन शोधकर्ताओं का मानना है कि उनकी उपस्थिति लगभग 5000 ईसा पूर्व से पहले थी।

"राम" नाम का व्युत्पत्तिक अर्थ "आराम, आनंदित होना, प्रसन्न होना" है। राम का नाम आकर्षण, सुंदरता और प्रेममयी गुणों को दर्शाता है। राम को विभिन्न कलात्मक अभिव्यक्तियों और लिखित कार्यों में एक सुशोभित, अनुशासित, सहानुभूतिपूर्ण और नैतिक रूप से सही व्यक्ति के रूप में दिखाया गया है, जो हमेशा निःस्वार्थ गतिविधियों में संलग्न रहने के लिए तैयार रहता है। रामायण में राम को एक आकर्षक व्यक्ति के रूप में दिखाया गया है, जिनका शरीर सुदृढ़, गहरे भूरे रंग की त्वचा, शक्तिशाली बाँहें, चौड़े कंधे, शंख के आकार की गर्दन, तांबे के रंग की आँखें और संतुलित अंग हैं। राम सभी आदर्श गुणों को अपनाते हैं जो एक व्यक्ति के लिए महत्वपूर्ण होते हैं। उन्होंने अपने सभी नैतिक उत्तरदायित्वों को सफलतापूर्वक पूरा किया। राम का जीवन इस बात का उदाहरण है कि सक्रिय रूप से जीवन का अनुभव करना और धर्म, काम व अर्थ, जो कि जीवन के तीन उद्देश्य (पुरुषार्थ) हैं, के महत्व को उजागर करता है। राम का मानना था कि व्यक्तियों को आत्म-चिंतन में संलग्न होना चाहिए और अपने उत्तरदायित्वों को निरंतरता से पूरा करना चाहिए, प्रामाणिक स्रोतों से आनंद का अनुसरण करना चाहिए।

निस्संदेह, राम के जीवन का चित्रण भारतीय साहित्य में साहित्यिक सृजनात्मकता का एक अद्वितीय प्रदर्शन है, जो मानव अस्तित्व की जटिलताओं की व्यापक दृष्टि को पकड़ता है। यह भारत के लोगों के लिए महत्वपूर्ण महत्व का रहा है। राम की कथा एक मानव रूप में देवता की अवधारणा प्रस्तुत करती है। रामायण के अनुसार राम का जन्म विष्णु के मानव रूप में अवतार के रूप में माना जाता है। एक नश्वर देवता के रूप में उनके पास भावनात्मक, बौद्धिक और नैतिक गुण हैं जो मानव और देवताओं दोनों से ऊपर हैं। राम का शासन, जिसे रामराज्य के रूप में जाना जाता है, एक न्यायसंगत और निष्पक्ष शासन का उदाहरण प्रस्तुत करता है, जहां व्यक्ति शारीरिक, दैवीय और शारीरिक परिस्थितियों के कारण पीड़ित नहीं होते थे। महात्मा गांधी ने भारत की स्वतंत्रता को सुरक्षित करने के अपने प्रयास में इसे एक आदर्श के रूप में उपयोग किया। इसके अतिरिक्त, श्रीराम की प्राचीन कथाएँ विभिन्न प्रदर्शन कलाओं के लिए प्रेरणा का स्रोत रही हैं और रामलीला अभी भी अत्यधिक लोकप्रिय है।

भारत और अन्य क्षेत्र के लोगों के जीवन में उतार-चढ़ाव यह प्रदर्शित करते हैं कि साझा मानव प्रकृति कई तरीकों से प्रकट होती है। ऐसे ही विष्णु के अवतार, जिन्हें अवतार के रूप में जाना जाता है, भी होते हैं। दस प्रमुख अवतारों में उनके शारीरिक रूप, जीवन उद्देश्य और वे तरीके जिनके माध्यम से वे धर्म को बनाए रखने और संरक्षित करने के कर्तव्य को पूरा करते हैं, में महत्वपूर्ण भिन्नताएं होती हैं। राम सातवें अवतार थे। एक शाही परिवार में जन्म लेने के बावजूद राम का जीवन अप्रत्याशित और उलझनभरी परीक्षाओं से भरा हुआ था, जिसमें उन्हें एक कठिन वनवास का सामना करना पड़ा और नैतिक एवं नीतिगत समस्याओं का सामना करना पड़ा। राम, सीता और उनके साथियों जैसे- लक्ष्मण, हनुमान और सुग्रीव की जीवन-कथाएँ एक व्यक्ति के रूप में कर्तव्यों और अधिकारों का प्रतीकात्मक रूप से

चित्रण करती हैं। यह धर्म और नैतिक जीवन के सिद्धांतों को दर्शाती हैं। मुख्य मानव शक्तियों को परिभाषित किया गया है और उन्हें प्रोत्साहित करने एवं बनाए रखने के लिए व्यावहारिक तरीके प्रस्तुत किए गए हैं।

श्रीराम की कथाओं के बारे में एक प्रसिद्ध कहावत है, जिसे गोस्वामी तुलसीदास ने रामचरितमानस में बहुत सुंदरता से इस प्रकार समाहित किया है: "हरि अनंत हरि कथा अनंता"। इसका अर्थ है कि भगवान अनंत हैं और भगवान की कथाएँ भी अनंत हैं क्योंकि वे अनगिनत हैं। निस्संदेह, राम की कथाएँ स्थान और पाठ के आधार पर महत्वपूर्ण भिन्नताएं प्रदर्शित करती हैं। हालांकि एक साझा आधार, कहानी की संरचना, भाषाई संरचना और मूलभूत सिद्धांतों का एक समूह है जो धर्म और बुराई के बीच के संघर्ष से संबंधित है। राम की कथा में भारत, दक्षिण पूर्व एशिया और अन्य क्षेत्रों में कई भिन्नताएं पाई जाती हैं। इन भिन्नताओं में विशेष पहलुओं में क्षेत्रीय चिंताओं और ऐतिहासिक घटनाओं का प्रतिबिंबन होता है। प्रत्येक राम कथा की पुनरावृत्ति अपने स्थानीय सांस्कृतिक धरोहर की व्याख्या में प्रामाणिक और सटीक है। कथावाचक भारत में कहानी को विविध तरीकों से प्रस्तुत करते हैं।

श्रीनि कट्टा ने राम की कथा को एक नई और उत्साहजनक दृष्टिकोण से समझने का कार्य किया है। उनकी पुस्तक "राम लक्ष्मण और हनुमान: ब्रदर्स इन आर्म्स" कई पहलुओं में एक असाधारण पुस्तक है। यह मानवीय प्रकृति या मनोविज्ञान को सार्वभौमिक मानती है और देश तथा समय की सीमाओं के पार मौजूद वैध संबंधों की पहचान करती है। इस पुस्तक का मुख्य ध्यान रामायण के प्रमुख पात्रों द्वारा सामना किए गए मुख्य बाधाओं पर है, लेकिन उनके संबंधित अनुभवों और कठिनाइयों के संदर्भ में उनके स्थायित्व पर भी प्रकाश डाला गया

है। श्रीनि ने एक सहानुभूतिपूर्ण पर्यवेक्षक के रूप में स्वयं को रणनीतिक रूप से स्थापित किया है ताकि रामायण के पात्रों द्वारा सामना की गई समस्याओं को समझा जा सके। यह दिलचस्प है कि इनमें से कई समस्याएं विश्वभर में लोगों के दैनिक जीवन में निहित रहती हैं। श्रीनि द्वारा पात्रों और घटनाओं की व्याख्या के लिए उपयोग किया गया दृष्टिकोण स्थानीय और सांस्कृतिक दृष्टिकोण के साथ-साथ वैश्विक और सार्वभौमिक दृष्टिकोण को भी समाहित करता है। प्रस्तुतिकरण संक्षिप्त और विस्तृत रूप से संरचित है।

इस अन्वेषण में विकसित दृष्टिकोण की महत्ता को स्पष्ट करने के लिए श्रीनि ने पूर्व भारतीय राष्ट्रपति भारत रत्न ए.पी.जे.अब्दुल कलाम, क्रिकेट खिलाड़ी भारत रत्न सचिन तेंदुलकर, फिल्म स्टार दीपिका पादुकोण और दक्षिण अफ्रीकी स्वतंत्रता सेनानी नेल्सन मंडेला, जिन्होंने दो दशकों तक जेल में बिताए और अंततः दक्षिण अफ्रीका के राष्ट्रपति बने, जैसे विभिन्न प्रमुख व्यक्तियों पर (प्रकरण अध्ययन या विषय अध्ययन) का आयोजन किया है। उन्होंने रामायण के पात्रों के अनुभवों से प्राप्त ज्ञान का विधिवत उपयोग किया है, जिन्होंने राम कथा के विकास के विभिन्न बिंदुओं पर महत्वपूर्ण भूमिका निभाई है। श्रीनि पाठकों को प्रमुख चुनौतियों और परिस्थितियों के इर्द-गिर्द चर्चाओं में संलग्न करते हैं, जिससे उन्हें नेतृत्व करने, निर्णय लेने, धैर्यता, मित्रता और फलदायी संबंधों को विकसित करने के तरीकों और रणनीतियों पर विचार करने और उन्हें अपनाने की प्रेरणा मिलती है।

प्राचीन रामायण के कार्य का आधुनिक संगठनात्मक-प्रबंधकीय वैज्ञानिक दृष्टिकोण से कठोर विषयगत अध्ययन और इसे एक पाठक-मित्रवत तरीके से प्रस्तुत करना अत्यंत संतोषजनक है। मैंने राम कथा की मूल शिक्षाओं या मुख्य अंतर्दृष्टि की श्रीनि की अभिनव प्रस्तुति की पूरी तरह से सराहना की है। उन्होंने रामायण में प्रस्तुत विचारों के

विभिन्न पहलुओं के व्यावहारिक परिणामों को स्पष्ट और विश्लेषित करने का प्रयास किया है।

मुझे विश्वास है कि राम कथा का यह संस्करण आसानी से समझने योग्य, पढ़ने में आनंददायक है और विभिन्न लोगों के लिए प्रासंगिक हो सकता है। इसके अलावा यह तनाव, अनिश्चितता, उलझन और जीवन में कठिनाई के समय में दिशा और प्रेरणा प्रदान करने के लिए एक मूल्यवान संसाधन के रूप में कार्य करेगा। व्यावसायिक विद्यालयों, मनोविज्ञान और व्यावहारिक विज्ञान के संकाय इसे ज्ञान और गहरी समझ के एक मूल्यवान स्रोत के रूप में अवश्य मानेंगे। यह कार्य प्राचीन पाठ पर आधारित है और इक्कीसवीं सदी के आधुनिक कॉर्पोरेट वातावरण में रहने वाले व्यक्तियों के लिए प्रासंगिक है, जो इसे अत्यधिक मूल्यवान और अद्वितीय बनाता है। यह पौराणिक कथाओं और सांस्कृतिक उत्साही, व्यापारिक नेता, प्रबंधक और कार्यकारी, अकादमिक और मानविकी के छात्र, विद्यालय के शिक्षक और माता-पिता जैसे व्यापक पाठकों के लिए रुचिकर होगा। मैं श्रीनि को रामायण के तर्क और दृष्टिकोण को समकालीन पाठकों के लिए सुलभ बनाने के उनके प्रयास के लिए सराहना करता हूं। एक महत्वपूर्ण अवधि को समाहित करने और समकालीन बुद्धिजीवियों को प्रेरित करने का अवसर प्रदान करना निस्संदेह एक प्रभावशाली उपलब्धि है।

डॉ. गिरीश्वर मिश्रा पीएच.डी.
पूर्व कुलपति, महात्मा गांधी हिंदी विश्वविद्यालय, वर्धा, महाराष्ट्र, भारत
एवं पूर्व प्रोफेसर और प्रमुख, मनोविज्ञान विभाग और डीन, अनुसंधान मानविकी व सामाजिक विज्ञान, दिल्ली विश्वविद्यालय, दिल्ली, भारत

कुमार आर. परकाला द्वारा प्रस्तावना

कुमार आर. परकाला एक प्रतिष्ठित उद्यमी, वैश्विक व्यावसायिक नेता और यूएसए के बेस्ट-सेलिंग लेखक हैं। व्यावसायिक गतिशीलता की गहन समझ और विशाल अनुभव के साथ कुमार ने विभिन्न उद्योगों में महत्वपूर्ण योगदान दिया है। उनके अंतर्दृष्टि और नेतृत्व ने नवाचार और विकास को प्रेरित करने में महत्वपूर्ण भूमिका निभाई है। आप उनकी उपलब्धियों और पेशेवर यात्रा के बारे में उनके <u>लिंक्डइन</u> प्रोफाइल पर अधिक जान सकते हैं:

श्रीनि कट्टा का रामायण का गहन अन्वेषण न केवल उनके व्यक्तिगत इतिहास में गहराई से प्रवेश करता है बल्कि प्राचीन ज्ञान को समकालीन जीवन के साथ कुशलता से साझा करता है। यह कार्य रामायण की स्थायी शक्ति का प्रमाण है- एक कथा जिसने अनगिनत जीवन को आकार दिया है और जो नेतृत्व, नैतिकता और व्यक्तिगत विकास में कालातीत पाठ प्रस्तुत करती है।

एक दूरदर्शी नेता और सफल कार्यकारी के रूप में, श्रीनि रामायण को पौराणिकता और आधुनिकता के बीच सेतु का निर्माण करते हुए एक अद्वितीय दृष्टिकोण से प्रस्तुत करते हैं। संस्कृत की उनकी गहरी समझ और उनकी बेटी सिरी के साथ नियमित रामायण पाठ ने उनकी अंतर्दृष्टि को समृद्ध किया है, यह सुनिश्चित करते हुए कि यह पुनर्कथन दोनों ही प्रामाणिक और युवा पीढ़ी दोनों ही के लिए प्रासंगिक बना रहे। विद्वानों के साथ उनके विचार-विमर्श ने महाकाव्य

की समकालीन प्रासंगिकता का एक व्यापक विश्लेषण प्रस्तुत किया है, जो विभिन्न पाठकों के साथ प्रतिध्वनित होता है।

श्रीनि का रामायण के साथ संबंध उनके भारत में पालन-पोषण में गहराई से निहित है, एक देश जहां आध्यात्मिकता और परंपरा दैनिक जीवन के साथ सहजता से जुड़ी होती है। पवित्र गोदावरी नदी और भद्राचलम में भगवान राम को समर्पित ऐतिहासिक मंदिर उनके बचपन के लिए मात्र पृष्ठभूमि नहीं थे; वे उनके प्रारंभिक अनुभवों का अभिन्न अंग थे, जो इस पुस्तक में जीवंत रूप में परिलक्षित होते हैं। श्रीनि के माता-पिता का प्रभाव उनकी कथा में स्पष्ट रूप से दिखाई देता है। उनके पिता की अनुशासित भक्ति और उनकी माता के भगवान राम के प्रति अडिग विश्वास ने उन्हें सहनशीलता और आंतरिक शक्ति का एक खाका प्रदान किया। ये व्यक्तिगत उपाख्यान महाकाव्य के बड़े विषयों के साथ जुड़े हुए हैं, जो एक दृष्टिकोण प्रस्तुत करते हैं जो व्यक्तिगत और सार्वभौमिक रूप से प्रासंगिक है।

यह सुलभ और अंतर्दृष्टिपूर्ण पुस्तक रामायण के प्रमुख प्रकरणों की बारीकी से जांच करती है, वाल्मीकि के मूल पाठ का गहन अन्वेषण प्रस्तुत करती है, जबकि समकालीन समानताएं खींचती है जो प्रेरणादायक और निर्देशात्मक दोनों हैं। श्रीनि सामाजिक, व्यावहारिक, मनोवैज्ञानिक और नेतृत्व विषयों पर ध्यान केंद्रित करके एक नया दृष्टिकोण प्रदान करते हैं, महाकाव्य की आधुनिक चुनौतियों के लिए प्रासंगिकता को उजागर करते हैं। पात्रों के निर्णयों, कार्यों और प्रेरणाओं का उनका विश्लेषण प्रभावी नेतृत्व और सटीक निर्णय लेने के अंतर्निहित सिद्धांतों पर नई रोशनी डालता है।

विभिन्न पृष्ठभूमि के पाठक - चाहे बच्चे और युवा लोग, पौराणिक कथाओं के उत्साही, पेशेवर नेता, अकादमिक, आत्मोन्नति-उन्मुख

पाठक, शिक्षक या प्रौद्योगिकी पेशेवर - इन पृष्ठों में मूल्यवान अंतर्दृष्टि पाएंगे, चाहे उनकी धार्मिक मान्यताएँ कुछ भी हों। प्राचीन कथा और आधुनिक विश्लेषण का मिश्रण यह सुनिश्चित करता है कि रामायण की बुद्धिमत्ता आज की दुनिया में सुलभ और लागू बनी रहे।

श्रीनि कट्टा का कहानी कहने के प्रति जुनून और भारत की सांस्कृतिक और आध्यात्मिक धरोहर को संरक्षित और साझा करने की प्रतिबद्धता प्रत्येक अध्याय में स्पष्ट रूप से झलकती है। यह पुस्तक मात्र एक महाकाव्य का पुनर्कथन नहीं है; यह अतीत और वर्तमान के बीच एक सेतु है, जो आधुनिक जीवन की जटिलताओं के माध्यम से हमारा मार्गदर्शन करने के लिए कालातीत ज्ञान प्रस्तुत करती है।

बच्चों को रामायण पढ़ाते समय, श्रीनि ने उन्हें महाकाव्य से व्यावहारिक पाठों के साथ जोड़ा, बजाय इसके कि पाठ को जैसा है वैसा प्रस्तुत करें। उन्होंने यह दिखाते हुए अधिकारियों को प्रबंधन के पाठों पर भी प्रकाश डाला कि कैसे राम को अपने अलौकिक कौशल और लगभग विनाशकारी निर्णय लेने के बावजूद अत्यधिक तनाव का सामना करना पड़ा। इन शिक्षाओं ने रामायण के पाठों को जीवन में इस तरह लाया जो लोगों के लिए संबंधित और प्रभावी था।

श्रीनि कट्टा के रामायण के पाठों को युवा छात्रों से लेकर अनुभवी पेशेवरों तक विविध दर्शकों के समक्ष प्रस्तुत करने के प्रयास उनके इस कालातीत ज्ञान को साझा करने की प्रतिबद्धता का प्रमाण हैं। यह पुस्तक उस समर्पण की परिणति है, जो गहन और व्यावहारिक अंतर्दृष्टि प्रदान करती है और पाठकों को रामायण की स्थायी प्रज्ञा के साथ आधुनिक जीवन की जटिलताओं के माध्यम से मार्गदर्शन करती है।

कुमार आर. परकाला
उद्यमी, वैश्विक व्यापार नेता और यूएसए के बेस्ट-सेलिंग लेखक
LinkedIn

उद्घोषणा

इस पुस्तक में प्रस्तुत कहानियाँ वास्तविक जीवन की घटनाओं और ऐतिहासिक वृत्तांतों पर आधारित हैं। यद्यपि कुछ कथात्मक तत्वों को स्पष्टता, सामंजस्य और जुड़ाव के लिए अनुकूलित किया गया है। वास्तविक जीवन की घटनाओं और काल्पनिक तत्वों के इस सम्मिश्रण का उद्देश्य अधिक रोचक और व्याख्यात्मक पठन का अनुभव प्रदान करना है। यद्यपि सटीकता सुनिश्चित करने के लिए हर संभव प्रयास किया गया है, कुछ विवरणों में तब्दीली या काल्पनिकता हो सकती है।

1. **ऐतिहासिक और जीवनी संबंधी सटीकता:** अपोलो मिशन, मंडेला-बुथेलेज़ी चुनौती, सचिन तेंदुलकर की वापसी, कमल मीटल का हरित समाधान, दीपिका पादुकोण की यात्रा और 1998 में भारत के परमाणु परीक्षण के विवरण सार्वजनिक रूप से उपलब्ध जानकारी और व्यक्तिगत उपाख्यानों से लिये गए हैं। ये कहानियाँ केवल मनोरंजन के लिए नहीं हैं, बल्कि प्रेरित और शिक्षित करने के लिए भी हैं, जो एक अनूठा परिप्रेक्ष्य पेश करती हैं जिसे निश्चित ऐतिहासिक अभिलेख नहीं माना जाना चाहिए।

2. **व्याख्या और प्रतिनिधित्व:** प्रस्तुत व्याख्याएं और दृष्टिकोण लेखक के हैं और आवश्यक नहीं कि वे उल्लेखित व्यक्तियों या संगठनों के विचारों या राय को प्रतिबिंबित करें। पुस्तक का उद्देश्य समकालीन पाठकों के लिए इन घटनाओं और व्यक्तियों से मिली सीख और अंतर्दृष्टि को प्रासंगिक तरीके से उजागर करना है।

3. **काल्पनिक तत्व:** लेखक ने पठनीयता और कथा-प्रवाह को बढ़ाने के लिए कुछ संवादों और परिदृश्यों का निर्माण या विस्तार किया है। इन

काल्पनिक तत्वों का उद्देश्य गुमराह करना नहीं है बल्कि अधिक रोचक और उदाहरणात्मक पठन का अनुभव प्रदान करना है।

4. **स्रोत और संदर्भ:** लेखक ने पुस्तकों, लेखों, साक्षात्कारों और अन्य सार्वजनिक रूप से सुलभ सामग्रियों सहित विभिन्न स्रोतों का सावधानीपूर्वक उपयोग किया है। कोई भी त्रुटि या चूक अनजाने में हुई है। लेखक सटीकता के उच्चतम मानकों को बनाए रखने के लिए प्रतिबद्ध है और सुधार एवं प्रतिक्रिया का स्वागत करता है।

5. **कोई समर्थन नहीं:** विशिष्ट व्यक्तियों, कंपनियों, उत्पादों या सेवाओं का उल्लेख करना समर्थन या संबद्धता नहीं दर्शाता है जब तक कि स्पष्ट रूप से न कहा गया हो। वास्तविक नामों और घटनाओं का उपयोग केवल व्याख्यात्मक और शैक्षणिक उद्देश्यों के लिए है।

इस पुस्तक को पढ़कर, आप इस सामग्री को इस समझ के साथ व्याख्या करने के लिए सहमत होते हैं कि इसका उद्देश्य तथ्यात्मक पुनर्कथन को रचनात्मक कथा-कथन के साथ मिश्रित करना है, जो एक रोचक और मनोरंजक पठन का अनुभव प्रदान करता है। लेखक और प्रकाशक इस पुस्तक में निहित जानकारी के उपयोग या व्याख्या से उत्पन्न किसी भी प्रत्यक्ष या अप्रत्यक्ष परिणाम के लिए किसी भी प्रकार की जिम्मेदारी से इनकार करते हैं।

विषयसूची

1. सिंहासन से जंगल तक: एक नायक की यात्रा

दशरथ प्राचीन भारत में कोसल के राजा थे ,जिसकी राजधानी अयोध्या थी। उनके महल में तीन रानियाँ थीं :कौशल्या , सुमित्रा और वीर योद्धा-राजकुमारी कैकेयी। उसने युद्ध के मैदानों में अपने पति की मदद करके उनके राज्य का विस्तार किया। दशरथ प्रभावित हुए और उन्होंने उसे दो वरदान दिए। कैकेयी ने उनका धन्यवाद किया और कहा कि वह सही समय आने पर उनसे वरदान माँगेगी।

राजा दशरथ ने संतान प्राप्ति की तीव्र इच्छा में अनेक वैदिक हवन-अनुष्ठान किए तथा देवताओं से उत्तराधिकार का आशीर्वाद मांगा। देवताओं ने उनके धार्मिक अनुष्ठानों का अनुकूल जवाब दिया और उन्हें चार पुत्र प्राप्त हुए :रानी कौशल्या से राम, रानी कैकेयी से भरत तथा रानी सुमित्रा से लक्ष्मण और शत्रुघ्न।

जैसे-जैसे साल बीतते गए , राजसी भाई-बहन एक ही छत के नीचे फलने-फूलने लगे और उनके बीच गर्मजोशी और भाईचारे से भरा रिश्ता पनपने लगा। अपने सोलहवें वर्ष में राम एक भव्य आकृति में विकसित हो गए थे। आठ फीट लंबे और उनके हाथ घुटनों से भी आगे तक फैले हुए थे। इन असाधारण अंगों ने उन्हें तीरंदाजी में एक बेजोड़ कौशल प्रदान किया , जिससे वह अपने धनुष को किसी भी प्रतिद्वंद्वी की तुलना में अधिक पीछे खींच सकते थे, जिससे उनके तीर किसी और की तुलना में अधिक दूर तक जा सकते थे।

ऋषि विश्वामित्र ने अयोध्या राज्य के पास ताड़का वन में "सिद्धक्षेत्र " नामक एक आश्रम बनवाया था। ताड़का नामक राक्षस और उसके बेटे इस बात से खुश नहीं थे कि आश्रम ताड़का वन को पार करने वाले लोगों को शरण देता था।

संस्कृत में " रक्षा " का अर्थ है सुरक्षा और " राक्षस " का अर्थ है संस्कृति का रक्षक। राक्षस, जो जादू-टोने और जादुई शक्तियों में रुचि रखते थे , वे अपने लिए लाभकारी कोई भी काम करते थे और अपनी संस्कृति को मनुष्यों के प्रभाव से बचाते थे। वे अन्य पृथ्वीवासियों के लिए एक उदाहरण स्थापित करने के लिए अपने शासन के विरुद्ध विद्रोह करने वाले मनुष्यों को खाने का सहारा लेते थे , लेकिन वे नरभक्षी नहीं थे।

विश्वामित्र ने अपने शिष्यों और साथियों के साथ मिलकर अग्नि-अनुष्ठानों को पूरी लगन से किया। जब ताड़का और उसके पुत्रों-सुबाहु और मारीच ने बार-बार अपवित्र पदार्थों से पवित्र अग्नि को अपवित्र करके अनुष्ठानों को बाधित किया। राक्षसों के निरंतर हस्तक्षेप से थककर विश्वामित्र ने दशरथ के दरबार में सहायता मांगी। राजा ऐसे पूजनीय ऋषि के आगमन से प्रसन्न होकर उन्हें अपने सामर्थ्य से जो कुछ भी दे सकते थे, विनम्रतापूर्वक उसे देने की पेशकश की । विश्वामित्र ने अनुरोध किया कि राक्षसी उपद्रवों से अग्नि-अनुष्ठानों की रक्षा के लिए राम को भेजा जाए।

दशरथ अपने युवा पुत्र के ऐसे संकटों का सामना करने के विचार से झिझक रहे थे। उन्होंने विश्वामित्र के अनुष्ठानों की रक्षा के लिए अपनी सेवाओं और सेना का प्रस्ताव रखा , यह तर्क देते हुए कि राम

अभी भी एक बालक हैं। हालाँकि ,विश्वामित्र ने राम की उपस्थिति पर जोर दिया , यह निराशा व्यक्त करते हुए कि दशरथ अब अपने उदार प्रस्ताव से मुकर रहे थे। कुल गुरु वशिष्ठ ने राजा को ऋषि को दिए गए अपने वचन को निभाने और राम को भेजने की सलाह दी। अपने संरक्षी पितृत्व की प्रवृत्ति और अपने वचन का सम्मान करने के दायित्व के बीच फंसे दशरथ ने आखिरकार और भारी मन से राम को भेजने के लिए सहमति व्यक्त की , जो उस समय अपने वफादार भाई लक्ष्मण के साथ थे।

राम और उनके सौतेले भाई लक्ष्मण ऋषि के साथ वन में गए। राम ने राक्षसों से युद्ध किया, जबकि लक्ष्मण ने अग्नि-अनुष्ठानों की रक्षा की। राम ने ताड़का और उसके बेटे सुबाहु को मार डाला। मारीच राम के बाणों से बच रहा था। तब राम ने मारीच पर तेज़ और उग्र तरीके से तीन बाण चलाए। एक बाण मारीच को इतनी ज़ोर से लगा कि वह सैकड़ों मील दूर जा गिरा। राम के बाण के कारण मारीच का व्यवहार बदल गया और वह कठोर तपस्या और ध्यान करके एक सन्यासी बन गया। जिस स्थान पर वह गिरा उसे मारीच खंड कहा जाता था ; कुछ लोगों का मानना है कि वर्तमान मॉरीशस मारीच खंड था।

राम की वीरता देखकर ऋषि विश्वामित्र गर्व से भर गए। उन्होंने अपने युवा शिष्यों को दिव्य अस्त्रों का एक भण्डार प्रदान किया ,जिनकी चमकती आकृतियाँ और भी बड़ी जीत का वादा कर रही थीं।
ऋषि को पता चला कि मिथिला (आज का नेपाल और बिहार राज्य के कुछ हिस्से) के राजा जनक ने अपनी प्रिय पुत्री सीता के स्वयंवर की घोषणा की है।

"स्वयंवर " संस्कृत के दो शब्दों ' स्वयं ' अर्थात 'स्वयं ' और 'वर ' अर्थात ' दूल्हा ' या ' दुल्हन ' से मिलकर बना है , जिसका अर्थ है "स्वयं का चुनाव"। " इस परंपरा के तहत विवाह योग्य आयु की महिला को अपने लिए कई वर -वधुओं में से अपना पति चुनने की अनुमति होती थी।

महिला का परिवार विभिन्न राज्यों से योग्य कुंवारे लोगों को आमंत्रित करता था , अकसर राजकुमार या योद्धा। ये निमंत्रण आमतौर पर बहादुरी , ताकत , गुण और कुलीनता वाले योग्य व्यक्तियों को दिए जाते थे। स्वयंवर के लिए स्वयंवर करने वालों को अपने कौशल का प्रदर्शन करने या विशेष चुनौतियों का सामना करने की आवश्यकता हो सकती थी, जिसमें ताकत के करतब , तीरंदाजी, प्रतियोगिता या पहेलियों का जवाब देना शामिल हो सकता था। ये चुनौतियाँ स्वयंवर के लिए स्वयंवर करने वालों की क्षमताओं और योग्यता का परीक्षण करने के लिए रखी गई थीं।

विश्वामित्र ने मिथिला जाकर राम को शक्तिशाली शिव धनुष दिखाकर अप्रत्यक्ष रूप से सीता स्वयंवर में भाग लेने के लिए राजी कर लिया , जिसके लिए राम सहमत हो गए।

राजा जनक ने घोषणा की कि सीता को अपना वर उसे चुनना चाहिए, जो शक्तिशाली धनुष को उठाए, जिसे " शिव धनुष " कहा जाता है। शांत भीड़ के सामने शिव धनुष , अपार शक्ति वाला धनुष चुनौती के रूप में खड़ा था। मजबूत और गर्वित वर इसे उठाने का प्रयास कर रहे थे , उनकी मांसपेशियों को व्यर्थ में तनाव हो रहा था। लेकिन जब राम आगे बढ़े , तो उनकी नीली त्वचा सूरज की रोशनी में चमक रही थी , उन्होंने बिना किसी प्रयास के धनुष उठा लिया। जब

उन्होंने डोरी को पीछे खींचा ,तो भीड़ ने चौंककर कहा - प्राचीन हथियार एक जोरदार दरार के साथ उनकी इच्छा के अनुसार झुक गया।

सीता का हृदय धड़क रहा था और उसने नई आशा के साथ राजकुमार की ओर देखा। धनुष की डोरी टूटते ही भीड़ ने जयकारे लगाए। राम ने न केवल चुनौती जीती थी , बल्कि उसने सीता का दिल भी जीत लिया था।

उनका स्वयंवर रोशनी और रंगों का संगम था। हर तोरणद्वार पर मालाएँ सजी हुई थीं , हवा में संगीत गूंज रहा था और शुभचिंतकों की हँसी महल के सभागार में गूंज रही थी। राम और सीता हाथ जोड़कर पवित्र अग्नि के सामने खड़े थे , दो नियति आपस में जुड़ी हुई थीं , उनकी महाकाव्य कथा का पहला अध्याय हमेशा के लिए इतिहास में अंकित हो गया।

"दशरथ 16 वर्ष की अल्पायु में राम की उपलब्धियों और एक प्रभावशाली और सम्मानित राजा जनक की पुत्री सीता से उनके विवाह से इतने प्रसन्न हुए कि उन्होंने राम को कोसल का अगला राजा घोषित कर दिया। अयोध्या नगरी उत्सव में डूबी हुई थी और राम के राज्याभिषेक का जश्न मनाने के लिए तैयार थी।

मूल रूप से कैकेयी राम के आसन्न राज्याभिषेक की खबर से संतुष्ट थी। हालाँकि , अपनी चालाक दासी मंदरा से प्रभावित होकर उसने अपना रुख काफी हद तक बदल दिया। यह बदलाव एक आधुनिक परिदृश्य को दर्शाता है जहाँ एक युवा व्यक्ति शुरू में अपने दोस्त की सफलता के लिए ख़ुशी महसूस कर सकता है, लेकिन सोशल मीडिया या चालाक दोस्त के जहरीले प्रभाव में ईर्ष्या और नाराजगी

महसूस करना शुरू कर देता है। यह बाहरी दबाव समझ को विकृत कर सकता है ,खुशी को ईर्ष्या में बदल सकता है और ऐसी हरकतें करने के लिए प्रेरित कर सकता है जो रिश्तों को तोड़ सकती हैं और इसमें शामिल लोगों को नुकसान पहुंचा सकती हैं।

इन हेरफेर की गई भावनाओं पर काम करते हुए कैकेयी ने दशरथ से कहा कि उनके बेटे भरत को राजा बनाया जाए और राम को 14 साल के लिए दंडक वन में तपस्वी जीवन जीने के लिए भेजा जाए - एक ऐसा स्थान जो अपने खतरों के लिए जाना जाता है और राक्षसी शक्तियों द्वारा शासित है। उसे उम्मीद थी कि इससे राम की मृत्यु हो सकती है।

हताश होकर राजा ने कैकेयी को पुनर्विचार करने के लिए मनाने की कोशिश की , उसे वैकल्पिक वरदान देने की पेशकश लेकिन कोई फायदा नहीं हुआ। भरत अपने नाना-नानी के घर गए हुए थे ,और उन्हें इन घटनाओं के बारे में पता नहीं था।

कैकेयी अपनी मांगों पर अडिग रहीं। अपनी सौतेली माँ की इच्छा और अपने पिता द्वारा उनसे किए गए वादे के बारे में सुनकर राम दशरथ के पास गए और अपने पिता के वचन को निभाने की इच्छा व्यक्त की ,जिससे राज दरबार में हड़कंप मच गया। अयोध्या के मंत्रियों और नागरिकों ने इस निर्णय पर शोक व्यक्त किया।

राम ने तब अपनी माँ कौशल्या से अनुमति मांगी। अपने परिवार के सम्मान की खातिर अपने दुःख को दबाते हुए वह अपना सब कुछ छोड़ने के लिए तैयार थे।

उन्होंने अपनी पत्नी सीता से राज्य में रहने के लिए कहा , लेकिन सीता ने यह कहते हुए मना कर दिया कि उनका स्थान हमेशा राम के पास ही रहेगा। लक्ष्मण भी अपने भाई के प्रति निष्ठा और प्रेम से अभिभूत थे , इसलिए वे राम से अलग होने का विचार सहन नहीं कर सके।

अपनी यात्रा के दौरान राम , लक्ष्मण और सीता ने गंगा नदी को पार किया, जिसकी सुविधा राम के सबसे प्रिय मित्र श्रृंगेवरपुरा (अब उत्तर प्रदेश में सिंगरूर) के आदिवासी राजा गुहा ने दी। यह पार करना केवल एक भौतिक यात्रा नहीं थी , बल्कि सांस्कृतिक और सामाजिक आदान-प्रदान का एक महत्वपूर्ण क्षण भी था। गुहा , एक निषाद , हालांकि पारंपरिक वैदिक सामाजिक व्यवस्था से बाहर था, लेकिन राम द्वारा उसका बहुत सम्मान किया जाता था , जो उस समय की स्थापित सामाजिक पदानुक्रमों से परे दोस्ती के गहरे बंधन को रेखांकित करता था। एक राजकुमार और एक आदिवासी राजा के बीच यह गठबंधन सम्मान और समानता के गुणों का उदाहरण है , जो न्यायपूर्ण और समावेशी समाज के लिए राम की प्रतिबद्धता को दर्शाता है।

इसके बाद उनकी मुलाक़ात ऋषि भारद्वाज से हुई , जो एक ब्राह्मण ऋषि के रूप में सामाजिक पदानुक्रम के उच्चतर सोपानों का प्रतिनिधित्व करते थे। भारद्वाज के मार्गदर्शन ने उनकी यात्रा में और मदद की , उन्हें चित्रकूट की ओर निर्देशित किया। आदिवासी राजा से लेकर पूजनीय ऋषि तक की बातचीत का यह क्रम उस समय के सामाजिक संबंधों की परतदार बनावट को दर्शाता है , जिसमें एक ऐसी कथा पर ज़ोर दिया गया है जहाँ व्यक्तिगत गुण और

नीतिपरायणता कठोर सामाजिक मानदंडों से ऊपर उठकर रिश्तों को निर्धारित करती है।

लक्ष्मण ने राम और सीता के लिए चित्रकूट की चोटी पर एक आश्रम और अपने लिए एक कुटिया बनाई। वे एक तपस्वी जीवन जीने लगे।

वृद्ध राजा दशरथ की मृत्यु पीड़ा के कारण हुई क्योंकि उन्होंने राम को वन में भेज दिया था। मंत्रियों ने भरत को अपने पिता का अंतिम संस्कार करने और राजगद्दी पर बैठने के लिए अयोध्या बुलाया। भरत अपने पिता को मृत देखकर स्तब्ध रह गए और यह समाचार सुनकर स्तब्ध रह गए कि उनके प्रिय भाई राम को वन में भेज दिया गया है। उन्होंने अपनी माँ के प्रति कठोर व्यवहार किया क्योंकि उन्होंने उनके वंश के साथ जो किया था। उन्होंने तुरंत अपनी माँ, शत्रुघ्न और मंत्रियों के साथ चित्रकूट की यात्रा की ताकि वे राम को अयोध्या वापस आने के लिए मना सकें।

राम अपने पिता से किए गए वादे के अनुसार चौदह वर्ष वन में बिताने के अपने निर्णय पर अडिग थे। भरत ने अयोध्या का राजा बनने से इनकार कर दिया और राम को अपनी चरण पादुकाएँ देने के लिए सहमत कर लिय, जिन्हें उन्होंने राजसिंहासन पर स्थापित किया ताकि राम अयोध्या के राजा बन सकें। वह राजा के हाथ बन गए , अपने भाई राम की तरह जटाओं वाले तपस्वी की तरह अयोध्या के बाहर एक गाँव नंदीग्राम में रहने लगे।

राम, सीता और लक्ष्मण चित्रकूट छोड़कर दण्डक वन में चले गए , जो आधुनिक भारतीय राज्यों उड़ीसा , छत्तीसगढ़ , आंध्र , महाराष्ट्र और तेलंगाना में 57250 वर्ग मील के क्षेत्र में फैला हुआ था।

विराध , एक विचित्र आकृति जिसके अंग टेढ़े-मेढ़े थे और आंखें जंगली थीं , जंगल की गहराइयों से प्रकट हुआ।
उसकी कर्कश दहाड़ ने जंगल की शांति को छिन्न-भिन्न कर दिया , उसकी निगाह सीता पर टिकी हुई थी। उसने अपने विशाल आकार को झुठलाते हुए बड़ी तेजी के साथ सीता को पकड़ लिया , सीता की चीखें उसकी घृणित हंसी में खो गईं।

राम का हाथ धनुष पर कस गया। यह एक आक्रमण था और उस व्यवस्था के लिए एक चुनौती थी जिसे वह पुनः बहाल करना चाहते थे। विराध ने राम के क्रोध को भांपते हुए सीता को गिरा दिया और अपना क्रोध राजकुमार पर उतार दिया।

युद्ध तेज और क्रूर था। विराध की राक्षसी ताकत बहुत भयानक थी लेकिन राम और लक्ष्मण ने उसके हाथ काट दिए। प्रत्येक वार से राक्षस की शक्ति कम होती गई, उसकी दहाड़ें हताश कर देने वाली चीखों में बदल गईं। अंत में राम ने राक्षस को धरती में गहराई तक दफना दिया , यह बुराई से मुक्त राज्य की ओर उनका पहला कदम था।

वनवास के पहले दस वर्षों में राम , सीता और लक्ष्मण ने शरभंग, सुतीक्ष्ण और अगस्त्य जैसे ऋषियों से मुलाकात की। ऋषियों ने राम का स्वागत किया और उन्हें फूल , फल और कंद भेंट किए। उन्होंने राम को दंडक में राक्षसों के अत्याचार के बारे में बताया कि कैसे उन्होंने निर्दोष लोगों को मार डाला और कहा कि आप दंडक वन के राजा हैं और नागरिकों की रक्षा करना राजा की जिम्मेदारी है। राम ने उन्हें सुरक्षा का आश्वासन दिया और दंडक वन से राक्षसों को खत्म करने का वादा किया।

2. पंचवटी की कहानियाँ : प्रेम , प्रतिशोध और हानि

ऋषि अगस्त्य की बुद्धिमत्तापूर्ण सलाह के तहत ,जिन्होंने दंडक वन की विविध संस्कृतियों को सफलतापूर्वक आत्मसात कर लिया था , राम और उनके अनुगामी जनस्थान (लोगों का स्थान) के भीतर गोदावरी नदी के तट पर पंचवटी में बस गए - जो दंडक वन का हृदय स्थल और राक्षसों का गढ़ था। अगस्त्य महा मुनि मूल रूप से आर्यावर्त (कुलीनों का स्थान) से थे , उन्होंने दक्षिण के स्थानीय रीति-रिवाजों और भाषा को अपनाया था। उन्होंने तमिल के लिए व्याकरण भी लिखा , तमिलनाडु में अठारह सिद्धों में से पहले के रूप में एक प्रतिष्ठित व्यक्ति बन गए , जिन्हें प्यार से अगस्तियार के नाम से जाना जाता था।

उत्तरी और दक्षिणी परंपराओं की उनकी गहरी समझ ने राम के आगमन से बहुत पहले एक सांस्कृतिक पुल बनाने में मदद की , जिससे विविध भारतीय संस्कृतियों का एक अनूठा संश्लेषण संभव हुआ। अगस्त्य ने राम को पंचवटी में एक छावनी स्थापित करने की सलाह दी। यह रणनीतिक लेकिन आध्यात्मिक रूप से महत्वपूर्ण स्थान रावण के शासन के तहत दंड साम्राज्य के औपनिवेशिक राज्य का हिस्सा था और खर द्वारा शासित था।

अगस्त्य का मार्गदर्शन न केवल सुरक्षित आश्रय पाने में महत्वपूर्ण था , बल्कि स्थानीय आदिवासी लोगों के जीवन को बदलने में भी महत्वपूर्ण था , जिन्होंने राक्षसों के अत्याचारों को झेला था। अपने

प्रभाव के माध्यम से राम सुरक्षा बढ़ाने और क्षेत्र में एक महत्वपूर्ण परिवर्तन लाने में सक्षम थे , जो एकीकरण और सांस्कृतिक एकता की अगस्त्य की विरासत को प्रतिध्वनित करता है।

जैसे ही वे तैरने लगे गोदावरी के शांत जल ने उन्हें गले लगा लिया, उनकी हंसी नदी के किनारों पर गूंज रही थी। राम ने देखा कि सीता के खुले , लहराते बाल सूर्य के सुनहरे स्पर्श के नीचे नदी की धाराओं की तरह झिलमिला रहे थे।

धूप से सराबोर घास के मैदानों में वे हाथों में हाथ डाले टहलते थे , उनके पैरों के नीचे जीवंत जंगली फूल कालीन की तरह थे। सीता एक नाजुक फूल तोड़ती , उसे राम के कान के पीछे एक मुस्कान के साथ लगाती जिससे उनकी दुनिया रोशन हो जाती। वे पके हुए जामुन और खोदे गए मीठे कंद साथ खाते , साझी नज़र और स्पर्श उस प्रेम का प्रमाण था जो जंगल के बीच भी खिलता था , एक ऐसा प्रेम जो हर गुजरते दिन के साथ मजबूत होता गया।

राम के महान शासनकाल की छाया में अंधकार छा गया। राक्षस राजा रावण लंका पर राज करता था और उसकी सत्ता की प्यास उसके अतृप्त अहंकार से ही मेल खाती थी। उसकी बहन चालाक और अस्थिर शूर्पणखा ने भाग्य के पहिये को गति दी।

रमणीय पंचवटी की फुसफुसाहट से आकर्षित होकर वह एक दिन बाहर निकल पड़ी , उसका हृदय जिज्ञासा से भर गया। वहाँ सुगंधित फूलों और धूप से जगमगाते मैदानों के बीच उसने राम को देखा। उसका उत्तम आचरण और अलौकिक सौंदर्य उसे बिजली की तरह प्रभावित कर गया।

बिना किसी हिचकिचाहट के वह उनके पास गई , उसके शब्दों में चापलूसी और इच्छा का मादक मिश्रण था। "मुझसे शादी कर लो, राम," -उसने कहा। उसकी आँखें बुरे इरादे से चमक रही थी। "अपनी नश्वर पत्नी को छोड़ो और उस शक्ति को गले लगाओ जो लंका में तुम्हारा इंतजार कर रही है।"

राम का जवाब सौम्य लेकिन दृढ़ था। "मेरा दिल सीता का है," उन्होंने कहा। उनकी आँखें स्थिर थीं ,"मैं तुम्हें वह प्यार नहीं दे सकता जो तुम चाहती हो। शायद मेरा भाई लक्ष्मण तुम्हारे लिए बेहतर जोड़ी होगा।"

अस्वीकार से क्रोधित होकर शूर्पणखा ने अपना ध्यान छोटे राजकुमार की ओर लगाया। लेकिन राम के प्रति वफ़ादार लक्ष्मण ने उसकी चाल को तीखे व्यंग्य से ठुकरा दिया। उसने ताना मारते हुए कहा- "क्या आप एक नौकर की पत्नी से समझौता करेंगे?" उसके शब्द शूर्पणखा के अभिमान को चीरने वाले ब्लेड की तरह थे।

उसका क्रोध उबल पड़ा। वह उन्माद में सीता पर झपटी , उसके पंजे फैले हुए थे , उसके गले से एक भयंकर चीख निकल रही थी। लेकिन लक्ष्मण उससे भी तेज थे। उनकी तलवार हवा में चमक रही थी। शूर्पणखा सदमे और दर्द से अपने चेहरे को पकड़ते हुए पीछे की ओर लड़खड़ा गई। उसकी नाक और कान के पास खून बह रहा था , जो उसकी मूर्खता की याद दिलाता था।

पंचवटी की शांति बिखर गई , उसकी जगह प्रतिशोध की कड़वी भावना ने ले ली। घायल अभिमान और अतृप्त इच्छा से पैदा हुई हिंसा की यह घटना एक चिंगारी थी जो जल्द ही एक भयंकर आग

को भड़काने वाली थी , जिसने राज्यों को भस्म कर दिया और हमेशा के लिए नियति की दिशा बदल दी।

क्रोध से उबलती हुई शूर्पणखा अपने भाई खर के पास भागी और अपना विकृत चेहरा दिखाया। उसने थूकते हुए कहा "राम"!, उसके होठों पर यह नाम एक श्राप की तरह था। "उसके भाई लक्ष्मण...उन्होंने मुझे विकृत करने का दुस्साहस किया"!

क्रोध से भरे खर ने अपनी राक्षसी सेना को छोड़ दिया। चौदह हज़ार राक्षस , जिनकी आँखें गोधूलि में लाल चमक रही थीं , सेनापति दूषण के नेतृत्व में जनस्थान की ओर बढ़े ,राम , लक्ष्मण और सीता पर घृणा की एक ज्वार की लहर।

लेकिन उन्होंने राजकुमार को कम आंका था। राम , लक्ष्मण को साथ लेकर राक्षसों की भीड़ के सामने खड़े हो गए। हवा में तीरों की बौछार हो गई , जिनमें से हर एक सटीक वार कर रहा था। धरती हिल गई और आसमान धुएं से भर गया। जब धूल बैठ गई तो चौदह हज़ार राक्षस बेजान पड़े थे और खर और दूषण भी मारे जाने वालों में शामिल थे।

फिर भी एक राक्षस बच निकला - अकम्पन , जो रावण का जासूस था। वह राम की शक्ति की कहानी लेकर लंका पहुंचा ,जिससे भय और ईर्ष्या के बीज बोए गए। उसने चेतावनी दी ,"यहां तक कि देवता भी उसे नहीं हरा सकते।" "लेकिन उसकी एक कमजोरी है -सीता के प्रति उसका प्रेम।"

इस प्रकार , एक नई साजिश रची गई। प्रतिशोध और हताशा से भरी शूर्पणखा रावण के दरबार में पहुंची। झूठ का जाल बुनते हुए उसने कहा- "देखो उन्होंने मेरे साथ क्या किया।" "उन्होंने आपकी शक्ति का

मज़ाक उड़ाया और जब मैंने सीता को आपकी पत्नी के रूप में लाने की कोशिश की तो उन्होंने मुझे अपवित्र करने का दुस्साहस किया।"

रावण इस बात से परेशान था कि एक इंसान दंडक के राज्य में उसकी पूरी राक्षस सेना को खत्म कर सकता है। वह सुंदर सीता का अपहरण करके उसे अपनी पत्नी बनाकर राम को चोट पहुंचाना चाहता था , जो एक पत्नीव्रत का पालन करते थे। उसने सोचा कि मायावी राक्षस मारीच राम से सीता के अपहरण में सहायक सिद्ध होगा।

ताड़का , सुंद , मारीच और सुबाहु के माता-पिता यक्ष (आत्मिक प्राणी) थे। सुंद ने नशे की हालत में ऋषि अगस्त्य पर उनके आश्रम में हमला किया। ऋषि ने अपनी ध्यान शक्ति से सुंद को जलाकर राख कर दिया। ताड़का ने अपने बेटों के साथ दुःख में अगस्त्य पर बिना सोचे-समझे हमला कर दिया। ऋषि ने उन्हें मांस खाने वाले राक्षस बनने का श्राप दे दिया।

ताड़का और उसके बेटे पाताल लोक गए और राक्षसों के कुलपिता सुमाली से मिले। उन्होंने उसे अपने श्राप और जीवित रहने के लिए मानव मांस खाने की आवश्यकता के बारे में बताया। सुमाली ने उन्हें अपने पोते रावण के पास भेजा।

रावण ने ताड़का और उसके बेटों को करुश (जो आज के मध्य प्रदेश में है) और मालदा (जो बिहार ,भारत में है) के राज्यों को नष्ट करने में मदद की। ताड़का और उसके बेटों ने नष्ट हुए राज्यों में "ताटका " नाम का एक निजी जंगल उगाया। उनके जंगल में प्रवेश करने वाला कोई भी इंसान उनका भोजन बन जाता था।

रावण ने श्रीलंका से मॉरीशस तक" पुष्पक विमान"(हवाई जहाज) से उड़ान भरी , मारीच से मिला और सीता का अपहरण करने में मदद मांगी। मारीच , जो अब एक तपस्वी बन गया था, उसे यह विचार पसंद नहीं आया। उसने रावण को यह समझाने की कोशिश की कि राम एक शक्तिशाली योद्धा हैं और उनकी पत्नी का अपहरण करने से न केवल रावण बल्कि लंका और पूरी राक्षस जाति का नाश हो जाएगा। रावण परेशान हो गया और उसने मारीच को याद दिलाया कि वह उसका एहसानमंद है। मारीच जानता था कि अगर उसने उसकी बात नहीं मानी तो रावण उसे मार देगा , उसे लगा कि राम के हाथों मरना अहंकारी रावण के हाथों मरने से ज़्यादा मुक्तिदायक है और उसने रावण के साथ सहयोग करने का फैसला किया।

नैतिक रूप से अपनी शंकाओं के बावजूद सीता का अपहरण करने में रावण की सहायता करने के मारीच के निर्णय को कई मनोवैज्ञानिक तंत्रों के माध्यम से समझा जा सकता है। अपने जीवन के लिए सीधे खतरे का सामना करते हुए मारीच को अपने तत्काल अस्तित्व को प्राथमिकता देने के लिए मजबूर किया जाता है ,यह प्रतिक्रिया आत्म - सुरक्षा के लिए सहज प्रवृति में गहराई से निहित है।

इसके अतिरिक्त ,रावण द्वारा पिछले उपकार की याद दिलाने से मारीच में सामाजिक दायित्व की भावना जागृत होती है ,जो उसे अपनी नैतिक आपत्तियों के बावजूद बदले में कुछ करने के लिए मजबूर करती है। वह इसे कम बुराई मानकर अपनी भागीदारी को तर्कसंगत बनाता है , यह मानते हुए कि एक महान योद्धा राम के हाथों मरना इनकार करने पर रावण द्वारा मारे जाने से अधिक सम्मानजनक होगा। यह निर्णय लेने की प्रक्रिया नैतिक विघटन से

भी प्रभावित होती है , जहाँ मारीच कार्य की जिम्मेदारी रावण पर डालता है और अपने कार्यों के नैतिक भार को कम करता है।

ये मनोवैज्ञानिक कारक मानव व्यवहार को संचालित करने में भय , दायित्व ,तर्कसंगतता और नैतिकता के बीच जटिल अंतर्सम्बन्ध को दर्शाते हैं , विशेष रूप से तब जब व्यक्ति अपने नैतिक निर्णयों के विरुद्ध कार्य करने के लिए बाध्य महसूस करता है।

रावण और मारीच पंचवटी की ओर उड़े। पंचवटी में दिन चमकीला और धूप वाला था। राम और सीता अपनी कुटिया के बाहर थे और प्रकृति का आनंद ले रहे थे। सीता घास के मैदानों से जंगली फूल तोड़ रही थीं और राम उन्हें देख रहे थे। मारीच एक सुंदर चांदी के धब्बे वाले सुनहरे हिरण में बदल गया और राम और सीता के पास चरने लगा। सीता हिरण से मोहित हो गई और उसने राम को उसे पकड़ने के लिए कहा ताकि वह उसे पालतू बना सके।

जब अन्य हिरण उस विचित्र हिरण से दूर भागने लगे तो लक्ष्मण को कुछ गड़बड़ का आभास हुआ और उन्होंने कहा कि यह कोई मायावी हो सकता है।
सीता के प्रति प्रेम के कारण राम ने हिरण का पीछा करना शुरू कर दिया। हिरण तेजी से भाग रहा था और भ्रमित कर रहा था, जिससे राम निराश हो गए। उन्होंने हिरण को एक सुनहरे तीर से मारा। हिरण ने मारीच का रूप धारण कर लिया और मरने से पहले राम की आवाज की नकल करते हुए कहा "हा सीता ! हा लक्ष्मण !

जब सीता ने राम की आवाज मदद की गुहार लगाते हुए सुनी तो वे डर गईं। लक्ष्मण ने सीता को शांत करने की कोशिश की और कहा

कि राम को कुछ नहीं होगा। सीता शांत नहीं हुई और उसने लक्ष्मण को तुरंत जाकर उनकी मदद करने का आदेश दिया। जब लक्ष्मण राम की तलाश कर रहे थे तब सीता अपने कुटीर में अकेली रह गई थी।

इस क्षण की प्रतीक्षा में रावण ने भिक्षुक का रूप धारण कर कुटिया के सामने खड़ा हो गया और भवति भिक्षां देहि (हे देवी, कृपया मुझे भिक्षा दो) कहकर भिक्षा मांगी। जब सीता कुटीर से उसे भिक्षा देने के लिए बाहर निकली तब रावण ने एक भिक्षुक के रूप में उसका अपहरण कर लिया , उसे विमान में बिठाया और लंका की ओर उड़ चला।

राम को यह एहसास हुआ कि उन्होंने जादुई हिरण को नहीं , बल्कि मारीच को मारा है और उन्हें धोखे की गहराई का तुरंत अहसास हो गया। जब वे वापस अपने घर की ओर मुड़े तो उनकी मुलाकात लक्ष्मण से हुई , जो अपनी आपत्तियों के बावजूद सीता को अकेला छोड़कर लौट रहे थे। वे दोनों जल्दी से वापस लौटे , लेकिन पाया कि सीता गायब थी।

हमारे डिजिटल युग में हम अक्सर नकली ईमेल और एसएमएस के माध्यम से इसी तरह के धोखे का सामना करते हैं ,जो विश्वसनीय स्रोतों से प्रतीत होते हैं और हमें वित्तीय घोटालों में फंसाते हैं। कृत्रिम बुद्धिमत्ता की उन्नति के साथ ये नकली ईमेल अधिक परिष्कृत होते जा रहे हैं और उनका पता लगाना कठिन होता जा रहा है।

रामायण की यह घटना दर्शाती है कि दिखावा कोई नई बात नहीं है ; यह धोखे की सदियों पुरानी रणनीति है। यह हमारी बातचीत में

सतर्कता के महत्व की एक महत्वपूर्ण याद दिलाता है। चाहे वह रहस्यमयी सुनहरा हिरण हो या कोई हानिरहित ईमेल , हमें हमेशा कार्रवाई करने से पहले जो कुछ भी हम देखते हैं उसकी प्रामाणिकता को सत्यापित और पुनः -सत्यापित करना चाहिए।

3. हिम्मत की कहानी: अपहरण से अवसाद तक

जब राम और लक्ष्मण गोदावरी नदी के किनारे और घास के मैदानों से गुज़र रहे थे , जहाँ वे अकसर सीता के साथ घूमते थे , तो सीता को न ढूँढ पाने की वजह से राम गहरी निराशा में डूब गए। जिस योद्धा ने बहादुरी से 14,000 राक्षसों को हराया था और जनस्थान को आतंक से मुक्त किया था , उसने खुद को एक व्यक्तिगत क्षति से इतना अभिभूत पाया कि वह अवसाद जैसी स्थिति में पहुँच गया। 'मैंने अपना राज्य , अपने पिता और अपने करीबी लोगों के साथ अपना संबंध खो दिया है और अब मैंने अपनी प्यारी पत्नी को भी खो दिया है'- उन्होंने विलाप किया। अपने सबसे बुरे समय में–उन्होंने लक्ष्मण से उन्हें छोड़कर अकेले अयोध्या लौटने की विनती की और एकांत में अपने दुःख को सहने देने की इच्छा व्यक्त की।

अपने वनवास के दौरान राम और सीता ने अयोध्या के शाही परिसर में अप्राप्य स्वतंत्रता और गोपनीयता का आनंद लिया। राजसी दर्जे के साथ आने वाली जिम्मेदारियों और जांच के बिना राम ने सीता के साथ निर्बाध क्षणों का आनंद लिया , जिससे उनका रिश्ता काफी गहरा हो गया। वनवास की गोपनीयता ने उन्हें एक बना दिया था ; उसकी अनुपस्थिति अब ऐसा महसूस कराती है जैसे वे दो हिस्सों में बंट गए हों , उनकी आत्मा टूट गई हो।

राम का यह परिवर्तन -एक अपार शक्ति से लेकर दुःख से दुर्बल व्यक्ति तक -दुःख के प्रति मनुष्य की सार्वभौमिक भेद्यता को

दर्शाता है। शुरू में ,दुःख असहनीय लग सकता है , जिससे मन अस्थिर हो जाता है और तर्कहीन विचारों की ओर प्रवृत्त हो जाता है। फिर भी ,समय के साथ इसकी तीव्रता कम हो जाती है अकसर ऐसे तरीकों से जो चमत्कार से कम नहीं लगते। यह स्वाभाविक प्रगति तीव्र भावनात्मक संकट की अवधि के दौरान जल्दबाजी में निर्णय न लेने के महत्व को रेखांकित करती है।

राम का अनुभव स्थायी मानवीय स्थिति की एक मार्मिक याद दिलाता है ,जो भावनात्मक पीड़ा की कालातीत प्रकृति और उससे उबरने की क्षमता दोनों को दर्शाता है। यह बताता है कि लचीलापन अकसरदुःख के तीव्र चरणों के बाद आता है और यहाँ तक कि हममें से सबसे दुर्जेय व्यक्ति भी हृदय की परीक्षाओं से अछूते नहीं हैं।

गहरी पीड़ा में राम ने अपने आस-पास की प्राकृतिक दुनिया से सवाल किया- पेड़ , पौधे , नदियाँ और पहाड़ - सीता के किसी भी संकेत की तलाश में। उनकी आवाज़ जंगल में गूंज उठी , जिसमें आशा और निराशा का मिश्रण था। गोदावरी नदी पर उनका दुःख क्रोध में बदल गया क्योंकि उन्होंने धमकी दी कि अगर उसने सीता के ठिकाने को गुप्त रखा तो वह अपने बाणों से उसका पानी सुखा देंगे। उन्होंने पहाड़ों को चेतावनी दी कि अगर वे चुप रहे तो वे उन्हें धूल में मिला देंगे।

इस उथल-पुथल के बीच हिरणों का एक समूह अपने सिर आसमान की ओर उठाए दक्षिण की ओर बढ़ने लगा मानो उन्हें मार्गदर्शन दे रहा हो। लक्ष्मण द्वारा प्रोत्साहित किए जाने पर वे इस संकेत का अनुसरण करने लगे। दक्षिण की ओर उन्हें भयंकर संघर्ष के अवशेष मिले :टेढ़े-मेढ़े विशाल पैरों के निशान और निस्संदेह सीता के छोटे ,

नाज़ुक पैरों के निशानों के बीच एक टूटा हुआ रथ , बेजान घोड़े ,और एक टूटा हुआ धनुष बिखरा हुआ मिला।

खून के धब्बे और हिंसक झड़प के निशान देखकर राम एक दिल दहला देने वाले निष्कर्ष पर पहुंचे : हो सकता है कि किसी राक्षस ने सीता का वध किया हो। क्रोध से अभिभूत होकर उन्होंने प्रतिज्ञा की कि अगर उनकी प्रियतमा पर कुछ भी बीती तो वे ब्रह्मांड को नष्ट कर देंगे। हमेशा तर्क की आवाज़ बनकर रहने वाले लक्ष्मण ने उन्हें शांत किया और कहा कि एक दुष्ट के कामों के लिए दुनिया को नष्ट करने से न्याय नहीं मिलेगा। उन्होंने सुझाव दिया कि वे अपनी खोज जारी रखें , जिससे राम की निराशा के क्षणों में उन्हें स्थिरता मिली।

दुःख ,एक गहरे समतापक ने राम को पूरी तरह से जकड़ लिया था। यह कई रूपों में प्रकट होता है -तीव्र उदासी , सदमा , क्रोध और कभी-कभी तर्कहीन निर्णय -एक दृढ़ साथी की आवश्यकता को रेखांकित करता है। लक्ष्मण एक भाई से अधिक थे ; वह राम के लिए आवश्यक सहारा थे , जो हमेशा निराशा के कगार से उन्हें वापस लाने के लिए मौजूद थे।

वेदों में 'धर्म पत्नी 'की अवधारणा पति के नैतिक और आध्यात्मिक कर्तव्यों के निर्वहन लिए पत्नी की भूमिका को रेखांकित करती है। राम की धर्म पत्नी के रूप में सीता न केवल उनकी पत्नी थीं ,बल्कि उनकी आध्यात्मिक शक्ति की एक किरण थीं। उनके अपहरण का मतलब सिर्फ किसी प्रियजन को खोना नहीं था ;यह उनके धर्म की हानि का प्रतीक था ,जिससे उनकी आध्यात्मिक ऊर्जा प्रबुद्ध सहस्रार (मुकुट चक्र) से गिरकर , जो कि आनंद ,करुणा और शांति है , मूलाधार (मूल चक्र) की आदिम ऊर्जा में गिर गई ,जो कि लड़ाई या

उड़ान अवस्था में है। यह आध्यात्मिक अवरोहण बेचैनी , अवसाद , क्रोध और चिंता के रूप में प्रकट हुआ ,जिसने एक दिव्य व्यक्ति का चित्र चित्रित किया जो दुःख और लालसा से व्याकुल था ,फिर भी प्रतिकूल परिस्थितियों के बीच अपने धर्म को बनाए रखने का प्रयास कर रहा था।

जब राम और लक्ष्मण बोझिल हृदय से सीता की खोज में घने दंडक वन में भटक रहे थे , तो उनका सामना जटायु नामक विशालकाय गिद्ध से हुआ , जो गंभीर रूप से घायल था और खून से लथपथ था। अपनी प्रारंभिक प्रतिक्रिया के प्रभाव में राम ने गलती से मान लिया कि जटायु ही सीता को नुकसान पहुँचाने के लिए जिम्मेदार है और उन्होंने अपना बाण उस पर वार करने के लिए तैयार कर लिया। लेकिन जटायु की कमजोर आवाज ने उन्हें रोक दिया और सच्चाई का खुलासा किया: " मैंने सीता के अपहरण को रोकने के लिए रावण से युद्ध किया था। उसने मेरे पंख और पंजे काट दिए , जिससे मैं यहाँ पराजित हो गया। आपका शत्रु पहले ही मुझे मार चुका है ; आपको इसकी आवश्यकता नहीं है।"

यह सुनकर राम की पीड़ा और बढ़ गई। अब उन्हें सीता की दुर्दशा और जटायु के बहादुर लेकिन दुखद भाग्य पर दुःख हुआ। उन्होंने विलाप किया ,"अग्नि ,जो सभी को पवित्र करती है , वह भी उन दुर्भाग्यों को दूर नहीं कर सकती जो मुझ पर आए हैं -मेरे वनवास से लेकर सीता के खोने तक और अब ,महान जटायु के अंत को देखने तक।"

राम , जिन्होंने कभी राजसिंहासन के बजाय वन जीवन की सादगी को स्वेच्छा से चुना था ,अब अपने बलिदानों को दुर्भाग्य के रूप में देखते हैं। यह परिवर्तन दर्शाता है कि हानि और दुःख किसी के दृष्टिकोण को कितना गहराई से बदल सकते हैं, जिससे परिचित चीजें पराई लगने लगती हैं और एक बार स्वीकार की गई नियति अभिशाप बन जाती है।

गलतफहमी का यह क्षण उन जटिल तरीकों को रेखांकित करता है जिनसे मानव मन दबाव में प्रतिक्रिया कर सकता है। अचानक संकट , हानि या निराशा का सामना करने पर मन भ्रमित और आवेगी हो सकता है। राम के मामले में उसका तत्काल दुःख और सदमा आक्रामकता के रूप में प्रकट हुआ -एक मनोवैज्ञानिक रक्षा तंत्र जो अक्सर असहाय प्रतीत होने वाली स्थितियों पर नियंत्रण पाने के लिए सक्रिय होता है।

मन भावनात्मक उथल-पुथल के समय वास्तविकता को विकृत कर सकता है , जटिल परिदृश्यों को काले-सफेद निर्णयों में सरल बना सकता है। यह संज्ञानात्मक संकीर्णता ,जबकि कभी-कभी सुरक्षात्मक होती है , अक्सर जल्दबाजी में लिए गए निर्णयों या दूसरों के कार्यों की गलत व्याख्या की ओर ले जाती है। राम के लिए खून से लथपथ और लेटे हुए जटायु को देखना एक ऐसे सहयोगी के बजाय एक खतरे का झूठा संकेत था जिसने उनकी सेवा में कष्ट झेले थे।

इससे पहले जब राम , लक्ष्मण और सीता पंचवटी में थे तो जटायु ने उनकी अनुपस्थिति में सीता की रक्षा करने की कसम खाई थी , एक वादा जिसे उन्होंने अपनी आखिरी लड़ाई तक निभाया। राम का लगभग घातक गलत निर्णय उनके दुःख से प्रेरित होकर दुःख से घिरे

मन की नाज़ुक स्थिति को उजागर करता है। यह एक महत्वपूर्ण सबक को रेखांकित करता है : कार्य करने से पहले स्पष्टता की तलाश करना और तथ्यों को सत्यापित करना महत्वपूर्ण है , खासकर संकट के समय में।

इसके अलावा ,तीव्र दुःख के प्रति मन की प्रतिक्रिया भी 'भावनात्मक तर्क 'नामक घटना को जन्म दे सकती है , जहाँ व्यक्ति को लगता है कि उसकी भावनात्मक प्रतिक्रिया वस्तुनिष्ठ सत्य को दर्शाती है। अपने दुःख में ब्रह्मांड को नष्ट करने की राम की प्रतिज्ञा इस बात का उदाहरण है कि कैसे निराशा व्यक्तिगत भावनाओं को ब्रह्मांडीय निर्णयों में बदल सकती है , जिससे तर्कसंगत विचार और आनुपातिक प्रतिक्रिया धुंधली हो सकती है।

जटायु की सच्ची कहानी को पहचानते हुए राम का तत्काल खेद और उसके बाद गिद्ध के लिए विलाप करना एक और मनोवैज्ञानिक पहलू को दर्शाता है : क्रोध से दुःख की ओर तीव्र बदलाव , जो नई जानकारी के आधार पर तीव्र भावनात्मक बदलावों के लिए मन की क्षमता को दर्शाता है। यह कार्रवाई से पहले संचार और सत्यापन के महत्व पर भी जोर देता है , जो संकट के दौरान मानसिक स्पष्टता बनाए रखने का एक महत्वपूर्ण सबक है।

जटायु द्वारा अपनी खोज जारी रखने के लिए दिया गया मार्गदर्शन एक ऐसे मोड़ का प्रतिनिधित्व करता है ,जहाँ दुःख और गलत निर्णय नए सिरे से ध्यान और दृढ़ संकल्प का मार्ग प्रशस्त करते हैं। यह एक मार्मिक अनुस्मारक है कि निराशा की गहराई में भी मन धैर्य और

स्पष्टता द्वारा निर्देशित होकर पुनर्प्राप्ति और समाधान के मार्ग खोज सकता है।

जब राम और लक्ष्मण ने जटायु का अंतिम संस्कार किया , तो यह घटना न केवल एक महान प्राणी की विदाई का प्रतीक थी ,बल्कि यह राम के लिए जल्दबाजी में लिए गए निर्णय के खतरों और भावनात्मक परीक्षणों का सामना करते हुए दृढ़ता के महत्व पर चिंतन का क्षण भी था।

राम और लक्ष्मण ने दक्षिण की ओर जाने के लिए पश्चिमी मार्ग लिया , घने जंगल को छुरियों से काटते हुए तेजी से आगे बढ़े। अप्रत्याशित रूप से वे एक राक्षस के विशाल हाथों में फंस गए। इस तरह से पाँच मील तक ले जाए जाने के बाद उन्हें एक विचित्र दृश्य का सामना करना पड़ा : एक सिरहीन , एक आँख वाला राक्षस , जिसका भयावह और घृणित रूप था।

त्वरित प्रहारों से भाइयों ने हाथ काट दिए और खुद को राक्षस की पकड़ से मुक्त कर लिया। यह प्राणी कबंध के रूप में सामने आया , जो एक गंधर्व था , जो ऋषि स्तुलशरीर के साथ एक शरारत के कारण राक्षस के रूप में बदल गया था , जब वे एक अनुष्ठान के लिए जलावन की लकड़ी इकट्ठा कर रहे थे। भयभीत ऋषि ने धोखे का एहसास करते हुए कबंध को इस राक्षसी रूप में अनिश्चित काल तक रहने का श्राप दिया। हताश होकर कबंध ने दया की भीख माँगी और पश्चाताप से प्रेरित ऋषि ने भविष्यवाणी की कि उसका उद्धार राम और लक्ष्मण के हाथों होगा।

अपने मुक्तिदाताओं को पहचानते हुए कबंध ने सीता की खोज की उनकी कहानी उत्सुकता से सुनी और गंधर्व रूप में वापस आने के बाद उनकी खोज में सहायता की पेशकश की। उन्हें इस निर्णय का सामना करना पड़ा कि शाप को हटाने के लिए कबंध के शरीर को जलाया जाए या नहीं , राम और लक्ष्मण ने विचार-विमर्श किया।

उन्होंने तर्क दिया कि अगर वह अपना वादा पूरा करता है तो उसकी मदद करने से सीता की खोज में उनकी प्रगति हो सकती है। अगर नहीं तो उन्हें अपने प्रयासों के अलावा कुछ भी नहीं खोना था। यह क्षण एक सामान्य मानवीय अनुभव को दर्शाता है -भरोसे के जोखिम और लाभों को तौलना , यहां तक कि अप्रत्याशित स्रोतों से भी।

इसके बाद लक्ष्मण ने कबंध के शरीर को भस्म कर दिया , उन्हें आशा थी कि पुनर्जीवित गंधर्व उनकी कठिन खोज में सहायता प्रदान कर सकेंगे।

गंधर्व ने राम और लक्ष्मण से कहा कि वानरराज सुग्रीव सीता की खोज में उनकी मदद कर सकते हैं और उन्हें वालि के आक्रमण से मुक्ति दिलाने में मदद की ज़रूरत है। उन्होंने आगे उन्हें सलाह दी कि वे पश्चिम की ओर यात्रा जारी रखें जब तक कि वे पम्पा झील तक न पहुँच जाएँ , जो ऋष्यमूक पर्वत की तलहटी में है , जिसके शीर्ष पर सुग्रीव चार अन्य वानर योद्धाओं के साथ रह रहे थे।

उन्होंने आगे घने जंगलों के माध्यम से पश्चिम की ओर अपनी यात्रा का वर्णन किया , जिसके दौरान उन्हें अर्जुन , अशोक , देवदारु, पुन्नगा , कदंब , किंसुखा , करिणीकर (कनक चंपा), आम , नीला ,नीम , पूमका आदि जैसे पेड़ मिले। उन्होंने पम्पा को मछलियों और

नीले और लाल कमल से भरी एक खूबसूरत झील के रूप में वर्णित किया।

जैसे-जैसे मैं वाल्मीकि के विशद वर्णनों का अध्ययन करता हूँ , यह स्पष्ट होता जाता है कि कैसे उनकी कथा दण्डक वन और पम्पा झील जैसे क्षेत्रों में आज भी देखी जा सकने वाली वनस्पतियों और जीवों को प्रतिबिम्बित करती है ।
भारत के भूदृश्यों के बारे में उनका गहन ज्ञान, जो संभवतः व्यापक यात्राओं या समकालीन लोगों के विस्तृत विवरणों के माध्यम से प्राप्त हुआ था , राम के मार्ग को स्पष्ट रूप से चित्रित करता है।

महाकाव्य में वर्णित वनस्पति और जीव आज भी दंडक वन और पम्पा झील जैसे क्षेत्रों में दिखाई देते हैं , जो उनके अवलोकनों की सटीकता और गहराई को प्रमाणित करता है। काव्यात्मक कल्पना के उनके कुशल उपयोग ने प्राकृतिक समायोजन को जीवंत कर दिया , जिससे कथा में इन वातावरण के सांस्कृतिक और आध्यात्मिक महत्व को रेखांकित किया गया।

ऋषि अगस्त्य का राम और लक्ष्मण के साथ वार्तालाप , जिसमें वे पंचवटी जाते समय मधुक वृक्षों से मिलने का वर्णन करते हैं , इन विवरणों की भौगोलिक सटीकता को रेखांकित करता है।

गोदावरी नदी के पास बूर्गमपहाड़ (तेलंगाना राज्य) में जन्मे , कथित पंचवटी के पास भद्राचलम शहर में भगवान राम को समर्पित एक मंदिर के ठीक सामने , जहाँ आज भी भगवान को मधुका के फूल श्रद्धापूर्वक चढ़ाए जाते हैं , मैं खुद को महाकाव्य की पृष्ठभूमि से गहराई से जुड़ा हुआ पाता हूँ जहाँ मैंने अपने गृहनगर के आस-पास के

जंगलों में मधुका के पेड़ देखे। यह जुड़ाव मेरे पुनर्कथन को समृद्ध करता है , जिससे मुझे कथा के ताने-बाने में प्रामाणिकता और श्रद्धा बुनने का मौका मिलता है।

उन्होंने आगे बताया कि वे ऋषि मतंग आश्रम में योगी और दासी शबरी से मिलेंगे। सीता की खोज में सुग्रीव से सहायता प्राप्त करने की आशा में राम और लक्ष्मण पश्चिम की ओर बढ़े।

ऋषि मतंग के आश्रम में उनकी समर्पित शिष्या शबरी ने राम और लक्ष्मण का गहरी श्रद्धा के साथ स्वागत किया। उसने उनके पैरों को धोने और उन्हें तरोताजा करने के लिए जल दिया , यह आतिथ्य का एक ऐसा कार्य था जिसकी तैयारी उसने तेरह वर्षों से की थी। ऋषि मतंग , जो कभी चांडाल के रूप में जन्मे थे और कई वर्षों की कठोर तपस्या के माध्यम से ब्राह्मण के स्तर तक पहुँचे थे , ने शबरी को निर्देश दिया था कि वे राम और लक्ष्मण के उच्च लोकों में जाने से पहले उनके आगमन की प्रतीक्षा करें।

शबरी ने बताया कि उन्हें पहली बार चित्रकूट में रहने के दौरान भाइयों के बारे में पता चला था और तब से उन्होंने ऋषि की भविष्यवाणी को माना है। उनके गुरु ऋषि मतंग ने आध्यात्मिक प्रयासों के माध्यम से अपने जीवन को बदल दिया था ,प्राचीन वर्ण व्यवस्था की पारंपरिक सीमाओं को तोड़ दिया था , जो बाद में जाति व्यवस्था में विकसित हुई कठोर व्यवस्था के विपरीत इस तरह की आध्यात्मिक और सामाजिक गतिशीलता की अनुमति देती थी।

शबरी की भक्ति का प्रतीक गोदावरी नदी की एक सहायक नदी है , जिसे स्थानीय लोग आज भी शबरी कहते हैं। रामायण ने तेलंगाना ,

आंध्रप्रदेश , मध्यप्रदेश , छत्तीसगढ़ और ओडिशा के लोगों को पीढ़ियों से प्रभावित किया है और इसमें कोई संदेह नहीं है कि यह नई पीढ़ियों को भी प्रभावित करता रहेगा...

राम ने आदिवासी पृष्ठभूमि की महिला शबरी से जल ग्रहण करके एक अधिक समतामूलक समाज के निर्माण के प्रति गहरी प्रतिबद्धता प्रदर्शित की। आश्रम में यह कृत्य केवल व्यक्तिगत ताज़गी का क्षण नहीं था , बल्कि सामाजिक समावेशिता की एक जानबूझकर पुष्टि थी , जो ऋषि मतंग की हाशिए से आध्यात्मिक श्रद्धा तक की जीवन यात्रा को प्रतिध्वनित करती है।

जब राम और लक्ष्मण हम्पी के पास मनमोहक पम्पा झील पर पहुंचे , तो वसंत ऋतु अपने पूरे शबाब पर थी। हवा किमसुखा वृक्षों के जीवंत नारंगी फूलों से जीवंत थी और कोकिलों (कोयल) की मधुर कूक वैदिक भजनों की याद दिलाती थी। मधुमक्खियां लयबद्ध तरीके से भिनभिना रही थीं , फूलों का मधु इकट्ठा कर रही थीं , जबकि मोर अपनी शान दिखाते हुए मोरनी का पीछा कर रहे थे। फिर भी राम के लिए पम्पा की कमल-सुगंधित हवा , जो उन्हें सीता की कोमल साँस की याद दिलाती थी , कड़वी-मीठी लग रही थी।

प्रकृति की महिमा से घिरे राम का हृदय निराशा में डूब गया। झील की सुंदरता ने उन्हें सांत्वना देने के बजाय सीता के लिए उनकी लालसा को और गहरा कर दिया , जो उस पल को साझा करने के लिए वहां नहीं थी। लक्ष्मण से बात करते हुए उन्होंने सीता की रक्षा करने में विफल रहने के कारण राजा जनक की नज़रों में अपमान के अपने डर को व्यक्त किया और अपनी प्यारी बहू के बिना अपनी माँ कौशल्या का सामना करने के बारे में चिंतित थे। "मैं उनके बिना

जीवन का सामना कैसे कर सकता हूँ?" उन्होंने विलाप करते हुए सुझाव दिया कि लक्ष्मण के लिए बेहतर होगा कि वे अयोध्या लौट जाएँ।

दृढ़ निश्चयी और बुद्धिमान लक्ष्मण ने राम से आग्रह किया कि वे अपनी पीड़ा से उभरें और निराशा में पड़ने के बजाय सीता को खोजने की तत्काल आवश्यकता पर ध्यान केंद्रित करें।

यह क्षण मनोवैज्ञानिक और यौगिक दोनों दृष्टिकोणों से एक महत्वपूर्ण समझ को रेखांकित करता है। अवसाद , जो अकसर तनाव के समय या नुकसान की यादों के दौरान फिर से उभर आता है , के लिए प्रियजनों से सतर्कता और समर्थन की आवश्यकता होती है। पम्पा झील के पास राम का अनुभव यौगिक शिक्षा को दर्शाता है कि व्यक्ति को काम (वासना), क्रोध (गुस्सा), लोभ (लालच), मोह (भ्रम), मद (अभिमान) और मत्सर (ईर्ष्या) के आंतरिक कष्टों पर काबू पाने के लिए सक्रिय रूप से काम करना चाहिए। ये न केवल आध्यात्मिक विकास में बाधाएँ हैं , बल्कि मानसिक स्वास्थ्य के लिए भी बाधाएँ हैं।

"उत्तर पीठिका में विष्णु सहस्रनाम कहता है:

'नक्रोधोनचमत्सर्यंनलोभोनअशुभमतिः
भवन्तिकृतपुण्यानांभक्तानांपुरुषोत्तमे।'

यह सुंदरता से बताता है कि यदि भक्त क्रोध , ईर्ष्या , लोभ और अशुद्ध विचारों से मुक्त हों , तो वे दैवीय बन सकते हैं। विष्णु सहस्रनाम उत्कृष्ट रूप से समझाता है कि ये नकारात्मक भावनाएँ

(अरिषड्वर्ग) हमारे शारीरिक , मानसिक , सामाजिक और भौतिक कल्याण को किस प्रकार हानि पहुंचाती हैं।"

इसके अलावा , यौगिक यात्रा में राम की खोज की तरह यह पहचानना शामिल है कि भाग्य या कर्म अकसर जीवन के मार्ग को पूर्व निर्धारित करते हैं।   13साल तक प्रतीक्षा करने वाली शबरी की कहानी इस बात पर प्रकाश डालती है कि हमारे भविष्य के बीज हमारी समझ से बहुत पहले ही बो दिए जाते हैं। सबसे अंधकारमय क्षणों में भी दिशा और आशा होती है ; आगे के अवसरों को देखने के लिए शांत और स्थिर मन की आवश्यकता होती है।

जैसा कि राम अपने परीक्षणों के माध्यम से सीखते हैं कि हर चुनौती बढ़ने और आगे बढ़ने का निमंत्रण है ,जो इस बात की पुष्टि करता है कि सबसे गहन निराशा के बीच भी हमेशा आगे बढ़ने का एक रास्ता होता है - अगर कोई इसे देखने के लिए तैयार है।

4. भाईचारे का प्रारंभ: राम, सुग्रीव और हनुमान की पहल

राम और लक्ष्मण वानर (वन में रहने वाले महामानव) सुग्रीव से मिलने के लिए ऋष्यमूक पर्वत की ओर बढ़े। सुग्रीव और उनके निर्वासित मंत्रियों ने दो सबसे बेहतरीन धनुर्धरों को अपनी ओर आते देखा। वे भयभीत हो गए और ऋषि मतंग के आश्रम में शरण ली।

वे सुग्रीव के चारों ओर फिर से इकट्ठा हो गए और पहाड़ की चोटी पर चले गए। सुग्रीव को संदेह था कि राम और लक्ष्मण , जो अपने आप को बचाने के लिए जूट के कपड़े और शक्तिशाली धनुष धारण किये हुए थे , शायद उनके भाई वालि द्वारा भेजे गए थे , जो उन्हें मारना चाहता था।
उनके योग्य और बुद्धिमान मंत्रियों में से एक हनुमान ने कहा कि वालि से कोई डर नहीं है क्योंकि वह एक शाप के कारण ऋष्यमूक पर्वत में प्रवेश नहीं कर सकता था और आगे कहा ,"डरो मत। "
हनुमान की पूजा उन शब्दों के लिए की जाती है जो उन्होंने सुग्रीव को साहस और शक्ति प्राप्त करने के लिए कहे थे , खासकर तब जब वे जीवन में चुनौतियों का सामना करते हैं।

सुग्रीव ने हनुमान को उत्तर दिया ,"लंबे हाथों , बड़ी कमल जैसी आँखों और शक्तिशाली धनुष और बाण धारण करने वाले दिव्य दिखने वाले व्यक्तियों (राम और लक्ष्मण) से कौन नहीं डरेगा?" और आगे कहा , "मुझे लगता है कि वालि ने उन्हें मुझे बाहर निकालने के लिए भेजा

है। " उन्होंने हनुमान को निर्देश दिया कि वे पहचान से बचने के लिए वानर रूप धारण करें और नीचे जाकर राम और लक्ष्मण से मिलें और पता लगाएँ कि वे कौन हैं और उनके इरादे क्या हैं?

"महाकाव्य रामायण में पौराणिक वानर नायक वालि और सुग्रीव की कथा लिंग तरलता पर प्राचीन विचारों को दर्शाती है। उनके पिता ऋक्षराज सृष्टिकर्ता भगवान ब्रह्मा के माथे के बिंदु से पैदा हुए थे , उन्हें एक दिव्य सार प्राप्त था। जंगल में राक्षसों से लड़ने के लिए ब्रह्मा द्वारा नियुक्त ऋक्षराज ने एक रहस्यमय तालाब में प्रवेश करने पर एक नाटकीय परिवर्तन का अनुभव किया। इस घटना ने उन्हें उनके पुरुष रूप से एक आकर्षक महिला के रूप में बदल दिया। इस परिवर्तन ने स्वर्ग के देवता इंद्र और सूर्य देव को मोहित कर लिया। परिणामस्वरूप , इंद्र ने वालि को जन्म दिया और सूर्य ने ऋक्षराज के साथ सुग्रीव को जन्म दिया।

रामायण की यह कहानी प्राचीन भारतीय पौराणिक कथाओं में लिंग की परिवर्तनशील प्रकृति को उजागर करती है। आधुनिक पश्चिमी अवधारणा होने से कहीं ज़्यादा लिंग की परिवर्तनशीलता की जड़ें भारतीय संस्कृति में गहराई से समाहित हैं , जैसा कि रामायण और महाभारत दोनों में इसकी मौजूदगी से पता चलता है। इन महाकाव्यों ने ऐसे परिवर्तनों को पहचाना और उनका जश्न मनाया , जो प्रारंभिक भारतीय समाज के सांस्कृतिक और आध्यात्मिक ताने-बाने के भीतर लिंग पहचान की एक जटिल और एकीकृत समझ को दर्शाता है।"

हनुमान एक तपस्वी बन गए क्योंकि आम तौर पर कोई भी तपस्वी से झूठ नहीं बोलता , सबसे शक्तिशाली भाइयों से मिले और पूजा करने के बाद उनसे धीरे से बात की और कहा - वेशभूषा और केश

विन्यास से आप संतों की तरह दिखते हैं , लेकिन आपके शरीर और शक्तिशाली धनुष से आप राजसी दिखते हैं और कुल मिलाकर आप दोनों राजसी संतों की तरह दिखते हैं और कौन सी चीज आपको जंगल में ले आई और जानवरों व वनवासियों को परेशान किया? उन्होंने वैदिक शास्त्रों का उपयोग करते हुए राम और लक्ष्मण की प्रशंसा की लेकिन उन दोनों ने हनुमान को कोई जवाब नहीं दिया , जिससे उन्हें गुस्सा आया क्योंकि आगे की बातचीत से उनके दांत खुल सकते थे और उनका भेद खुल सकता था।

राम ने हनुमान के समान ही विचार किया , जो उनके सामने एक तपस्वी के रूप में प्रकट हुए थे कि एक तपस्वी क्यों गांवों से दूर घने जंगल में रह रहा है , जहां लोग भिक्षा प्राप्त कर सकते हैं और वह कोई साधारण संत नहीं , बल्कि एक राक्षस भी हो सकता था।

वार्तालाप को सुगम बनाते हुए हनुमान ने राम को बताया कि वानरों में सबसे योग्य सुग्रीव को उसके भाई वालि ने निर्वासित कर दिया था , वह डर और दुःख में पृथ्वी पर भटक रहा था और अब ऋष्यमूक पर्वत पर रहता है और आप दोनों से मित्रता करना चाहता है। हनुमान ने राम को बताया कि वह एक वानर है , वायु देवता का पुत्र और सुग्रीव का मंत्री है , उसके पास किसी भी रूप में बदलने की शक्ति है और उसने राम के सामने प्रकट होने के लिए एक तपस्वी का रूप धारण किया ताकि सुग्रीव को खुश कर सके और उनकी आज्ञा का पालन कर सके , जिन्होंने उसे रूप बदलने के लिए कहा और उसके बाद उसने कुछ नहीं कहा।

राम हनुमान के वैदिक ज्ञान , त्रुटिहीन व्याकरण और स्पष्ट भाषण से बहुत प्रभावित हुए , जो कठोर वैदिक प्रशिक्षण का परिणाम था।

वैदिक परंपरा में भाषण की कला में छाती, गले और सिर के क्षेत्रों का उपयोग करके सही भाषण देना शामिल है , एक ऐसा कौशल जिसमें हनुमान ने पूरी तरह से महारत हासिल की। यह महारत इस बात का प्रमाण है कि शिक्षा और प्रशिक्षण किस तरह से व्यक्ति को विभिन्न जीवन स्थितियों का सफलतापूर्वक सामना करने के लिए तैयार करते हैं।

जिस तरह हनुमान ने परिस्थितियों का विश्लेषण करने और अपने विचारों को प्रभावी ढंग से व्यक्त करने के लिए अपने प्रशिक्षण का उपयोग किया , जिससे राम प्रभावित हुए , उसी तरह हम भी अपने कौशल को विकसित करने में मूल्य देख सकते हैं। आधुनिक उपकरण माने जाने वाले डेटा विश्लेषण और खनन प्राचीन प्रथाओं में निहित हैं। निरंतर सीखने और अपने विचारों को स्पष्ट रूप से व्यक्त करने से हम हनुमान जैसी योग्यता और सफलता की आकांक्षा कर सकते हैं।

हनुमान एक महत्वपूर्ण कार्य हेतु गए थे :राजकुमार राम से मिलना और उनका विश्वास जीतना। लेकिन कैसे ? वह अचानक घुस नहीं सकते थे ; उन्हें एक योजना की आवश्यकता थी।
सबसे पहले उन्होंने समस्या के बारे में सोचा (वह है **आलोचना!**)। उन्हें पता था कि राम बुद्धिमान लोगों का सम्मान करते हैं , इसलिए हनुमान ने खुद को एक तपस्वी -एक तरह के पवित्र व्यक्ति का वेश धारण कर लिया। यही उनका **अवगाहन** था या स्थिति की उनकी समझ थी।
इसके बाद उन्होंने अभ्यास किया कि वे क्या बोलेंगे (**आचरण!**)। वे बहुत ही बुद्धिमानी से बोलना चाहते थे और सम्मानजनक शब्दों का

इस्तेमाल करना चाहते थे। उन्होंने उन अभिवादनों का भी अभ्यास किया जो राम के समय में सभी जानते थे और इस्तेमाल करते थे ! जब वे तैयार हो गए तो वे राम से मिलने गए। उन्होंने इतनी विनम्रता और समझदारी से बात की कि राम प्रभावित हो गए (यह **अभिवृद्धि है** या कार्य-योजना की वृद्धि!)। लेकिन हनुमान हमेशा के लिए भेष बदलकर नहीं रह सकते थे। उन्होंने बताया कि वह कौन हैं और राम को बताया कि वह वहां क्यों आए हैं।

राम इस चाल से नाराज़ नहीं थे। उन्हें समझ में आ गया कि हनुमान ने ऐसा क्यों किया !इससे उनका भरोसा और भी मज़बूत हो गया। वे किसी भी चुनौती का सामना करने के लिए तैयार थे!

बड़े विचार:

- कार्य करने से पहले ध्यान से सोचें।

- अपने शब्दों का प्रयोग संवेदनापूर्ण और सम्मानजनक तरीके से करें।

- कभी-कभी थोड़ी-सी तरकीब अपनाना ठीक है ,लेकिन अंत में हमेशा सच बोलें।

- अच्छे दोस्त एक दूसरे पर भरोसा करते हैं और एक दूसरे को समझते हैं।

राजसी रीति-रिवाजों का पालन करते हुए राम ने लक्ष्मण को हनुमान से बातचीत करने का निर्देश दिया। हनुमान की क्षमता को पहचानते हुए राम ने टिप्पणी की कि एक राजा अपने सपने को तभी साकार कर सकता है जब उसके साथ हनुमान जैसे मंत्री हों।

राम की अंतर्दृष्टि का जवाब देते हुए लक्ष्मण ने गर्मजोशी से हनुमान से कहा-"हे विद्वान हनुमान , हम सुग्रीव की महान आत्मा से अच्छी

तरह वाकिफ हैं और वास्तव में वानरों के फुर्तीले राजा की तलाश में हैं। " अपने राजा के प्रति दिखाए गए सम्मान और उनके विद्वान स्वभाव की स्वीकृति से हनुमान बहुत प्रभावित हुए और उनमें उत्साह की लहर दौड़ गई। शांत लेकिन उत्सुक भाव से उन्होंने तुरंत राम और सुग्रीव के बीच मैत्री संधि कराने का संकल्प लिया।

लक्ष्मण ने अपने परिवार की मार्मिक कहानी , राम के वनवास के पीछे के कारण , सीता के अपने पति के साथ रहने के समर्पित निर्णय और राक्षस राजा रावण द्वारा सीता के दुखद अपहरण के बारे में बताया। जब लक्ष्मण ने सीता को बचाने के लिए सुग्रीव के साथ मैत्री करने की अपनी सख्त जरूरत के बारे में बताया , तो उनकी आवाज ने उनकी स्थिति की गंभीरता और नई दोस्ती की उम्मीद दोनों को व्यक्त किया।

कथा से प्रभावित होकर और उस क्षण के महत्व को समझते हुए हनुमान ने कहा-"हे पुण्यात्माओं , जिन्होंने क्रोध और इंद्रियों पर नियंत्रण कर लिया है , आपका आगमन सुग्रीव के लिए एक आशीर्वाद है। "अपने वास्तविक वानर रूप को धारण करते हुए हनुमान ने शक्ति और अनुग्रह का प्रदर्शन करते हुए राम और लक्ष्मण को अपनी पीठ पर उठा लिया और सुग्रीव से मिलने के लिए पर्वत की चोटी पर चढ़ गए।

उनके आगमन पर हनुमान ने बड़े आदर के साथ राम का परिचय कराया-"सम्मानित सुग्रीव ,अटल साहस और सदाचार वाले राम को देखिए। अपने भाई लक्ष्मण के साथ राम शरण और संगति चाहते हैं। "उन्होंने सावधानीपूर्वक उनकी वंशावली , उनके वनवास की कहानी

और सीता को बचाने की उनकी खोज का वर्णन किया , जिससे सुग्रीव को उनके आगमन के सम्मान का एहसास हुआ।

सुग्रीव ने गर्मजोशी से जवाब दिया-"हनुमान ने आपके गुणों के बारे में बताया है , जो मुझे अपार सम्मान और प्रशंसा से भर देता है। हे प्रभु, आपके साथ जुड़ना सम्मान और सौभाग्य की बात है। "दोस्ती का हाथ बढ़ाते हुए उन्होंने कहा-"यदि आपको मेरा साथ स्वीकार है तो मेरा हाथ थामिए और हमारी मैत्री पर मुहर लगा दीजिए।"

सुग्रीव के शब्दों की ईमानदारी और गर्मजोशी से अभिभूत होकर राम ने उसका हाथ कसकर पकड़ लिया और उसे एक सच्चे मित्र की तरह गले लगा लिया। इस नए बंधन का उत्साह वहाँ उपस्थित सभी लोगों में स्पष्ट रूप से देखा जा सकता था।

शत्रुओं को परास्त करने वाले हनुमान ने संधि को पवित्र बनाने के लिए दो लकड़ियों से एक पवित्र अग्नि प्रज्ज्वलित की। उन्होंने इसे पुष्पों से सजाया और खुशी और श्रद्धा के साथ अग्नि अनुष्ठान किया। राम और सुग्रीव ने चमकती हुई अग्नि के चारों ओर चक्कर लगाया , लपटों के चारों ओर प्रत्येक कदम एक दूसरे का समर्थन करने की उनकी प्रतिबद्धता को और गहरा कर रहा था।

अनुष्ठान पूरा होने के बाद सुग्रीव ने राम के साथ अपने दुःख की कहानी साझा की , जिससे साझा विपत्तियों पर उनका रिश्ता और मजबूत हुआ और उनकी दोस्ती और मजबूत हुई। "राम , आप मेरे प्रिय मित्र बन गए हैं। आज से तुम्हारे सुख-दुःख मेरे साथ साझा करने के लिए हैं।"

हे राघव , मेरा भाई मेरे विरुद्ध हो गया है और मुझे अपना शत्रु बना लिया है। इन वनों में मैं भय और घबराहट से घिरा हुआ रहता हूँ , मेरी आत्मा व्याकुल हो गई है। हे परम सौभाग्यशाली राम , मुझे वालि के खतरे से सुरक्षा प्रदान करें , जिसकी छाया में मैं काँपता हूँ। उससे मेरी सुरक्षा केवल आप ही सुनिश्चित कर सकते हैं।

राम ने कहा कि मित्रता का सार सहयोग में निहित है , यह सत्य मैं अच्छी तरह जानता हूँ। हे पराक्रमी वानर , मेरा संकल्प वालि को परास्त करना है , जिसने तुम्हारी पत्नी को छीन लिया है। मेरे ये बाण कभी भी अपना निशाना नहीं चूकते , सूर्य की तरह चमकते हैं , गरुड़ के पंखों से सजे हैं , इनकी नोकें धारदार हैं और ये सीधे उड़ते हैं जैसे कि साँपों के क्रोध से प्रेरित हों।   ये बाण दुष्ट वालि पर तेजी से छोड़े जाएँगे। "तुम इसी क्षण वालि का पतन देखोगे , जैसे कोई टूटा हुआ पहाड़ धरती पर गिरता है और इन निर्दयी बाणों से पूरी तरह तबाह हो जाता है जो विषैले साँपों जैसे होते हैं "...इन शब्दों के साथ राम ने सुग्रीव में साहस भर दिया।

इस कारण सुग्रीव ने कहा-"हे वीर पुरुषोत्तम , आपकी सहायता से मैं अपनी पत्नी और राज्य को पुनः प्राप्त कर सकता हूँ। हे दैवी पुरुष , सुनिश्चित करें कि वालि अब मेरे लिए खतरा न रहे। मेरा भाई , जो मेरा विरोधी बन गया है , मुझे फिर से कष्ट न दे।"

राम के साथ संधि करने के बाद सुग्रीव सीता को उनके कैद से वापस लाने की प्रतिज्ञा करता है। वह सीता को अपहरण के दौरान आकाश से ले जाते हुए देखने का वर्णन करता है। उसने आगे बताया कि अपहरण के दौरान सीता अपने ऊपरी वस्त्र में बंधे अपने गहने उनके पहाड़ के पास गिराने में कामयाब हो गई।

सुग्रीव ने फिर इन आभूषणों को राम को भेंट किया और उनके स्वामित्व की पुष्टि मांगी। राम ने आभूषण और सीता के वस्त्र की पहचान की। वह आभूषणों को अपने हृदय से लगाकर बेकाबू होकर रोने लगे और अपमानजनक अपहरण पर आक्रोश से भरकर उन्होंने अपने परिजनों के साथ मिलकर जिम्मेदार राक्षस को हराने की प्रतिज्ञा की। सुग्रीव ने राम को गले लगाया , उन्हें सांत्वना दी और कहा- हम सब मिलकर शत्रु का नाश करेंगे। राम ने सुग्रीव से अपने भाई वालि के साथ संघर्ष का मूल कारण बताने को कहा।

सुग्रीव ने कहा कि उनके पिता की मृत्यु के बाद वरिष्ठता के कारण मंत्रियों ने वालि को राजा घोषित कर दिया था। आदरणीय और वफ़ादार सुग्रीव ने वालि की कर्तव्यनिष्ठा से सेवा की। उनकी शांति को मायावी नामक एक दुर्जेय राक्षस ने भंग कर दिया , जो एक महिला को लेकर हुए झगड़े के कारण वालि के विरुद्ध प्रतिशोध की भावना रखता था।

उसे रोकने के प्रयासों के बावजूद , वालि ने मायावी का सामना किया , जो एक गुफा में भाग गया। वालि ने सुग्रीव को बाहर प्रतीक्षा करने का निर्देश देते हुए उसका पीछा किया। एक साल तक वालि का कोई पता न चलने और गुफा से खून निकलता देखने के बाद सुग्रीव ने वालि को मरा हुआ मानकर प्रवेश द्वार को बंद कर दिया और मंत्रियों की सलाह के अनुसार राजपद अपने हाथ में ले लिया।

हालाँकि , मायावी को मारकर वालि वापस लौट आया और सुग्रीव को राजा बनते देख वह क्रोधित हो गया। सुग्रीव के सुलह करने के प्रयासों के बावजूद वालि ने मना कर दिया , उसे निर्वासित कर दिया और

उसकी पत्नी को भी अधिकार में ले लिया। सुग्रीव ने अपनी दुर्दशा राम को बताई , जिन्होंने सहायता और नुकसान की भरपाई का वादा किया।

सुग्रीव ने राम को वालि की जबरदस्त ताकत और बहादुरी के बारे में बताना शुरू किया , जो अपने दैनिक अनुष्ठानों को करने के लिए एक महासागर से दूसरे महासागर और दक्षिण से उत्तर तक की विशाल दूरी तय कर सकता था। वालि की ताकत इतनी थी कि वह बिना किसी प्रयास के बड़े-बड़े पेड़ों को उखाड़ सकता था और पहाड़ की चोटियों को ऐसे हिला सकता था जैसे वे महज खिलौने हों। फिर कहानी दुंदुभी की ओर मुड़ती है , जो अपनी शक्ति और वरदान से उत्साहित एक राक्षस था , जिसने महासागर को चुनौती दी और उसे उसके योग्य युद्ध के लिए वालि की ओर निर्देशित किया गया।

दुंदुभी अपने अहंकार में वालि के राज्य किष्किंधा में आ गया , जिससे वहां हंगामा मच गया जिसे वालि अनदेखा नहीं कर सका। अपनी पत्नियों के साथ होने के बावजूद वालि ने दुंदुभी का सामना किया , संघर्ष से बचने की किसी भी सलाह को त्याग दिया। इसके बाद जो युद्ध हुआ वह भयंकर था , जिसमें वालि की अलौकिक शक्ति का प्रदर्शन हुआ ,जिसे उसके पिता से मिले एक सुनहरे छाती के पेंडेंट ने और बढ़ा दिया , जिसने उसके प्रतिद्वंद्वी की आधी शक्ति को खत्म कर दिया और उसे अपने में मिला लिया।

वालि की जीत निर्णायक थी , लेकिन लड़ाई के बाद वालि ने दुंदुभी के शव को फेंककर ऋषि मतंग के आश्रम को अनजाने में अपवित्र कर दिया। इसके परिणामस्वरूप वालि को एक श्राप मिला , जिसने उसे ऋष्यमूक पर्वत के आसपास के एक विशिष्ट जंगल में प्रवेश करने से

रोक दिया , जिससे सुग्रीव की शरण और उसके बाद राम के साथ मैत्री-संधि का मार्ग प्रशस्त हुआ। वालि की ताकत को रेखांकित करने के लिए सुग्रीव ने इन घटनाओं को साझा किया।

सुग्रीव ने वालि की बेजोड़ ताकत पर जोर देने के लिए दुंदुभी के विशाल कंकाल अवशेषों और सात ऊंचे शाल वृक्षों की ओर इशारा किया और राम की उसे हराने की क्षमता पर सवाल उठाया। लक्ष्मण ने सुग्रीव से वालि की हार पर विश्वास करने के मानदंडों के बारे में पूछा। सुग्रीव ने सुझाव दिया कि यदि राम वालि के करतबों को दोहरा सकते हैं , जैसे कि एक ही तीर से पेड़ को चीरना या दुंदुभी की हड्डियों को बहुत दूर तक फेंकना , तो इससे वालि को हराने की उनकी क्षमता की पुष्टि होगी।

सुग्रीव ने बाली की अजेयता के प्रति अपना भय और विस्मय व्यक्त किया , जिसके कारण उसे ऋष्यमूक पर्वत पर शरण लेनी पड़ी और अब वह राम के सानिध्य में है। राम के पराक्रम से अपरिचित होते हुए भी उनकी क्षमता को स्वीकारते हुए सुग्रीव ने उनसे समर्थन का आश्वासन मांगा।

जवाब में , राम ने दुंदुभी के कंकाल को अपने पैर के अंगूठे से आसानी से दूर धकेल दिया । यह एक ऐसा कारनामा था जिसने सुग्रीव को चकित कर दिया। हालाँकि , सुग्रीव अनिश्चित रहता है और कंकाल की पहले की स्थिति की तुलना में उसकी सूखी अवस्था को कार्य की आसानी का श्रेय देता है जब वालि ने इसे संभाला था। वह राम की शक्ति का एक निर्णायक परीक्षण सुझाता है :एक शाल वृक्ष को तीर से चीर देना।

राम ने अपनी असाधारण शक्ति का प्रदर्शन करते हुए एक ही बाण से सात वृक्षों और पृथ्वी की परतों को भेद दिया , जो फिर उनके तरकश में वापस आ गया। इस प्रदर्शन से सुग्रीव को राम की श्रेष्ठ शक्ति का विश्वास हो गया , जिसके कारण उसने आत्मविश्वास के साथ वालि को द्वंद्वयुद्ध के लिए चुनौती दी।

सुग्रीव की प्रारंभिक हार और भाइयों की समानता के कारण राम के हस्तक्षेप न करने के कारण राम ने पहचान के उपाय के रूप में सुग्रीव को माला पहनाने का प्रस्ताव दिया , उसी दिन वालि के साथ एक और टकराव के लिए उसे तैयार किया और किष्किंधा की ओर कूच किया।

सुग्रीव ने साहस से भरकर ऐसी गर्जना की कि पर्वतों में गूँज उठी। वानरराज वालि का अभिमान क्रोध में बदल गया और तेज धारा उसे बहा ले जाने की धमकी दे रही थी।

उनकी पत्नी तारा , जो बुद्धिमान और अंतर्दृष्टिपूर्ण थीं , ने उनके हाथ पर अपना कोमल हाथ रखा। "मेरे प्रभु," उनकी आवाज़ शांत थी , जो उनके भीतर उमड़ रहे तूफ़ान के विपरीत थी-"क्रोध निर्णय को ढक लेता है। सुग्रीव की अवज्ञा के कारण पर विचार करें।"

उन्होंने अपनी बात को सटीक और नपे-तुले ढंग से जारी रखा। "पराजित और निर्वासित सुग्रीव एक दिन के भीतर ही वापस लौट आया और उसका हौसला बढ़ गया। यह महज जल्दबाजी नहीं थी , बल्कि एक सोची-समझी चाल थी। "उनकी गहरी सामाजिक जागरूकता ने एक गहरी सच्चाई को उजागर किया , जो एक रणनीतिक संधि थी जो गुप्त रूप से बनी थी।

"वह शक्तिशाली सहायता के बिना वापस नहीं लौटेगा," उसने समझाया। उसके शब्द उसके दादा बृहस्पति की बुद्धिमत्ता को प्रतिध्वनित करते थे। "अंगद , आपका अपना पुत्र अयोध्या के दो राजकुमारों - राम और लक्ष्मण के बारे में बात करता है। वे प्रसिद्ध योद्धा हैं , न्याय के साधक हैं जो उत्पीड़ितों को आश्रय देते हैं।"

तारा के शब्दों ने राम की एक ऐसी छवि पेश की , जो अटूट सद्गुण और उदारता का प्रतीक है , जो छाया देने वाले वृक्ष की तरह विशाल और स्वागत करने वाला है। राम के चरित्र के बारे में उनकी मनोवैज्ञानिक अंतर्दृष्टि स्पष्ट थी : यह कोई ऐसा शत्रु नहीं था जिसे हल्के में लिया जा सके।

उसने वालि से अपने भाई के साथ सुलह करने की विनती की ताकि वह एक ऐसे संघर्ष से बच सके जो केवल बर्बादी में समाप्त हो सकता था। लेकिन वालि अपने अहंकार में डूबा हुआ और अपने भाग्य की भाग्यवादी स्वीकृति में फँसा हुआ था ,उसने उसकी विनती को नज़रअंदाज़ कर दिया।

उसने केवल अपने प्रतिद्वंद्वी को देखा , अपने विरुद्ध खड़ी ताकतों को नहीं , न ही उस व्यक्ति द्वारा दी गई बुद्धि को जो उससे सबसे अधिक प्रेम करता था।

उस समय ,वालि के पतन के बीज बो दिए गए थे। तारा की सलाह पर ध्यान न देना और सामाजिक और मनोवैज्ञानिक शक्तियों पर विचार न करना एक घातक गलती साबित हुई। यह घमंड के खतरों ,

सुनने के महत्व और उन लोगों की बुद्धि को अनदेखा करने के विनाशकारी परिणामों का सबक था जो वास्तव में परवाह करते हैं।

भयंकर युद्ध छिड़ गया और दिव्य वरदानों से सशक्त वालि ने सुग्रीव को परास्त कर दिया , जिसके कारण सुग्रीव ने राम से सहायता मांगी। राम के बाण ने बाली की छाती में वार किया , जिससे वह तुरंत मर तो नहीं गया , लेकिन गिर गया।

जब राम और लक्ष्मण गिरे हुए बाली के पास पहुंचे , तो उसने राम की नैतिकता को चुनौती दी। अपनी मृत्यु के बाद भी वालि ने अपने सवालों में एक महान वानर राजा की गरिमा बनाए रखी। राम ने अपने कार्यों का बचाव करते हुए कहा कि उसके कार्य में न्याय था , क्योंकि वालि ने सुग्रीव की पत्नी को गलत तरीके से छीन लिया था। तारा को वालि के लिए बहुत दुःख हुआ। उसने वालि की अकाल मृत्यु के लिए सुग्रीव और राम को दोषी ठहराया , वानर रानी के रूप में अपनी भूमिका के माध्यम से मानवीय भावनाओं को मूर्त रूप दिया। हनुमान ने तारा को सांत्वना देने की कोशिश की और तारा के मार्गदर्शन में अंगद को अगला राजा बनाने का प्रस्ताव रखा।

होश में आने के बाद वालि ने सुग्रीव और अंगद को अंतिम वचन दिए , सुग्रीव को इंद्र से प्राप्त दिव्य पेंडेंट और किष्किंधा का नेतृत्व सौंपा , जो उनके द्वंद्व के माध्यम से अर्जित किया गया था। उन्होंने अंगद को अनाथ होने के नाते अपनी जिम्मेदारी के बारे में बताया। वालि की मृत्यु ने सीता को खोजने की खोज में एक महत्वपूर्ण मोड़ ला दिया।

सुग्रीव और तारा वालि की मृत्यु पर गहरा शोक मनाते हैं। अपने भाई की मृत्यु में अपनी भूमिका के लिए दोषी महसूस कर रहे सुग्रीव ने राम से पूछा कि क्या वह वालि की अंतिम संस्कार की चिता में प्रवेश करके वालि की मृत्यु में शामिल हो सकते हैं? वालि के साथ परलोक में फिर से जुड़ने की चाहत रखने वाली तारा ने राम से अनुरोध किया कि वह उसी बाण से उसका जीवन समाप्त कर दे जिससे वालि को मारा गया था।

राम ने सुग्रीव से कहा कि वे शोक में डूबे रहने के बजाय वालि के अंतिम संस्कार में तेजी लाएं , जिससे जीवन का समय , भाग्य और ईश्वर से अपरिहार्य संबंध उजागर होता है। सुग्रीव ने पहल करते हुए वालि के लिए शाही विदाई का आयोजन किया। समारोह के दौरान तारा ने एक बार फिर शोक मनाया। वालि के अवशेषों का अंतिम संस्कार किया गया , जिससे उसके परलोक की यात्रा का संकेत मिलता है।

हनुमान ने राम को सुग्रीव का राज्याभिषेक करने का सुझाव दिया। हालाँकि ,राम निर्वासन में बस्तियों में प्रवेश करने में असमर्थ थे , इसलिए उन्होंने यह कार्य लक्ष्मण को सौंप दिया और अंगद को उत्तराधिकारी के रूप में प्रस्तावित किया। इस प्रकार सुग्रीव को राजा बनाया गया और अंगद किष्किंधा के युवराज बने।

बुद्धिमान और योग्य व्यक्तियों के साथ खुद को घिरे रखने का महत्व रामायण की महाकाव्य कथा में स्पष्ट रूप से दर्शाया गया है ,जहाँ हनुमान की बुद्धि और रणनीतिक अंतर्दृष्टि अपरिहार्य साबित होती है। मंत्री और सलाहकार दोनों के रूप में ,राम और सुग्रीव के बीच

महत्वपूर्ण मैत्री-संधि स्थापित करने में हनुमान की भूमिका उनके अपरिहार्य गुणों का प्रमाण है।

उनकी गहरी समझ और बुद्धिमान सलाह ने इस संधि की नींव रखी, जो सुग्रीव के सिंहासन पर पुनः कब्ज़ा करने और रावण के खिलाफ युद्ध में राम की अंतिम सफलता के लिए महत्वपूर्ण था। हनुमान के कार्य इस बात को रेखांकित करते हैं कि बुद्धिमान और साधन संपन्न व्यक्ति कितना गहरा प्रभाव डाल सकते हैं, यह दर्शाता है कि सफलता अकसर उस संगति पर निर्भर करती है जिसे कोई व्यक्ति बनाए रखता है।

उनका योगदान केवल सहायता तक ही सीमित नहीं था; वे परिवर्तनकारी थे, महत्वपूर्ण रणनीतिक कदमों को सुगम बनाने और राम को उनके लक्ष्यों को प्राप्त करने के लिए आवश्यक सहायता प्रदान करने में सहायक थे। रामायण की यह कथा उस शाश्वत ज्ञान को पुष्ट करती है कि जीवन की चुनौतियों से निपटने और महान सफलताएँ प्राप्त करने के लिए चतुर साथियों और सलाहकारों का होना आवश्यक है।

सुग्रीव के राज्याभिषेक के बाद राम और लक्ष्मण मानसून के लिए प्रस्रवण पर्वत पर बस गए, जहाँ उन्होंने वहाँ के विविध वन्य जीवन और पौधों को निहारा। प्राकृतिक वैभव ने राम को सीता की याद दिला दी, जिससे वे दुःखी हो गए। हालाँकि, लक्ष्मण ने सुग्रीव की सहायता से सीता की वापसी का वादा करके उन्हें खुश कर दिया।

राजा बनने के बाद सुग्रीव बरसात के मौसम में अत्यधिक भोग-विलास में लिप्त हो गया, सीता की खोज में सहायता करने की अपनी

प्रतिज्ञा को नज़रअंदाज़ कर दिया। उसके बुद्धिमान सलाहकार हनुमान ने उसे राम की सहायता का बदला चुकाने के अपने दायित्व की याद दिलाई। इसके बाद सुग्रीव ने अपनी सेना के सेनापति नील को निर्देश दिया कि वह पंद्रह दिनों के भीतर वानर सेना को इकट्ठा करे और फिर अपने महल में लौट आए , जहाँ वह अभी भी अपनी वासनाओं में डूबा हुआ था।

राम ने शरद ऋतु की प्रशंसा की , जो बारिश के ठीक बाद और शरद ऋतु से पहले का समय है ,जो अपने प्रेम-प्रसंगयुक्त माहौल के लिए जाना जाता है। हालाँकि , सीता के बिना यह मौसम उनके लिए केवल दुःख ही लेकर आया।

सीता की खोज में सुग्रीव की ओर से कोई प्रगति न होने के कारण राम की निराशा बढ़ती जाती है। इस समस्या को सुलझाने के लिए राम लक्ष्मण को किष्किंधा भेजते हैं ताकि पता लगाया जा सके कि सुग्रीव की प्रतिबद्धता दृढ़ है या राजसी विलास में खो गई है।

क्रोध में लक्ष्मण ने सुझाव दिया कि सुग्रीव को हटा दिया जाए और अंगद तथा अन्य लोग सीता की खोज जारी रखें। लक्ष्मण की तीव्र प्रतिक्रिया से परेशान राम ने उसे शांत किया और किष्किंधा भेज दिया। वहाँ लक्ष्मण की उग्र और भयावह उपस्थिति ने वानरों को भयभीत कर दिया।

उन्होंने अंगद को आदेश दिया कि वे सुग्रीव को अपने आगमन की सूचना दें। मदिरा के नशे में धुत्त सुग्रीव पहले तो स्थिति को समझ नहीं पाए , लेकिन अंततः अपने मंत्रियों के मार्गदर्शन से उन्होंने स्थिति को भांप लिया।

सुग्रीव के महल के सामने लक्ष्मण ने अपने धनुष की डोरी से एक भयंकर ध्वनि उत्पन्न की , जिससे सुग्रीव भयभीत हो गया। उसने लक्ष्मण को शांत करने के लिए तारा को भेजा , जिसने उसका क्रोध शांत किया और उसे अंदर बुलाया।

लक्ष्मण ने सुग्रीव के निजी कक्ष में प्रवेश किया , जिससे सुग्रीव चौंक गया और वह विनम्रतापूर्वक उसके पास गया। लक्ष्मण ने सुग्रीव को कड़ी फटकार लगाई और उसे चेतावनी दी कि यदि उसने सीता की खोज करने का अपना वादा पूरा नहीं किया तो राम के बाणों का प्रकोप उसे झेलना पड़ेगा।

व्यवहार विश्लेषण:

राजा बनने के बाद सुग्रीव का व्यवहार व्यवहार विश्लेषण के लिए एक समृद्ध आधार प्रदान करता है , जो युवा पाठकों के लिए प्रासंगिक, महत्वपूर्ण, मनोवैज्ञानिक और नैतिक विषयों पर प्रकाश डालता है। यहाँ सुग्रीव के कार्यों का विवरण और उनसे प्राप्त की जा सकने वाली कुछ सलाह दी गई है:

1. भोग-विलास और उपेक्षा : सत्ता और सुख के आकर्षण से सुग्रीव का संघर्ष , जिसके कारण वह अपनी जिम्मेदारियों और वादों की उपेक्षा करने लगा , ऐसी स्थिति है जिससे हममें से कई लोग खुद को जोड़ सकते हैं। यह इस बात की एक स्पष्ट याद दिलाता है कि कैसे सबसे

अच्छे इरादे वाले व्यक्ति भी सत्ता के जाल में फंस सकते हैं ,खासकर जब वे नए और उत्तेजक हों।

2. कर्तव्यों की याद दिलाना : एक बुद्धिमान सलाहकार के रूप में हनुमान का हस्तक्षेप सुग्रीव के व्यवहार में एक महत्वपूर्ण मोड़ है। वह कर्तव्यनिष्ठ साथियों के महत्व को रेखांकित करता है जो हमें हमारे कर्तव्यों की याद दिलाते हैं और हमें सही रास्ते पर रखने में मदद करते हैं। हनुमान की याद दिलाना एक महत्वपूर्ण मोड़ है , जो सुग्रीव को क्षण भर के लिए अपनी प्रतिबद्धताओं के साथ फिर से जुड़ने के लिए प्रेरित करता है।

3. टालमटोल और देरी से काम करना : हनुमान द्वारा याद दिलाए जाने के बाद भी सुग्रीव ने काम में देरी की। यह टालमटोल की स्थिति को और खराब कर देता है , क्योंकि जिन समस्याओं को उसे सुलझाना था , वे और भी बदतर हो जाती हैं। यह टालमटोल को दर्शाता है - एक आम व्यावहारिक दोष जो समस्याओं को बढ़ा सकता है और रिश्तों में तनाव पैदा कर सकता है।

4. निष्क्रियता के परिणाम :राम की बढ़ती हताशा और लक्ष्मण का किष्किंधा के प्रति आक्रामक रवैया सुग्रीव की निष्क्रियता के प्रत्यक्ष परिणाम हैं। इससे स्थिति और बिगड़ती है ,संबंधों को खतरा होता है और यह दर्शाता है कि कैसे दायित्वों को पूरा न करने से विश्वास संबंधी समस्याएं और संभावित संघर्ष हो सकते हैं।

5. संकट प्रतिक्रिया :सुग्रीव की प्रारंभिक उलझन और उसके बाद उनके सलाहकारों द्वारा उत्प्रेरित समझ दर्शाती है कि कैसे व्यक्ति शुरू में

संकटों से अभिभूत हो सकता है , लेकिन फिर भी उचित मार्गदर्शन के साथ अपने कर्तव्य की भावना को पुनः प्राप्त कर सकता है।

युवा पाठकों के लिए सलाह:

अपने वादों पर खरे उतरें : सुग्रीव की कहानी हमें अपनी प्रतिबद्धताओं पर कायम रहने का महत्व सिखाती है , खास तौर पर तब जब दूसरे आपके वचन पर भरोसा करते हों। वादे निभाने से विश्वास बढ़ता है और व्यक्तिगत और पेशेवर दोनों ही तरह से स्वस्थ रिश्ते बने रहते हैं।

बुद्धिमानी भरी सलाह लें और उसे मानें : सुग्रीव का मार्गदर्शन करने में हनुमान की भूमिका हमारे जीवन में बुद्धिमान और ईमानदार व्यक्तियों की शक्ति का प्रमाण है। ऐसे लोगों के साथ खुद को घिरा रखना अमूल्य मार्गदर्शन प्रदान कर सकता है और जब आप भटक रहे हों तो आपको सही रास्ते पर बने रहने में मदद कर सकता है।

सत्ता का प्रबंधन जिम्मेदारी से करें : सत्ता या अधिकार की स्थिति में होना नशे की तरह हो सकता है ; ऐसी स्थितियों को परिपक्वता और जागरूकता के साथ संभालना महत्वपूर्ण है , यह सुनिश्चित करना कि व्यक्तिगत सुख दायित्वों पर हावी न हो जाएं।

गलतियों को तुरंत सुधार करें : जब हम गलतियाँ करते हैं या अपने कर्तव्यों की उपेक्षा करते हैं , तो उन्हें बढ़ने देना आसान होता है। लेकिन उन्हें तुरंत **सुधार** करके हम स्थिति को नियंत्रित कर सकते हैं और इसे बढ़ने से रोक सकते हैं। यह शक्तिशाली उपकरण हमें अपनी ईमानदारी और परिपक्वता बनाए रखने में मदद कर सकता है।

नेतृत्व के लिए तैयारी करें और उसमें बदलाव करें : नेतृत्व में विशेषाधिकार और महत्वपूर्ण जिम्मेदारियाँ शामिल हैं। नेता बनने की इच्छा रखने वाले किसी भी व्यक्ति को इन जिम्मेदारियों के लिए तैयार रहना चाहिए और उनके अनुसार अपने व्यवहार को बदलना चाहिए।

5. सीता की खोज : हनुमान की दक्षिण की ओर यात्रा

सुग्रीव ने पूर्वी क्षेत्रों की खोज का काम दुर्जेय विनता के नेतृत्व में वानर सेना को सौंपा। शुरू में उन्होंने वानर सेना की सेवा सीधे राम को देने की पेशकश की।

हालाँकि , राम ने सुग्रीव से कहा कि वह वानर सेना को निर्देशित करने के लिए बेहतर स्थिति में है। जवाब में सुग्रीव ने विनता को सीता को खोजने का काम सौंपा और उसे जम्बूद्वीप के पूर्वी क्षेत्रों का विस्तृत विवरण प्रदान किया , जो भारतीय उपमहाद्वीप को शामिल करता है और दक्षिण पूर्व एशिया तक फैला हुआ है। यह विवरण प्राचीन भारतीय विद्या के दृष्टिकोण से इस विशाल क्षेत्र की भूमि , समुद्र , द्वीप और निवासियों सहित भूगोल का सबसे पहला दस्तावेज है।

सुग्रीव ने अंगद के नेतृत्व में हनुमान , जाम्बवंत , नील और अन्य सहित वानर सेना को दक्षिण की ओर भेजा। उन्होंने यमराज के क्षेत्र से लगे नश्वर क्षेत्र की सीमाओं तक दक्षिणी क्षेत्र के भूगोल का विस्तृत विवरण दिया। उन्होंने सेना को सीता का पता लगाने के लिए एक महीने के विशेष कार्य का जिम्मा सौंपा।

उनकी खोज वनस्पतियों और जीवों से समृद्ध विंध्य पर्वतों , पूजनीय नर्मदा नदी और गोदावरी , कृष्णवेणी , महानदी और वरदा जैसी अन्य महत्वपूर्ण नदियों तक फैली हुई थी , जो महान नागों के बीच

अपनी पवित्रता के लिए जानी जाती हैं। उन्हें मेखला और उत्कल के क्षेत्रों के साथ-साथ दशार्ण , अब्रावंती , अवंती , विदर्भ और महीहाका साम्राज्य जैसे शहरों की गहन छानबीन करने का निर्देश दिया गया था।

इसके अलावा वंगा और कलिंग के क्षेत्र , विविध परिदृश्यों वाले दंडक वन तथा आंध्र , पुंड्रा , चोल , पांड्य और केरल के प्रांत भी खोज की कार्यसूची में थे। वानरों को मलयगिरि की खोज करने का निर्देश दिया गया , जो अपने लौह अयस्क भंडार और चंदन के जंगलों के लिए प्रसिद्ध है।

उन्हें उम्मीद थी कि वे दिव्य कावेरी नदी और मलयगिरि के शीर्ष पर पूजनीय ऋषि अगस्त्य से मिलेंगे। अगस्त्य के आशीर्वाद के बाद उनकी यात्रा उन्हें ताम्रपर्णी नदी के पार ले जाएगी , जो अपने चंदन से भरे पानी के लिए जानी जाती है ,पांड्य साम्राज्य के सुनहरे किले की ओर।

महेंद्र पर्वत को देवताओं और दिव्य प्राणियों द्वारा पूजनीय माना जाता था और इसकी प्राकृतिक सुंदरता को उजागर किया जाता था। दक्षिणी महासागर तक पहुँचने और अपनी क्षमताओं पर विचार करने के बाद वानरों को महेंद्र पर्वत का उपयोग करना था , जो अपने आरम्भ बिंदु के रूप में आंशिक रूप से महासागर में डूबा हुआ था।

उन्हें महेंद्र पर्वत के पार एक दुर्जेय द्वीप के बारे में चेतावनी दी गई थी , जो राक्षस राजा रावण का घर था और सीता का संभावित स्थान था। दक्षिणी महासागर में एक राक्षसी अंगारका सहित खतरों के बावजूद उनकी खोज कोई कसर नहीं छोड़ना चाहती थी।

सुग्रीव ने वादा किया कि जो व्यक्ति एक महीने के भीतर सीता को सफलतापूर्वक खोज लेगा , उसे वह अपनी हैसियत के बराबर इनाम देगा , इस बात पर जोर देते हुए कि वह इस अभियान को अपने जीवन से भी अधिक महत्व देता है , भले ही उसने कोई पिछली गलती क्यों न की हो। वानरों को उनकी अंतर्निहित शक्तियों की याद दिलाई गई और उन्हें अपनी पूरी शक्ति और बुद्धि के साथ इस महत्वपूर्ण अभियान पर निकलने के लिए प्रेरित किया गया।

सुग्रीव ने सीता की खोज के लिए पश्चिम की ओर सेना भेजी और उन्हें तारा के पिता सुषेण के अधीन रखा। उन्होंने भारत के उत्तर-पश्चिम में स्थित विशाल पर्वतों और दक्षिण में समुद्र के विशाल विस्तार का विवरण दिया , जिसे अब अरब सागर के रूप में जाना जाता है , जो फ़ारस के क्षेत्रों के पास तक फैला हुआ है। उन्होंने वानर सेना को एक महीने के भीतर वापस लौटने का निर्देश दिया।

सुग्रीव ने सीता का पता लगाने के लिए उत्तर दिशा में सेना भेजी और शतबली को कमान सौंपी। उन्होंने बर्फ से ढके इलाकों और उत्तरी प्रांतों का विस्तृत विवरण दिया और खोज को यवन ,कुरु और दारदा सभ्यताओं के क्षेत्रों की ओर निर्देशित किया।

सुग्रीव ने उत्तर कुरु के पवित्र प्रांत और दिव्य सोम पर्वत पर प्रकाश डाला , जो अपनी पवित्रता के कारण ब्रह्मा , विष्णु और शिव जैसे देवताओं के लिए आश्रय स्थल के रूप में पूजनीय था।

सुग्रीव हनुमान का बहुत सम्मान करते थे और उन्होंने सीता को खोजने का महत्वपूर्ण कार्य उन्हें सौंपा था। राम का भी मानना था कि हनुमान इस जिम्मेदारी को पूरा करने में अद्वितीय रूप से सक्षम हैं।

खुशी और भरोसे की भावना के साथ राम ने हनुमान को सीता के लिए एक निशानी के रूप में अपना नाम अंकित की हुई अंगूठी दी , यह संकेत देते हुए कि उन्होंने हनुमान को भेजा है। राम ने हनुमान की ताकत , साहस और सुग्रीव के संदेश पर अपना विश्वास व्यक्त किया , उन्हें सफलता के अग्रदूत के रूप में देखा।

अंगूठी प्राप्त करने के बाद , हनुमान ने उसे आदरपूर्वक अपने सिर पर रखा , राम के चरणों में प्रणाम किया और फिर अपने अभियान पर निकल पड़े। पवन देव के पुत्र के रूप में वे बंदरों के एक बड़े समूह का नेतृत्व करते हुए आकाश में उड़े। अपने साथी बंदरों से घिरे हनुमान की आकृति स्पष्ट आकाश की पृष्ठभूमि में सितारों से घिरे चंद्रमा की तरह लग रही थी।

हनुमान को उड़ते देख राम ने हनुमान की गतिशील भावना और साहसिक स्वभाव पर अपना पूरा विश्वास व्यक्त किया तथा सीता तक पहुंचने का रास्ता खोजने के लिए उन पर भरोसा किया।

वानर योद्धाओं की युद्ध पुकार से हवा गूंज उठी ,जो दृढ़ संकल्प और वीरता का एक गूँजता हुआ कोरस था ,जब वे सुग्रीव के सामने एकत्र हुए। रावण को हराने के लिए एक अटल संकल्प से प्रेरित होकर वे अपनी निर्दिष्ट दिशाओं में बिखरने के लिए तैयार हो गए , प्रत्येक कदम 'सुग्रीव आज्ञा ' की शक्ति से भरा हुआ था -जो उनके राजा का आधिकारिक आदेश था।

सुग्रीव के आदेश को अपने दिलों में गुंजायमान करते हुए कुलीन वानर आगे बढ़े , पृथ्वी पर एक भयानक ज्वार आया , उनकी संख्या टिड्डों के झुंड की तरह विशाल और अथक थी। सुग्रीव के रणनीतिक आदेश से प्रेरित यह विशाल लामबंदी न केवल आज्ञाकारिता का प्रदर्शन था , बल्कि नियति को फिर से आकार देने के लिए उनकी तत्परता का एक ज्वलंत प्रमाण था।

'सुग्रीव आज्ञा' भारतीय संस्कृति में प्रसिद्ध हो गई है क्योंकि यह नेतृत्व और सामूहिक कार्य का एक शक्तिशाली उदाहरण है। रामायण की महाकाव्य कथा में राजा सुग्रीव अपनी वानरों की सेना को सीता को खोजने के लिए एक महत्वपूर्ण आदेश देते हैं , जो कहानी में एक महत्वपूर्ण क्षण को चिह्नित करता है। 'सुग्रीव आज्ञ' के रूप में जाना जाने वाला यह आदेश दर्शाता है कि एक नेता के मजबूत और स्पष्ट निर्देश बड़े लक्ष्यों को प्राप्त करने में कैसे मदद कर सकते हैं। यह कहानी केवल एक साहसिक गाथा नहीं है ; यह हमें एक साथ काम करने और अच्छे नेतृत्व का पालन करने का महत्व सिखाती है। यह पीढ़ियों से चली आ रही एक सीख है ,जो सभी को याद दिलाती है कि एकता और मजबूत दिशा के साथ महान चीजें हासिल की जा सकती हैं।   यह 'सुग्रीव आज्ञा' को रामायण का एक अनूठा और यादगार हिस्सा बनाती है ,जिसका आज भी कई पुनर्कथन और शिक्षाओं में गुणगान किया जाता है।

राम और लक्ष्मण प्रस्रवण पर्वत पर रुके और धैर्यपूर्वक सीता की खोज के लिए निर्धारित माह के समाप्त होने की प्रतीक्षा करने लगे।

वीर वानर शतबली तेजी से उत्तरी क्षेत्र की ओर बढ़े , जो राजसी हिमालय से घिरा हुआ था। वानर सेना के नेता विनता ने पूर्व की ओर कदम बढ़ाया , जबकि पवन देवता के पुत्र और वायु में उड़ान भरने वाले प्रसिद्ध हनुमान ने दक्षिण की ओर अपना लक्ष्य बनाया। हवाई छलांग लगाने में कुशल एक अन्य नेता सुषेण ने कठिन पश्चिम की ओर कदम बढ़ाया।

अपने वानर सेनापतियों को उनकी शक्ति के अनुसार तैनात करने के बाद विजयी राजा सुग्रीव , जो राम की सहायता से अपने सिंहासन को पुनः प्राप्त करने से पहले से ही प्रसन्न थे , ने राम की सहायता के बदले में अपनी सेना को सभी दिशाओं में भेजने में गहरी संतुष्टि का अनुभव किया।

सुग्रीव के नेतृत्व से प्रेरित होकर अपने दृढ़ संकल्प से उत्साहित वानर सरदारों ने पूरे विश्वास के साथ सीता को वापस लाने और रावण का सामना करने का इरादा घोषित किया।

सुग्रीव का वालि से भागना हालांकि भय और हताशा के कारण हुआ था , जो अनजाने में गहन शिक्षा और आत्म-खोज की यात्रा बन गया। जब वह अपने शक्तिशाली भाई से बचने के लिए विभिन्न देशों में गया , तो वह सिर्फ अपनी जान बचाने के लिए नहीं भाग रहा था ; वह विभिन्न क्षेत्रों , संस्कृतियों , नदियों और पहाड़ों के बारे में अमूल्य ज्ञान प्राप्त कर रहा था। जब राम ने दुनिया के बारे में उसकी व्यापक समझ के बारे में पूछा , तो सुग्रीव ने बताया कि उसके जबरन निर्वासन ने उसे विभिन्न इलाकों और समुदायों से गुज़ारा ,जिनमें से प्रत्येक ने पृथ्वी के बारे में उसके व्यापक ज्ञान में योगदान दिया।

सुग्रीव की कहानी यह दर्शाती है कि मुश्किल समय को अकसर सिर्फ़ जीवित रहने के लिए देखा जाता है , लेकिन वे विकास और सीखने के लिए अप्रत्याशित अवसर भी प्रदान कर सकते हैं। उनके कठिन समय ने उन्हें अपना राज्य पुनः प्राप्त करने और एक समझदार और अधिक जानकार नेता बनने के लिए तैयार किया , यह दर्शाता है कि अगर हम जागरूकता और लचीलेपन के साथ उनका सामना करते हैं तो चुनौतियाँ हमें नई ऊंचाइयों तक ले जा सकती हैं।

6. सीता की खोज की बाधाएं

सुग्रीव , जो कि वानरों के राजा माने जाते हैं , के निर्देशानुसार , शक्तिशाली वानरों की एक विशाल सभा सीता को खोजने के लिए एक तीव्र अभियान पर निकल पड़ी। उन्होंने हरी-भरी लताओं से लदी झीलों और खाड़ियों , सुनसान इलाकों , हलचल भरे नगरीय केंद्रों और उन इलाकों की तलाशी ली , जहाँ खतरनाक नदियाँ और डरावने पहाड़ थे। सुग्रीव के स्पष्ट निर्देशों के अनुसार वानरों के सरदारों ने हर क्षेत्र की सावधानीपूर्वक छानबीन की , पहाड़ों पर चढ़े , घने जंगलों में गए और सीता को खोजने के लिए दृढ़ निश्चय के साथ उन क्षेत्रों के भीतर की झाड़ियों में से गुज़रे।

दिन-ब-दिन उन्होंने पृथ्वी पर हर संभव ठिकाने की जांच करते हुए कोई कसर नहीं छोड़ी। रात होते ही वे आराम करने के लिए पहले से तय जगहों पर एकत्र हो गए। अपनी खोज के दौरान उन्होंने सभी मौसमों के फलों से लदे पेड़ों में शरण ली और उन्हें अपने रात्रिकालीन आश्रय में बदल दिया।

अपनी यात्रा की शुरुआत से ही ये विशालकाय वानर एक महीने के भीतर ही सीता को न पाकर निराशा से भरे हुए प्रस्रवण पर्वत पर लौट आए। वे सुग्रीव और राम से फिर मिले , जो उनकी वापसी का बेसब्री से इंतजार कर रहे थे।

सुग्रीव के मार्गदर्शन के अनुसार अपार शक्ति वाले वानर विनता ने पूर्वी क्षेत्र की अपनी खोज पूरी की , लेकिन सीता का कोई सुराग नहीं

मिलने पर वापस लौट आए। इसी तरह ,अजेय शतबली ने अपनी सेना के साथ उत्तरी क्षेत्र की गहन खोज के बाद खुद को खाली हाथ पाया। सुग्रीव के ससुर सुषेण ने अपने वानर साथियों के साथ पश्चिमी क्षेत्र में गहन खोज की , फिर भी सीता के अभी तक नहीं मिलने के कारण एक माह पूरा होने पर सुग्रीव को सूचना देने के लिए वापस लौटे।

सभी खोजकर्ता सुग्रीव के सामने एकत्र हुए , जिन्होंने प्रस्नवण पर्वत के ऊपर राम की संगति में उनका सम्मान किया। उन्होंने सभी इलाकों- पहाड़ , घने जंगल , समुद्र के किनारे तक फैले फैली नदी के किनारे और हर बसे हुए इलाके में अपनी मेहनती खोज की सूचना दी।

उन्होंने विस्तार से बताया कि उन्होंने सुग्रीव द्वारा बताए गए पर्वतारोहियों से भरी गुफाओं और घने जंगलों की कितनी सावधानी से पड़ताल की थी और यहां तक कि वे खतरनाक , ऊबड़-खाबड़ और अभेद्य क्षेत्रों में भी गए थे। अपने अथक प्रयास में उन्होंने विशालकाय जीवों का सामना किया और उन्हें हराया। उन्हें संदेह था कि रावण ने ऐसे भयानक भेष धारण किए होंगे। उन्होंने कई बार इन दुर्गम क्षेत्रों की गहन खोज की।

अपने अथक प्रयासों के बावजूद प्रतिनिधिमंडल ने सुग्रीव को आश्वस्त किया कि पवन देवता के शानदार और शक्तिशाली वंशज हनुमान निस्संदेह सीता के बारे में जानकारी उजागर करेंगे। सीता को जिस दिशा में ले जाया गया था, वहां उनका उद्यम आशा की एक किरण थी , क्योंकि उनकी असाधारण क्षमताओं को अच्छी तरह से स्वीकार किया गया था। इस प्रकार , वानर सरदारों ने सम्मान और पवित्र

आशा के मिश्रण के साथ अपने सम्राट सुग्रीव को सम्पूर्ण वृत्तान्त प्रस्तुत किया।

हनुमान , अंगद , तारा (एक प्रमुख वानर योद्धा जिसे रानी तारा से भ्रमित नहीं होना चाहिए) और अन्य निडर वानरों के साथ ,सुग्रीव के निर्देशानुसार दक्षिणी प्रांत की यात्रा पर निकल पड़े। वे एक सुनसान इलाके में पहुँचे , जहाँ हनुमान ने विंध्य पर्वत की गुफाओं और जंगलों में खोज का नेतृत्व किया , पहाड़ों की चोटियों , खतरनाक इलाकों , नदियों , झीलों और घने जंगलों वाले इलाकों की खोज की।

विभिन्न भूभागों में अपनी मेहनती खोज के बावजूद अंगद और हनुमान की वानरों की टोली को अभी भी मिथिला की राजकुमारी और जनक की बेटी सीता को खोजने की ज़रूरत थी। फलों और कंदों पर जीवित रहते हुए अथक वानरों ने कई प्रांतों को पार किया , जिनमें से प्रत्येक पिछले प्रांत की तरह ही उजाड़ और दुर्गम था , पानी और जीवन से रहित और एक भयानक सन्नाटे में लिपटा हुआ था। इन बंजर भूमि में उनकी खोज निरर्थक साबित हुई , जिससे उन्हें वन्यजीवों और वनस्पतियों से रहित दूसरे प्रांत में जाने के लिए मजबूर होना पड़ा।

इस निर्जन परिदृश्य में , जहाँ कमल की झीलें भी अपना आकर्षण खो चुकी थीं , कोमल पत्तियों या खिलते हुए कमलों से रहित थीं और यहाँ तक कि मधुमक्खियों को भी स्वाद लेने के लिए कुछ नहीं मिला। वानरों को कण्डु नामक एक पूजनीय लेकिन तुनकमिजाज़ ऋषि के शासन का सामना करना पड़ा। यह ऋषि , जो अपनी तपस्वी संपत्ति के लिए जाना जाता था , लेकिन अपने क्रोध को नियंत्रित करने में असमर्थ था , ने अपने दस वर्षीय पुत्र की दुखद मृत्यु के बाद जंगल

को निर्जन होने का श्राप दिया था , इस प्रकार इसे एक उजाड़ क्षेत्र में बदल दिया, जिसने सभी प्रकार के जीवन को समाप्त कर दिया।

बंदरों ने बिना रुके शापित जंगल को अच्छी तरह से छान मारा , पहाड़ों पर चढ़े , गुफाओं में गए और नदियों व झरनों का अनुसरण करते हुए उनके स्रोतों तक पहुँचे। फिर भी न तो सीता और न ही उन्हें बंदी रखने वाले रावण को पाया जा सका। अपनी खोज जारी रखते हुए वे एक डरावने जंगल में पहुँचे , जो झाड़ियों और लताओं से भरा हुआ था , जहाँ उनका सामना एक भयानक राक्षस से हुआ। एक विशाल चट्टान की तरह दुर्जेय और दुष्टता बिखेरने वाले राक्षस को देखकर वानरों में भय भर गया , जिससे वे युद्ध के लिए तैयार हो गए।

यह मुठभेड़ संक्षिप्त लेकिन तीव्र थी। वालि के बेटे ने एक शक्तिशाली प्रहार किया जिससे राक्षस बेजान होकर जमीन पर गिर पड़ा। यह एक नाटकीय दृश्य था जो ढहते पहाड़ जैसा था। इस जीत से उत्साहित होकर वानरों ने अपनी खोज का विस्तार करते हुए उस गुफा को भी शामिल कर लिया जहाँ से राक्षस निकला था। उन्हें संदेह था कि यह रावण से जुड़ी हो सकती है। हालाँकि , उनकी खोज निराशा में समाप्त हुई क्योंकि उन्हें सीता या उसके अपहरणकर्ता का कोई सुराग नहीं मिला।

निराश होकर समूह एकांत वृक्ष के नीचे इकट्ठा हुआ। उनकी निरंतर खोज के निष्फल परिणाम से उनका उत्साह कम हो गया। उनकी यात्रा उन्हें दुर्जेय और उजाड़ भूमि से होकर ले गई , चुनौतियों का सामना करते हुए जिन्होंने उनके संकल्प और शक्ति का परीक्षण किया। फिर भी प्रतिकूल परिस्थितियों का सामना करते हुए उनकी खोज के प्रति

उनका समर्पण अडिग रहा , जो उनकी वफादारी और उनके साझा उद्देश्य में उन्हें एकजुट करने वाले बंधनों का प्रमाण है।

फिर सभी वानरों को सांत्वना देते हुए अत्यंत परिश्रमी लेकिन अत्यधिक थके हुए अंगद ने धीरे से ये शब्द कहे" :एकता में हमने घने जंगलों , बीहड़ पहाड़ों , घुमावदार नदियों , गहरी दरारों और पर्वत की गहराई में गहन खोज की। हमारे व्यापक प्रयासों के बावजूद हम सीता का पता लगाने में असफल रहे। इसी तरह , सीता के अपहरण के लिए जिम्मेदार दुर्भावनापूर्ण राक्षस अभी भी मायावी है। हमने बहुत पहले शुरू किया था और बहुत समय बीत गया है। सुग्रीव का अनुशासन कठोर है ; इसलिए खोज सभी जगह सामूहिक रूप से जारी रहनी चाहिए।

"आलस्य में मत पड़ो , दुःख में मत पड़ो और निद्रा में मत पड़ो , क्योंकि ये सब आलस्य के ही रूप हैं। तुम सब इस प्रकार खोज करो कि हम सीता को सर्वोत्तम रूप से पा सकें। दृढ़ता , सरलता और हृदय की अदम्यता ही परिणाम प्राप्त करने के कारण हैं। इसलिए मैं यह सब कह रहा हूँ। आज भी वन के निवासी इसके घने भूभाग में घूम सकते हैं , इसलिए अपने दुःख को दूर करो और वन को अच्छी तरह से छान मारो।

सफलता उन लोगों के लिए प्रकट होगी जो अपने लक्ष्य के प्रति समर्पित हैं ;इसके विपरीत अपनी आँखें बंद करके गहरी निराशा में डूब जाना खेदजनक होगा। सफलता उन लोगों के लिए स्पष्ट होती है जो ईमानदारी से अपने प्रयासों में लगे रहते हैं ; इसके विपरीत , अपनी आँखें बंद करके गहरी निराशा में डूब जाना अक्षम्य है। राजा सुग्रीव बहुत जल्दी क्रोधित हो जाते हैं और एक सख्त वादी भी हैं। हे

वानरों , हम हमेशा उनसे और आत्मनिर्भर राम से भयभीत रहेंगे। "
अंगद ने वानर सैनिकों को संबोधित करते हुए इस बात पर जोर दिया
कि उनके सुझाव उनके सामूहिक कल्याण के उद्देश्य से थे। उन्होंने
संकेत दिया कि वे उनके प्रस्ताव के अनुसार आगे बढ़ सकते हैं या
अलग-अलग रणनीतियों का पता लगा सकते हैं जिससे इसमें शामिल
सभी लोगों का लाभ हो।

*निराशा और तनाव के समय में नेताओं को अपनी टीम के प्रयासों को
पहचानना चाहिए , एकता को बढ़ावा देना चाहिए और ध्यान और दृढ़
संकल्प बनाए रखना चाहिए। कड़ी मेहनत को स्वीकार करना टीम के
सदस्यों को मान्य करता है और मनोबल बढ़ाता है। सामूहिक उपलब्धि
पर जोर देने से एक सहायक वातावरण बनता है। स्पष्ट , कार्रवाई
योग्य योजनाएँ प्रदान करना और टीम को उनके मिशन के महत्व की
याद दिलाना व्यक्तिगत प्रयासों को बड़ी तस्वीर के साथ जोड़ता है।
आशा प्रदान करना और चिंताओं को पारदर्शी तरीके से संबोधित करना
भय को कम करता है। अंत में , विचारों का योगदान करने के लिए
टीम को सशक्त बनाना स्वामित्व और भागीदारी को बढ़ावा देता है।
इन रणनीतियों को एकीकृत करके नेता लचीलापन , आशावाद और
उद्देश्य की भावना को प्रेरित कर सकते हैं , जिससे उनकी टीमों को
चुनौतियों का प्रभावी ढंग से सामना करने में मदद मिलती है।*

अंगद के सुझाव सुनकर प्यास और थकावट से व्याकुल गंधमादन ने
ये शब्द कहे" :अंगद का प्रस्ताव वास्तव में उचित और व्यावहारिक है।
हमें इसे उनके सुझाव के अनुसार कार्यान्वित करना चाहिए। चलो ,
हम अपनी खोज फिर से शुरू करें , पहाड़ों ,गुफाओं , चट्टानों , उजाड़
जंगलों और तेज धाराओं की खोज करें।

आओ , हम सब मिलकर दृढ़ निश्चयी सुग्रीव के निर्देशानुसार वन , पर्वत और घाटियों वाले प्रत्येक स्थान की गहन जांच करें। "इन शब्दों के साथ , गंधमादन ने वानरों को संबोधित किया। शक्तिशाली वानरों में नई जान आ गई और उन्होंने दक्षिण में विंध्य वनों से आच्छादित क्षेत्र में अपनी खोज फिर से शुरू कर दी।

सीता की एक झलक पाने के लिए उत्सुक प्रमुख वानरों ने एक शानदार रजत पर्वत पर चढ़ाई की , जो शरद ऋतु में चांदी के बादल जैसा दिखता था , जो कई चोटियों और गुफाओं से सुशोभित था। उन्होंने मनमोहक लोध वृक्ष (सिम्प्लोकोस छाल) के जंगलों और सात पत्तों वाले केले के पौधों की झाड़ियाँ छान मारी। शिखर से लेकर सतह तक उनकी गहन खोज के बावजूद सीता का अभी भी पता नहीं चल पा रहा है और उनके अथक प्रयासों ने उन्हें थका दिया है।

कई गुफानुमा पहाड़ों पर जो कुछ भी दिख रहा था , उसे खोजते हुए वे वानर नीचे उतरे , लेकिन उस पहाड़ पर नज़र बनाए रखी। फिर पहाड़ से उतरते हुए वे ज़मीन पर पहुँचे और थक गए। कुछ देर वहाँ रुककर उन्होंने एक पेड़ के नीचे शरण ली। अपने कठोर प्रयासों से कुछ देर के लिए विराम लेकर वे दक्षिण की ओर अपनी खोज में लग गए। विंध्य पर्वत से हनुमान और वानर नेताओं ने सीता की खोज में दक्षिणी क्षेत्र की गहन पड़ताल की थी।

हनुमान ने विंध्य पर्वत की गुफाओं की पड़ताल की थी , शेरों , बाघों और विशाल रैपिड्स से भरे इलाकों से गुज़रते हुए। वे अपनी खोज के दौरान पहाड़ की दक्षिण-पश्चिमी चोटी पर पहुँचे। सुग्रीव की समय सीमा जल्दी ही समाप्त हो गई क्योंकि वे विंध्य पर्वत पर रुके हुए थे। घने जंगलों और अभेद्य गुफाओं से चिह्नित इस क्षेत्र के चुनौतीपूर्ण

भूभाग के बावजूद पवन देव के पुत्र हनुमान ने उस पर्वत पर कोई कसर नहीं छोड़ी।

निकटता और दूरी के नाजुक संतुलन में गज , गवाक्ष , गवय , शरभ , गंधमादन , मैंदा , द्विविद , हनुमान , जाम्बवंत ,युवराज अंगद और तारा के साथ मिलकर दक्षिणी प्रांत में विधिपूर्वक छानबीन की , जो आपस में जुड़े पहाड़ों से घिरा हुआ था। उनके गहन पड़ताल ने उन्हें एक विशाल , भयावह खाई की खोज करने के लिए प्रेरित किया जिसे ऋक्ष गुहा कहा जाता है। दानव माया द्वारा संरक्षित इस खाई ने एक कठिन चुनौती पेश की , जिसने उनके साहसिक कार्य पर रहस्य और खतरे की छाया डाल दी।

वाल्मीकि की रामायण में विंध्य पर्वत किष्किंधा के दक्षिण में स्थित है , जो अब कर्नाटक का हिस्सा है। इससे पता चलता है कि विंध्य पर्वत के दक्षिण में समुद्र फैला हुआ था और इस समुद्री क्षेत्र में लंका थी। रामायण के समय से लेकर अब तक का भौगोलिक वर्गीकरण अलग है। ऐतिहासिक रूप से , विंध्य पर्वतमाला का पश्चिमी छोर गुजरात में राजस्थान और मध्य प्रदेश की सीमाओं से सटा हुआ काठियावाड़ प्रायद्वीप के पूर्वी किनारे पर स्थित है।

7. कृष्ण विवर का रहस्य

प्यास और भूख ने उन्हें पूरी तरह जकड़ लिया था ; वे पूरी तरह थक चुके थे , उनका शरीर पानी के लिए व्याकुल हो रहा था। किस्मत से वे एक विशाल गुहा में पहुँच गए , जिसका प्रवेश द्वार लताओं और ऊँचे पेड़ों की घनी झाड़ियों से छिपा हुआ था। इस प्राकृतिक परिक्षेत्र के भीतर उन्होंने जलपक्षियों की एक श्रृंखला देखी- जैसे कि राजहंस , सारस और लाल हंस , जिनके पंख कमल के पराग के लाल रंग से भीगे और रंगे हुए थे।

यह जगह जितनी खूबसूरत थी , उतना ही इसने वानरों को उतना ही भय और आशंका से भर दिया। उन्हें डर था कि यह गुफा पाताल , पाताल लोक का प्रवेश द्वार हो सकती है , जहाँ से वापस लौटना संभव नहीं है। उनके डर के बावजूद , पानी की सख्त ज़रूरत ने सभी वानरों को गुफा के मुहाने पर इकट्ठा होने के लिए मजबूर कर दिया।

यह चतुर हनुमान ही थे जिन्होंने समूह को आश्वस्त किया। उन्होंने बताया कि गुफा से बाहर निकलने वाले जलपक्षी और जानवरों की उपस्थिति , साथ ही इसके प्रवेश द्वार पर हरियाली अंदर एक जल स्रोत की उपस्थिति का संकेत देती है। हनुमान के अवलोकन से प्रेरित होकर वानरों ने गुफा में प्रवेश किया ; भले ही इसने उन्हें गहन अंधकार में डुबो दिया, लेकिन यह सूर्य और चंद्रमा से रहित महसूस हुआ। इस अंधेरे में उनकी इन्द्रियों ने काम करना बंद कर दिया, जिससे भ्रम और भय पैदा हो गया। फिर भी , सामूहिक दृढ़ संकल्प और हनुमान पर विश्वास से बंधे हुए वे दमनकारी अंधेरे में किसी को भी खोने से बचाने के लिए हाथ से हाथ मिलाते हुए आगे बढ़े।

गुफा से होकर गुजरना एक कठिन परीक्षा थी, जिसने उनकी सहनशक्ति की सीमा का परीक्षण किया। वानर भ्रमित थे, उनके शरीर थक चुके थे, उनकी आत्माएं नम हो गई थीं। जब उनकी उम्मीदें खत्म होने लगी थीं, तभी उनकी नज़र एक फीकी रोशनी पर पड़ी , जो उन्हें एक अविश्वसनीय दृश्य की ओर ले गई। उन्होंने खुद को एक रहस्यमय जंगल में पाया जहाँ छाया वर्जित लग रही थी। सोने से बने और सुनहरे रंग के फूलों और फलों से सजे पेड़ , इस क्षेत्र को एक मंद , सूरज जैसी चमक से नहला रहे थे। झीलें सुनहरे कमल से भरी हुई थीं और उनमें मोटी , सुनहरी मछलियाँ रहती थीं। यह इतना अवास्तविक था कि उन्हें लगा कि वे एक अलग ही दुनिया में आ गए हैं।

इस सुनहरे वैभव के बीच उन्होंने सोने और चांदी के महल देखे , जिनमें से प्रत्येक पिछले से ज़्यादा भव्य था और बेहतरीन सजावट से सजा हुआ था। उनके आस-पास की वनस्पतियाँ कीमती मूंगे और माणिक की तरह चमक रही थीं और हवा सुनहरी मधुमक्खियों से गुलज़ार थी। उन्हें सुंदरता और भरपूरता मिली - सुनहरी घृतकुमारी, चंदन की लकड़ियाँ , कंद और खाने के लिए तैयार फलों के ढेर। वहाँ ताज़ा पेय पदार्थ , पीने योग्य शहद , बेहतरीन कपड़े और प्रचुर मात्रा में हिरण की खालें थीं।

उनकी खोज उन्हें एक तपस्वी महिला के पास ले गई , जो भांग के कपड़े पहनती थी और नियंत्रित आहार पर रहती थी। वह इस जादुई जगह की रक्षक के रूप में खड़ी थी। वानर शुरू में शब्दों के लिए खो गए , उन्हें नहीं पता था कि वह कौन थी। हनुमान उस महिला की

पहचान , गुफा के स्वामित्व और इसकी असाधारण विशेषताओं की उत्पत्ति के बारे में जिज्ञासा से प्रेरित होकर उसकी ओर बढ़े।

उसने एक ऐसी कहानी सुनाई जो खुद उस जगह की तरह ही आकर्षक थी। महिला स्वयंप्रभा ने खुलासा किया कि गुफा के चमत्कार माया से निकले थे , जो एक कुशल जादूगर था जो कभी राक्षस शासकों के लिए काम करता था। ब्रह्मा के आशीर्वाद और शुक्राचार्य (राक्षसों के गुरु) की वास्तुकला की प्रतिभा के माध्यम से परिष्कृत उनके कौशल गुफा के जादुई आकर्षण के पीछे थे। देवताओं के शासक इंद्र के हाथों माया की मृत्यु के बाद उनकी रचनाएँ उनकी विधवा हेमा के अधीन आ गईं , जिन्होंने बाद में स्वयंप्रभा को गुफा की देखभाल करने वाला नियुक्त किया।

स्वयंप्रभा ने वानरों की कहानी और दुर्दशा से प्रभावित होकर उनके अभियान को ध्यान से सुना। उसने उन्हें भोजन और पेय दिया , जिससे वे आराम कर सकें और ताकत हासिल कर सकें। उनकी भूख और प्यास से तृप्त होने के बाद उसने उनकी यात्रा के बारे में पूछा। हनुमान ने सीता को खोजने के लिए उनकी तलाश का वर्णन किया , राम के साथ उनकी संधि और उस गहन खोज का विवरण दिया जो उन्हें इस गुफा तक ले गई। दृढ़ संकल्प और आशा से भरी उनकी कहानी स्वयंप्रभा को पसंद आई।

उनकी विकट स्थिति को समझते हुए स्वयंप्रभा ने अपनी आध्यात्मिक शक्ति और अपनी तपस्या के गुणों के माध्यम से वानरों को गुफा से बाहर निकालने का एक तरीका तैयार किया। उसने उन्हें अपनी आँखें बंद करने का निर्देश दिया और कुछ ही क्षणों में वे खुद को बाहर दक्षिणी महासागर के विशाल विस्तार के पास विंध्य पर्वत के तल पर

पाते हैं। स्वयंप्रभा के हस्तक्षेप ने उन्हें निराशा से बचाया और उन्हें उनके लक्ष्य के करीब वापस उनके रास्ते पर ला खड़ा किया।

कृतज्ञता से भरे हृदय से वानरों ने स्वयंप्रभा को विदाई दी , जो गुफा की गहराई में लौट गई। वे सागर के तट पर खड़े थे , उनका मनोबल बढ़ा हुआ था , उनका संकल्प मजबूत था और सीता को तलाशने की उनकी खोज को पूरा करने की उनकी यात्रा नए जोश के साथ फिर से शुरू हुई।

स्वयंप्रभा प्रकरण असत्य से सत्य , अंधकार से प्रकाश और मृत्यु से अमरता की ओर संक्रमण के वैदिक ज्ञान से सूक्ष्म रूप से मेल खाता है। इस कहानी में कर्तव्यनिष्ठ बंदर भूख से मौत के करीब एक अंधेरे भ्रम में फंसे हुए अपनी निराशाजनक स्थिति से बचने की कोशिश करते हैं। स्वयंप्रभा का आगमन होता है , एक उज्ज्वल व्यक्तित्व जो उन्हें पोषण देता है और निराशा से बाहर निकलने का मार्गदर्शन प्रदान करता है।

अंधेरे में उनकी यात्रा उनकी निरर्थक खोज को दर्शाती है , उनकी असली भूख सीता को खोजने की खोज थी। स्वयंप्रभा ने उनकी दुर्दशा को समझते हुए उनके मार्गदर्शक प्रकाश के रूप में कार्य किया , उन्हें आशा और उद्देश्य की ओर पुनः निर्देशित किया।

उनकी सहायता को पहचानते हुए हनुमान ने उनकी फीकी पड़ती आशा को सीता की खोज में बदलने के लिए मार्गदर्शन मांगा। स्वयंप्रभा अपनी सर्वज्ञ अंतर्दृष्टि के साथ रणनीतिक रूप से उन्हें दक्षिणी सीमा पर ले गई , जो उनकी खोज के लिए महत्वपूर्ण था , जबकि उन्हें उत्तर में निश्चित विनाश से बचाया।

स्वयंप्रभा के चले जाने के बाद वानरों को आंतरिक कलह का सामना करना पड़ा। फिर भी , हनुमान ने उनकी बुद्धि से प्रभावित होकर नेतृत्वकर्ता की भूमिका निभाई , अभियान को उसके आवश्यक लक्ष्यों की ओर ले गए : सत्य की खोज , ज्ञान की खोज और जीवन को गले लगाना। स्वयंप्रभा के हस्तक्षेप के माध्यम से कथा आगे बढ़ी, जो अभियान के आवश्यक तत्त्वों की ओर ले जाने में उनकी भूमिका पर प्रकाश डालती है।

8. विकल्पों की गुफा: वानरों के निर्णयों से प्रबंधन के आधुनिक पाठ

कहानी में तीव्र भूख और प्यास से त्रस्त वानरों को एक महत्वपूर्ण निर्णय का सामना करना पड़ता है :एक रहस्यमयी गुफा में प्रवेश करना जो या तो उनके लिए मुक्ति या विनाश हो सकती है। उनकी शारीरिक थकावट और पानी की सख्त जरूरत उन्हें एक बड़ा जोखिम उठाने के लिए मजबूर करती है। इस डर के बावजूद कि गुफा पाताल लोक की ओर ले जा सकती है , वे आगे बढ़ने का फैसला करते हैं। हनुमान जलपक्षियों और सघन हरियाली की मौजूदगी के अवलोकन से आश्वस्त होते हैं , जो अंदर एक जल स्रोत का संकेत देते हैं। यह कहानी हालांकि प्राचीन है , चुनौतीपूर्ण परिस्थितियों का सामना करने वाले आधुनिक व्यक्तियों और दलों के लिए मूल्यवान सबक सिखाती है , क्योंकि यह जोखिम और इनाम को संतुलित करने , सामूहिक निर्णय लेने की शक्ति और आत्मविश्वास पैदा करने में नेतृत्व की भूमिका के महत्व को दर्शाती है।

वानरों के व्यवहार का विश्लेषण

1. हताशा और जोखिम उठाना : वानरों की विकट परिस्थितियाँ उन्हें जोखिम भरे विकल्प पर विचार करने के लिए प्रेरित करती हैं। उनका निर्णय एक महत्वपूर्ण आवश्यकता (प्यास और भूख) और संभावित पुरस्कारों बनाम जोखिमों के एक परिकलित आकलन से प्रेरित होता है।

2. सामूहिक निर्णय लेना : गुफा में प्रवेश करने का वानरों का निर्णय अकेले में नहीं लिया गया था। वे हनुमान की बुद्धि और सामूहिक दृढ़ संकल्प पर निर्भर थे , जो संकट में विश्वास और सहयोग के महत्व को दर्शाता है।

3. नेतृत्व और आश्वासन : हनुमान की नेतृत्व भूमिका महत्वपूर्ण है। वह पानी की मौजूदगी का संकेत देने वाले संकेतों की व्याख्या करके समूह को आश्वस्त करते हैं। उनका नेतृत्व आत्मविश्वास पैदा करता है और समूह के डर को कम करता है , जो निर्णय लेने में सूचनाओं से अवगत और शांत नेतृत्व के महत्व को दर्शाता है।

4. प्रतिकूल परिस्थितियों में दृढ़ता : गुफा में प्रवेश करने और भारी अंधकार और भटकाव का सामना करने के बावजूद वानर हार नहीं मानते। उनकी अटूट सहनशक्ति और आपसी सहयोग उन्हें चुनौतियों से निपटने में मदद करता है , जो उनके अभियान के प्रति उनकी अडिग प्रतिबद्धता को दर्शाता है। यह प्रतिकूल परिस्थितियों का सामना करने में लचीलेपन के महत्व को उजागर करता है।

5. अप्रत्याशित पुरस्कार : वानरों के साहसिक निर्णय से अप्रत्याशित और भरपूर पुरस्कार मिलता है , जो इस विचार को पुष्ट करता है कि जब समझदारी और दृढ़ संकल्प के साथ जोखिम उठाया जाता है तो महत्वपूर्ण और सकारात्मक परिणाम मिल सकते हैं। यह आशा की किरण के रूप में कार्य करता है , अनिश्चितता के सामने आशावाद को प्रेरित करता है।

वानरों के अनुभव से आधुनिक सबक

1. जोखिम और ज़रूरतों का आकलन : आधुनिक समय में व्यक्तियों और दलों को अकसर ऐसी परिस्थितियों का सामना करना पड़ता है, जहाँ उन्हें जोखिम उठाना पड़ता है। महत्वपूर्ण बात यह है कि संभावित जोखिमों और लाभों का सावधानीपूर्वक आकलन करने के साथ तत्काल ज़रूरतों को संतुलित करना है। हताशा को निर्णय पर हावी नहीं होना चाहिए ; कभी-कभी गंभीर परिस्थितियों से उबरने के लिए सोच-समझकर जोखिम उठाना ज़रूरी होता है। वानरों की कहानी एक व्यावहारिक उदाहरण प्रदान करती है , क्योंकि पानी की उनकी महत्वपूर्ण ज़रूरत ने संभावित जोखिमों के बावजूद गुफा में प्रवेश करने के उनके निर्णय को प्रेरित किया।

2. विश्वास और सहयोग : आधुनिक दलों को विश्वास और सहयोग पर ज़ोर देना चाहिए , ठीक वैसे ही जैसे वानर हनुमान पर भरोसा करते थे। जानकार नेतृत्व द्वारा समर्थित यह सामूहिक निर्णय-प्रक्रिया अनिश्चितता और चुनौतियों के माध्यम से दलों का मार्गदर्शन कर सकती है , जिससे एकता और साझा जिम्मेदारी की भावना को बढ़ावा मिलता है।

3. दबाव में नेतृत्व : प्रभावी नेता संकट के समय आश्वासन और स्पष्टता प्रदान करते हैं। वे संकेतों की व्याख्या करते हैं , मार्गदर्शन प्रदान करते हैं और अपनी टीमों में आत्मविश्वास पैदा करते हैं। आधुनिक नेता हनुमान के उदाहरण से शांत और समझदारी भरा निर्णय लेने के साथ नेतृत्व करना सीख सकते हैं।

4. दृढ़ता और अनुकूलनशीलता : प्रतिकूल परिस्थितियों में दृढ़ता बहुत ज़रूरी है। आधुनिक व्यक्तियों और टीमों को चुनौतियों से निपटने के लिए एक-दूसरे का समर्थन करते हुए अनुकूलनशील बने रहना चाहिए। यह सामूहिक लचीलापन सबसे बुरे समय में भी सफलता की ओर ले जा सकता है।

5. अवसरों को अपनाना : जोखिम उठाने से कभी-कभी अप्रत्याशित लाभ मिल सकता है, यद्यपि सावधानी ज़रूरी है। अवसरों के लिए खुले रहना और सोच-समझकर जोखिम उठाने के लिए तैयार रहना महत्वपूर्ण उपलब्धियों और समस्याओं के समाधान की ओर ले जा सकता है।

क्या हमें ऐसे जोखिम भरे निर्णय लेने चाहिए?

जोखिम भरे निर्णय लेने में आवश्यकता , प्रामाणिक आकलन और सामूहिक बुद्धि का संतुलन होना चाहिए। हताश होकर जल्दबाजी में निर्णय नहीं लेना चाहिए , बल्कि जब आवश्यक हो तो सोच-समझकर लिए गए जोखिम महत्वपूर्ण सफलताओं की ओर ले जा सकते हैं। आधुनिक व्यक्तियों और टीमों को:

स्थिति की तात्कालिकता और आवश्यकता का मूल्यांकन करना चाहिए। प्रामाणिक निर्णय लेने के लिए यथासंभव अधिक से अधिक जानकारी एकत्र करनी चाहिए। सामूहिक ज्ञान और सहयोग पर भरोसा कर उस पर निर्भर रहना चाहिए। प्रतिकूल परिस्थितियों का सामना करने के लिए दृढ़ता और अनुकूलनशीलता के लिए तैयार रहें। अप्रत्याशित परिणामों और अवसरों के लिए खुले रहें।

वानरों के अनुभव से सीख लेकर आधुनिक व्यक्ति सावधानी , बुद्धिमत्ता और सामूहिक शक्ति के साथ जोखिम भरे निर्णय ले सकते हैं तथा चुनौतीपूर्ण परिस्थितियों में भी सकारात्मक परिणाम प्राप्त करने का लक्ष्य रख सकते हैं।

युवा पाठकों के लिए सलाह:

1.   आवश्यकता और जोखिम का मूल्यांकन करें : चुनौतीपूर्ण स्थिति का सामना करते समय मूल्यांकन करें कि क्या जोखिम लेना आवश्यक है? निर्णय लेने से पहले लाभ और जोखिम की समीक्षा करें।

2.   भरोसा करें और सहयोग करें : अपनी टीम पर भरोसा करें और प्रभावी ढंग से सहयोग करें। साथ मिलकर काम करना और एक-दूसरे की ताकत पर भरोसा करना आपको अकेले सब कुछ करने की कोशिश करने की तुलना में बाधाओं को अधिक कुशलता से दूर करने में मदद कर सकता है।

3.   बुद्धिमान नेतृत्व की तलाश करें : मार्गदर्शन के लिए अनुभवी और बुद्धिमान लोगों की ओर देखें। जिस तरह वानरों ने हनुमान पर भरोसा किया था , उसी तरह ऐसे गुरु या नेता खोजें जो आपको भरोसा दिला सकें और मुश्किल फैसले लेने में आपकी मदद कर सकें।

4.   दृढ़ और अनुकूल बने रहें : जीवन में चुनौतियाँ और बाधाएँ आएंगी। अपने प्रयासों में दृढ़ रहें और बदलती परिस्थितियों के साथ अनुकूल बनें। एक-दूसरे का समर्थन करें और अपने लक्ष्यों को प्राप्त करने के लिए दृढ़ रहें।

5.　　अवसरों के लिए खुले रहें : सोच-समझकर जोखिम उठाने से कभी-कभी अप्रत्याशित लाभ मिल सकता है। साहसी बनें और अपने सामने आने वाले अवसरों का लाभ उठाएँ , लेकिन जोखिमों और लाभों का सावधानीपूर्वक मूल्यांकन करें।

6.　　चुनौतियों से सीखें : हर चुनौती सीखने और आगे बढ़ने का अवसर है। चाहे परिणाम सकारात्मक हो या नकारात्मक , अनुभव का उपयोग अंतर्दृष्टि प्राप्त करने और अपने भविष्य के निर्णयों को बेहतर बनाने के लिए करें।

वानरों की कहानी इन सिद्धांतों की एक शक्तिशाली याद दिलाती है , क्योंकि उनके सामूहिक दृढ़ संकल्प , नेतृत्व में विश्वास और प्रतिकूल परिस्थितियों में दृढ़ता के कारण उन्हें एक महत्वपूर्ण और अप्रत्याशित पुरस्कार प्राप्त हुआ।

9. अपोलो 13 अभियान

अप्रैल 1970 में प्रक्षेपित अपोलो 13 अभियान एक सम्मोहक वास्तविक जीवन का उदाहरण है , जो निहित जोखिमों के बावजूद गुफा में प्रवेश करने के वानरों के निर्णय के विश्लेषण को पुष्ट करता है।

संदर्भ और चुनौती

अपोलो 13 अपने अभियान पर निकले वानरों की तरह ही अचानक और भयंकर संकट का सामना कर रहा था। अभियान के दो दिन बाद ऑक्सीजन टैंक में विस्फोट होने से अंतरिक्ष यान बुरी तरह क्षतिग्रस्त हो गया। अंतरिक्ष यात्री जिम लवेल , जैक स्विगर्ट और फ्रेड हेस ने खुद को पृथ्वी से हजारों मील दूर सीमित शक्ति , पानी और हवा के साथ एक कठिन परिस्थिति में पाया - भोजन और पानी के लिए वानरों की हताशा के समान। जैसा कि लवेल ने अभियान नियंत्रण को बताया ,"ह्यूस्टन , हमारे पास एक समस्या थी," जो उनकी स्थिति की गंभीरता को दर्शाता है।

जोखिमपूर्ण निर्णय और सामूहिक प्रयास

1. आवश्यकता और जोखिम का आकलन: अंतरिक्ष यात्रियों को वानरों की तरह अपनी विकट परिस्थितियों का तुरंत आकलन करना पड़ा। जिस तरह वानरों ने अपने डर के बावजूद रहस्यमयी गुफा में प्रवेश करने का साहसपूर्वक निर्णय लिया , उसी तरह अपोलो 13 के चालक दल को जीवित रहने के लिए बिजली के उपयोग और मार्ग सुधार को

दिशानिर्देशित करते हुए चंद्र मॉड्यूल को एक अस्थायी "जीवनरक्षक नौका " के रूप में उपयोग करने का महत्वपूर्ण निर्णय लेना पड़ा।

2. विश्वास और सहयोग : विश्वास और सहयोग दोनों कहानियों की रीढ़ की हड्डी थे। वानर हनुमान की बुद्धि और मार्गदर्शन पर निर्भर थे , ठीक वैसे ही जैसे अपोलो 13 के अंतरिक्ष यात्री नासा की अभियान नियंत्रण दल की विशेषज्ञता और अटूट समर्थन पर निर्भर थे। उड़ान निदेशक जीन क्रांज़ के नेतृत्व में जमीनी दल ने अथक परिश्रम किया , जो चुनौतियों पर काबू पाने के लिए वानर के सामूहिक प्रयास को दर्शाता है।

3. बुद्धिमान नेतृत्व :दोनों ही परिदृश्यों में नेतृत्व ने महत्वपूर्ण भूमिका निभाई। हनुमान के आश्वासन और अवलोकन ने वानरों का मार्गदर्शन किया , जबकि जीन क्रांज़ के शांत और निर्णायक दृष्टिकोण ने अंतरिक्ष यात्रियों और अभियान नियंत्रण दल को आश्वस्त किया। क्रांज़ का कथन : "विफलता कोई विकल्प नहीं है ," संकटों में आवश्यक दृढ़ नेतृत्व का उदाहरण है , ठीक उसी तरह जैसे हनुमान ने वानरों को अंधेरी गुफा से बाहर निकालने में भूमिका निभाई थी।

दृढ़ता और अनुकूलनशीलता सिर्फ़ गुण ही नहीं थे , बल्कि वानरों और अपोलो 13 दल की सफलता के पीछे प्रेरक शक्तियाँ थीं। वानरों ने अपने डर और भटकाव के बावजूद , एक -दूसरे का समर्थन करते हुए गुफा से आगे बढ़ना जारी रखा। इसी तरह , अपोलो 13 दल ने तुरंत ही अभिनव समाधान विकसित किए, जैसे कि उपलब्ध सामग्रियों से एक परिष्कृत कार्बन डाइऑक्साइड फ़िल्टर बनाना , जो लचीलापन और अनुकूलनशीलता दिखाता है।

5. अवसरों को गले लगाना :दोनों कहानियों में अवसरों को भुनाना महत्वपूर्ण था। आवश्यकता से प्रेरित होकर वानरों ने संसाधनों से भरे एक रहस्यमय जंगल की खोज की। अपोलो 13 दल ने अपनी विकट परिस्थितियों के बावजूद , मार्ग सुधार के लिए चंद्र मॉड्यूल के अवरोही इंजन का उपयोग करने जैसे जोखिम उठाए , जो उनकी सुरक्षित वापसी के लिए महत्वपूर्ण साबित हुए।

नतीजा

भारी बाधाओं के बावजूद वानरों और अपोलो 13 चालक दल दोनों ने सफलता हासिल की। वानरों को भोजन और गुफा से बाहर निकलने का रास्ता मिल गया , जबकि अपोलो 13 के अंतरिक्ष यात्री सुरक्षित रूप से पृथ्वी पर लौट आए। शुरू में इसे एक विफलता के रूप में देखा गया , लेकिन अंतरिक्ष यात्रियों की सुरक्षित वापसी के कारण अपोलो 13 अभियान को "सफल विफलता " के रूप में मनाया गया।

10. वानरों की दुविधा: विश्वासघात, निराशा और एक नई आशा

वानरों को अशांत ,अंतहीन और गर्जन करने वाले दक्षिणी महासागर का सामना करना पड़ा।

विंध्य पर्वत की तलहटी में फूलों से लदे पेड़ों के बीच बैठे पुण्यवान वानर निराशा और उदासी से अभिभूत थे। वसंत के फूलों से लदे पेड़ों की चोटियों को असंख्य लताओं में उलझा हुआ देखकर ,वे डर से ग्रसित हो गए , उन्हें चिंता हुई कि कहीं सुग्रीव की समय-सीमा चूक न जाए। अपने विचार-विमर्श में उन्हें एहसास हुआ कि वसंत (भारत में वसंत ऋतु फरवरी के अंत से मार्च तक आती है) वास्तव में आ चुकी थी और वे सीता के ठिकाने के बारे में सुग्रीव को बताने का महत्वपूर्ण समय चूक गए , जिससे वे निराशा में डूब गए।

अंगद युवराज और दूरदर्शी वानर, जो अपनी सिंह जैसी गर्दन और मजबूत , लंबी भुजाओं के लिए जाने जाते हैं , ने बड़े वानरों के प्रति सम्मान दिखाया। सभी वानरों को विनम्रता से संबोधित करते हुए उन्होंने उनकी सामूहिक दुर्दशा व्यक्त की : वे वानर राजा के आदेश का पालन करते हुए दिसंबर में अपने अभियान पर निकले थे , लेकिन उन्हें पता चला कि कृष्ण विवर में उनके रहने के दौरान आवंटित समय बीत चुका था।

इस प्रकार , अंगद ने सभा में अपनी समस्या व्यक्त की। अरे वानरों ! हमारा कार्य पूरा होना चाहिए ; हमने राजा सुग्रीव द्वारा निर्धारित समय का उल्लंघन किया है ; वह हमें क्षमा नहीं करेंगे। हम निश्चित

रूप से मरेंगे और इसमें कोई संदेह नहीं है। अंगद ने सुझाव दिया कि वानरों को मरने के लिए किष्किंधा लौटने के बजाय आमरण उपवास पर बैठना चाहिए।

उन्होंने आगे कहा कि राम ने उन्हें राजकुमार नियुक्त किया था , न कि सुग्रीव को। सुग्रीव का अपने उसके पिता वालि से झगड़ा था और उसने उसे राम के हाथों मरवा दिया था और वालि का पुत्र होने के कारण राम ने उसे अपने आदेशों का उल्लंघन करने के लिए यातना देकर मार डालेंगे।

अंगद की बात सुनने के बाद प्रमुख वानरों ने सहानुभूतिपूर्वक इस प्रकार कहा - हम सीता को नहीं खोज पाए , जो राम के लिए निराशाजनक होगा और अगर हम किष्किंधा लौट आए तो सुग्रीव राम को संतुष्ट करने के लिए हमारी बलि दे देंगे। अगर हम सीता को खोजकर नहीं पा सके या यहाँ कहीं उसके बारे में विश्वसनीय जानकारी नहीं पा सके , तो हम निश्चित रूप से यम (मृत्यु के वैदिक देवता) के लोक में होंगे , जो कि मृत्यु प्रदान करने वाला है।

प्रमुख वानर सरदार तारा ने कहा- "तुम्हारी हताशा और उदासी बहुत हो गई है ; अगर तुम सब जीवित रहना चाहते हो तो हम सब को अंधेरी गुफा में प्रवेश करना चाहिए , जो सुग्रीव के लिए वर्जित है। हम हमेशा भोजन और पेय पदार्थ रखेंगे , क्योंकि दानव माया ने इस स्थान का निर्माण किया था।"
अधिकांश वानरों ने अंगद और तारा की बातों पर विश्वास किया और कहा कि चलो , हम अपने जीवन को बचाने के लिए ऐसा करते हैं।

हनुमान समझ गए थे कि अंगद वानर साम्राज्य को हड़पने की योजना बना रहा है और उन्होंने माना कि अंगद के पास अष्टांगिक बुद्धि है , जिसमें बौद्धिक संलग्नता और व्यावहारिक ज्ञान दोनों के लिए सूक्ष्म दृष्टिकोण शामिल हैं:

1. शुश्रुषा (सतर्क सेवा) : यह सतत ,विनम्र संलग्नता के महत्व पर जोर देता है ,दूसरों को समझने और महत्व देने की प्रतिबद्धता पर प्रकाश डालता है तथा सजग देखभाल की विरासत को प्रदर्शित करता है।

2. श्रवणम (केंद्रित श्रवण): वक्ता के संदेश को समझने में पूरी तरह से डूब जाने तथा सावधानीपूर्वक ध्यान देने के इतिहास को मूर्त रूप देने के लिए गहन , संलग्न श्रवण की आवश्यकता पर बल देता है।

3. ग्रहणम (त्वरित समझ) : यह रणनीति सूचना को शीघ्रता से समझने और आत्मसात करने की क्षमता को रेखांकित करती है तथा तत्काल संज्ञानात्मक संलग्नता की क्षमता और ग्रहणशीलता की विरासत को प्रदर्शित करती है।

4. धारणाम (स्मृति धारण) : यह जानकारी को याद रखने और स्मरण करने की निरंतर क्षमता से संबंधित है , जो ज्ञान को जीवित और आसानी से सुलभ रखने की परंपरा को दर्शाता है।

5. उहा (आलोचनात्मक विश्लेषण) : इसमें किसी स्थिति की ताकत , कमजोरी ,अवसर और खतरों का मूल्यांकन करना शामिल है ,जो गहन विचार-विमर्श और काल्पनिक विश्लेषण के इतिहास को दर्शाता है।

6. अपोहा (विवेकपूर्ण चयन) : यह मूल्यवान को अपनाने के साथ अवांछनीय को पहचानने और अस्वीकार करने की क्षमता पर प्रकाश डालता है तथा सावधानीपूर्वक चयन और प्राथमिकता के इतिहास को दर्शाता है।

7. अर्थ विज्ञानम (व्यापक समझ) : यह विषयों की व्यापक और गहन समझ को दर्शाता है , जो व्यापक अंतर्दृष्टि और ज्ञान की गहरी विरासत को दर्शाता है।

8. तत्त्व ज्ञानम (मौलिक अंतर्दृष्टि) : आवश्यक सत्य की गहन समझ पर केंद्रित है , जो गहन समझ और मौलिक अंतर्दृष्टि की परंपरा को दर्शाता है।

साम , दाम , भेद और दंड की चतुर्विध रणनीतियाँ शास्त्रीय भारतीय रणनीति की आधारशिला हैं। विवादों को सुलझाने और उन्हें सुलझाने तथा सत्ता और शासन को सुरक्षित करने के लिए इन विधियों का उपयोग किया जाता है।

1. साम (समझौता) : यह विधि शांतिपूर्ण तरीकों , जैसे कि बातचीत और मध्यस्थता के माध्यम से मुद्दों को हल करने पर केंद्रित है , जिसका उद्देश्य आपसी सहमति और सह योग है। यह संघर्ष समाधान के प्राथमिक मार्ग के रूप में कूटनीति और गठबंधन को प्राथमिकता देता है।

2. दाम (तुष्टिकरण) : यदि समझौता अप्रभावी साबित होता है ,तो रणनीति में विपक्ष या संभावित सहयोगियों को प्रभावित करने के लिए

प्रोत्साहन या पुरस्कार की पेशकश शामिल है। यह रणनीति टकराव से बचने के लिए समर्थन जीतने या शांति बनाए रखने के लिए भौतिक या वित्तीय प्रोत्साहन पर निर्भर करती है।

3. भेद (कलह बोना) : इस रणनीति का इस्तेमाल तब किया जाता है जब न तो सुलह और न ही तुष्टिकरण से कोई नतीजा निकलता है। इसमें विपक्ष के भीतर आंतरिक कलह पैदा करना , गलत सूचना का इस्तेमाल करना या उन्हें अंदर से कमज़ोर करने के लिए कमज़ोरियों का फ़ायदा उठाना और उन्हें पराजित करने के लिए अपेक्षाकृत आसान प्रबंधन की सुविधा देना शामिल है।

4. दंड (जबरदस्ती) : इस दृष्टिकोण में बल या दंड का प्रयोग आज्ञाकारिता के लिए बाध्य करने या विरोधियों को हराने के लिए अंतिम उपाय के रूप में किया जाता है। यह अधिकार स्थापित करने और वांछित परिणाम प्राप्त करने के लिए शारीरिक शक्ति , कानूनी या आर्थिक प्रतिबंध या अन्य बलपूर्वक उपायों को लागू करने को दर्शाता है।

ये रणनीतियाँ नेतृत्व और संघर्ष प्रबंधन के लिए एक व्यावहारिक और अनुकूलनीय दृष्टिकोण पर प्रकाश डालती हैं तथा विशिष्ट परिस्थितियों और लक्ष्यों के आधार पर उचित रणनीति चुनने के महत्व पर बल देती हैं।

आइए, इन चौदह विशेषताओं के विस्तृत पहलुओं पर गौर करें तथा नेतृत्व और व्यक्तिगत विकास में इनके महत्व पर प्रकाश डालें:

1. प्रासंगिक जागरूकता : इसमें परिस्थितियों के पर्यावरणीय और अस्थायी प्रभावों को अच्छी तरह से समझना , उचित निर्णय लेने में सक्षम बनाना और परिस्थिति तथा समय के प्रति संवेदनशील कार्य करना शामिल है।

2. लचीलापन : यह शब्द शारीरिक और मानसिक दृढ़ता का प्रतिनिधित्व करता है , जो मजबूत और दृढ़ रहते हुए तनाव और प्रतिकूलता को सहन करने की क्षमता को दर्शाता है।

3. प्रतिकूल परिस्थितियों में दृढ़ता : यह कठिन समय में भी डटे रहने , बाधाओं या चुनौतियों के बावजूद दृढ़ता और दृढ़ संकल्प बनाए रखने की क्षमता को दर्शाता है।

4. व्यापक अंतर्दृष्टि : इसमें संभावित परिणामों और परिदृश्यों की गहन समझ शामिल है , जो विभिन्न संभावनाओं के लिए पूर्ण जागरूकता और तैयारी को दर्शाता है।

5. प्रवीणता : विशिष्ट क्षेत्रों या गतिविधियों में विशेषज्ञता और क्षमता को दर्शाता है तथा कार्यों को कुशलतापूर्वक और प्रभावी ढंग से निष्पादित करने की क्षमता पर प्रकाश डालता है।

6. सुरक्षात्मक सतर्कता : यह गुण स्वयं को नुकसान से बचाने की क्षमता को प्रदर्शित करता है , जो व्यक्तिगत और व्यावसायिक रक्षा के लिए आवश्यक शक्ति और कौशल को दर्शाता है।

7. रणनीतिक विवेक : इसमें संवेदनशील जानकारी या योजनाओं की सावधानीपूर्वक सुरक्षा करना और यह सुनिश्चित करना शामिल है कि

विरोधियों द्वारा शोषण को रोकने के लिए रणनीतिक विवरण गोपनीय रहें।

8. विवेकपूर्ण सहभागिता : अनावश्यक विवादों से दूर रहने और सत्यनिष्ठा बनाए रखने , चर्चाओं में चुनिंदा भागीदारी की वकालत करने और ईमानदारी के प्रति प्रतिबद्धता के महत्व पर बल दिया जाता है।

9. वीरता : साहस के साथ चुनौतियों का सामना करने के गुण का प्रतिनिधित्व करता है , डर का सामना करने की ताकत और बहादुरी के साथ जोखिम उठाने की क्षमता को दर्शाता है।

10. क्षमताओं के प्रति जागरूकता : इसका संबंध अपनी शक्तियों और सीमाओं का सटीक आकलन करने तथा दूसरों में उन्हें पहचानने से है , जो आत्म-सुधार और प्रभावी नेतृत्व के लिए महत्वपूर्ण है।

11. निष्ठा : किसी उद्देश्य , व्यक्ति या सिद्धांत के प्रति गहरी निष्ठा और विश्वसनीयता को उजागर करती है तथा विश्वसनीयता और प्रतिबद्धता को प्रदर्शित करती है।

12. शरण प्रदान करना : मदद मांगने वालों को सहायता और सुरक्षा प्रदान करना , दूसरों को सहायता देने के लिए दयालु और सहानुभूतिपूर्ण दृष्टिकोण प्रदर्शित करना।

13. नपी-तुली मुखरता में आवश्यकता पड़ने पर क्रोध की विवेकपूर्ण अभिव्यक्ति शामिल होती है तथा इसका उपयोग अनियंत्रित विस्फोट

के बजाय अन्याय या गलतियों को संबोधित करने के लिए रचनात्मक रूप से किया जाता है।

14. दृढ़ विश्वास : अपने विश्वासों और निर्णयों पर दृढ़तापूर्वक कायम रहना , बाहरी दबाव या चुनौतीपूर्ण परिस्थितियों में भी कार्यों और विचारों में स्थिरता और दृढ़ संकल्प बनाए रखना।

अंगद जीवन शक्ति , शक्ति व साहस से भरपूर और उगते चंद्रमा की तरह प्रमुखता में बढ़ रहा है , उसके पास बृहस्पति (देवताओं के गुरु) के समान ज्ञान और अपने पिता वालि के समान साहस है। फिर भी , वह तारा की विपरीत शिक्षाओं से बहुत प्रभावित है , ठीक उसी प्रकार जैसे इंद्र का शुक्राचार्य के चरम सिद्धांतों के साथ सामना हुआ , जिसके कारण वह थक गया और राजा सुग्रीव की मांगों को पूरा करने में असमर्थ हो गया। हनुमान पवित्र ग्रंथों में पारंगत सुग्रीव के शासन में अंगद का विश्वास फिर से बनाने का प्रयास करते हैं।

हनुमान ने सुग्रीव से वानरों की अलगाव की भावना को तोड़ने के लिए चारों हथकंडे अपनाए। उन्होंने अंगद से कहा : अपने पिता की तरह आप भी अजेय हैं और वानर साम्राज्य के एक योग्य नेता और शासक हैं। लेकिन आप जानते हैं कि वानरों का दिमाग बहुत चंचल होता है और वे अपने परिवार , पत्नियों और बच्चों के बिना लंबे समय तक नहीं टिक पाते।

इसके अलावा , जैसा कि आप पहले से ही जानते होंगे , जाम्बवंत , नील और मैं सुग्रीव से अलग होने में आपका अनुसरण नहीं करेंगे। आप हमें सुग्रीव से अलग करने के लिए समझौता , शांति , कलह या जबरदस्ती का इस्तेमाल नहीं कर सकते थे।

सुग्रीव से कृष्ण विवर में छिपने का तारा का विचार और उसपर वानरों की सहमति निरर्थक है , क्योंकि क्रोधित लक्ष्मण के बाण अकेले ही कृष्ण विवर को पत्तों के कटोरे की तरह नष्ट कर सकते हैं।

भूमिगत स्थान तुम्हारे जैसे राजकुमार के लिए उपयुक्त स्थान नहीं है। वानर तुम्हें छोड़ देंगे क्योंकि उन्हें अपने बच्चों , पत्नियों , रिश्तेदारों और विभिन्न प्रकार के भोजन की कमी खलेगी। तुम शुभचिंतकों और मित्रों से रहित एक एकाकी और भयावह जीवन जियोगे।

किष्किन्धा लौटकर सुग्रीव के सहायक के रूप में निष्ठापूर्वक सेवा करने से आपकी पूर्व राजसी स्थिति में पुनः बहाली सुनिश्चित हो जाएगी। सुग्रीव - तुम्हारे चाचा , अपनी सच्चाई और छल - कपट से रहित होने के लिए जाने जाते हैं। उनका स्वभाव प्रेम से प्रेरित है , शत्रुता से मुक्त है। उनकी निष्ठा दृढ़ है , बेईमानी से अछूती है। दुरुपयोग से अछूते होने के कारण , वे तुम्हें धोखा नहीं देते। उनकी प्राथमिक चिंता तुम्हारी माँ का कल्याण है ; उनके जीवन के प्रयास तुम्हारी माँ के लिए समर्पित हैं और तुम उनके एकमात्र वंशज हो। इसलिए , अंगद , किष्किंधा लौट जाना उचित है , बजाय इसके कि तुम अपना राज्य छोड़कर चले जाओ।

अंगद ने सुग्रीव के चरित्र लक्षणों जैसे- स्थिरता , अहिंसा , ईमानदारी , प्रसिद्धि , बहादुरी और हृदय की पवित्रता के बारे में सवाल उठाए। अपने बड़े भाई की पत्नी से विवाह करने के उनके निर्णय की , जो उनके भाई के जीवनकाल में उनके लिए व्यावहारिक रूप से एक मातृसत्तात्मक और रानी थी , बहुत आलोचना की गई , जिसके कारण उनकी निंदा हुई। इसके अलावा ,सुग्रीव का विश्वासघात तब स्पष्ट हुआ जब उसने अपने भाई को प्रवेश द्वार को अवरुद्ध

करके एक गुफा के अंदर फँसाया , जब वे राक्षस दुंदुभी से युद्ध कर रहे थे , जिससे उसकी नैतिक छवि बुरी तरह से खराब हो गई।

श्रद्धेय राघव के साथ संधि करने के बाद सुग्रीव ने अपने लाभ के लिए संधि में हेराफेरी की , जिससे उसके पिछले दयालुतापूर्ण कार्यों पर कोई असर नहीं पड़ा। सीता को खोजने का उसका आदेश उसके साहस से ज़्यादा लक्ष्मण की धमकी के कारण था , जिससे उसके नैतिक सिद्धांतों पर सवाल उठने लगे।

अंगद ने आगे कहा कि सुग्रीव का सम्मान कम हो गया क्योंकि उसने निर्लज्जतापूर्वक अपने पिता की हत्या कर दी , मुकुट छीन लिया , राम को दिए अपने वचनों की उपेक्षा की , लक्ष्मण के दबाव के कारण खोज दल भेजे , जिससे सुग्रीव की विश्वसनीयता के बारे में संदेह पैदा हो गया , विशेष रूप से उसके रिश्तेदारों के बीच।

शाही वंश को परिवार के भीतर ही रहने देने का नियम सुग्रीव की शत्रुता के विपरीत था , जिसने अंगद को अलग-थलग और असहाय महसूस कराया। उसने किष्किंधा में अपने भविष्य पर सवाल उठाया। उसने सुग्रीव पर आरोप लगाया कि वह शासन की तलाश में चालाकी और आक्रामकता का सहारा ले रहा है और जिस कारण उसे आमरण अनसन अधिक सम्मानजनक विकल्प लगता है।

अंगद ने हनुमान से राम , लक्ष्मण और उनके मामा का सम्मान करने और उनकी कुशलक्षेम पूछने तथा उनकी सौतेली माँ और अपनी माँ को सांत्वना देने के लिए कहा , क्योंकि उन्हें पहले से ही पता था कि उनके निधन से उन पर गहरा असर पड़ेगा। नतीजतन , अंगद , जो बहुत दुःखी थे , पवित्र घास पर आराम करने लगे , उनके चारों

ओर वानरों ने घेरा बना लिया , जो उनकी वाणी से प्रभावित थे और सुग्रीव से नाराज थे , उन्होंने उनके साथ आमरण अनशन करने का फैसला किया।

अंगद की बात सुनकर वालि की संतानों का समर्थन करने वाले वानरों ने सामूहिक रूप से अपने अंत की योजना बनाई , पवित्र घास पर पूर्व दिशा की ओर मुंह करके बैठ गए , जो उनके द्वारा चुने गए अंत का संकेत था। इस गंभीर क्षण में , उन्होंने राम की परीक्षा , राजा दशरथ की मृत्यु , जनस्थान के विनाश और जटायु और सीता को प्रभावित करने वाली विनाशकारी घटनाओं पर गहन आशंका में डूबे हुए विचार किए।

जटायु के भाई सम्पाती को अंगद के शोकपूर्ण वर्णन से जटायु की मृत्यु के बारे में पता चला। उन्होंने जटायु के भाग्य की प्रशंसा की , उन्हें रावण से युद्ध करने और वीरगति प्राप्त करने के लिए भाग्यशाली माना। अपने भाई के उल्लेख से उत्तेजित होकर सम्पाती ने आमरण अनशन पर बैठे वानरों को खाने के अपने शिकारी इरादे से हटकर सहायता मांगने की ओर रुख किया। उन्होंने वानरों से अनुरोध किया कि वे जटायु के अंत के बारे में अधिक जानने के लिए चट्टानों से नीचे उतरने में उनकी मदद करें। अपने भाई जटायु के शोक से सम्पाती की आवाज़ कर्कश हो जाने के बावजूद , वानर नेता शुरू में सशंकित थे , उन्हें संदेह था कि एक गिद्ध के रूप में उनका शिकार करने का इरादा हो सकता है। फिर भी , उन्होंने उनके बयानों को पूरी तरह से खारिज नहीं किया।

वानरों ने आमरण अनशन किया और गिद्ध द्वारा खा लिए जाने का खतरा भी उठाया। उनका मानना था कि यह बलिदान उनकी रिहाई

सुनिश्चित करेगा और उनके स्वर्गारोहण में सहायक होगा , जिससे उन्हें गिद्ध को अपने निकट लाने पर विचार करने के लिए प्रेरित किया गया।

सम्पाती को पहाड़ की चोटी से नीचे उतारा गया। अंगद ने सम्पाती को अपने वंश की कहानी , राम के सामने आई मुसीबतों और सीता की खोज में आई कठिनाइयों के बारे में बताया। उनकी अथक खोज के बावजूद सीता नहीं मिली , जिसके कारण उन्होंने खोज शुरू होने की तिथि से एक महीने के भीतर किष्किंधा वापस न आकर सुग्रीव की आज्ञा का उल्लंघन किया। नतीजतन , उन्होंने आमरण अनशन करने का फैसला किया।

सम्पाती ने अपनी कहानी इस तरह सुनाई। "जटायु के बड़े भाई और अरुण के पुत्र के रूप में , मैं भी एक दिव्य पक्षी का रूप धारण किए हुए था। जटायु और मैं , अपनी युवावस्था के उत्साह में , अकसर मैत्रीपूर्ण प्रतियोगिताओं में भाग लेते थे , यह देखने की होड़ में कि कौन सबसे ऊंची उड़ान भर सकता है। हमारी आत्माएं अदम्य थीं , जो हमें आकाश में और भी ऊपर उड़ने के लिए प्रेरित करती थीं।

एक भाग्यशाली दिन , जब हम अपनी प्रतिस्पर्द्धात्मकता में आसमान की ओर बढ़ रहे थे , जटायु खतरनाक तरीके से सूर्य के करीब पहुंच गया। आसन्न खतरे को देखते हुए , मैंने सहज रूप से आपदा को टालने के लिए कार्य किया। मैंने तेजी से अपने पंख फैलाए और जटायु को सूर्य की प्रचंड ज्वाला से बचाया।

हालाँकि , इस निःस्वार्थ कार्य के लिए मुझे बहुत बड़ी कीमत चुकानी पड़ी। भीषण गर्मी ने मेरे पंख जला दिए , जिससे मैं पंखहीन हो गया।

उस दिन से मैं बिना पंखों के जी रहा हूँ , जो उस बलिदान के पल की निरंतर याद दिलाता है।

अपने भाई की मृत्यु के बारे में जानने के बावजूद , मुझे अपनी बढ़ती उम्र , पंखों की कमी और ताकत की कमी के कारण अपनी सीमाओं को स्वीकार करना पड़ा , जिससे मैं अपने विरोधी रावण से प्रतिशोध लेने में असमर्थ हो गया।

अंगद ने सम्पाती से पूछा कि क्या वह रावण के स्थान के बारे में जानते हैं? तथा उन्होंने कहा कि वानर दूरी की परवाह किए बिना सभी क्षेत्रों की छानबीन करने को तैयार हैं।

मैंने देखा कि एक युवा महिला को दुष्ट रावण ने पकड़ लिया है। राजसी वस्त्र पहने वह पागलों की तरह चिल्ला रही थी "राम ,राम और लक्ष्मण " और अपने गहने फेंकते हुए राक्षस की पकड़ से भागने की कोशिश कर रही थी।

सम्पाती ने बताया कि समुद्र के पार , लगभग सौ योजन दूर लंका है , जो दिव्य वास्तुकार विश्वकर्मा द्वारा बनाया गया एक शानदार नगर है। उन्होंने इसके व्यवस्थित , बहुमंजिला भवनों का वर्णन किया , जिनमें सुनहरे रंग और दरवाजे लगे हुए थे और इसके बरामदों में शानदार सुनहरे मंच थे।

उन्होंने बताया कि लंका की दीवार सूर्य की तरह चमकती हुई एक विशाल दीवार से घिरी हुई थी। गेरू रंग की रेशमी साड़ी पहने सीता को रावण के महल में कैद कर दिया गया था , जिसकी सुरक्षा राक्षसी महिलाओं द्वारा की जा रही थी। सम्पाती ने सलाह दी कि वे दक्षिणी

महासागर के सुदूर तट पर पहुँचें , जो सौ योजन की यात्रा थी, ताकि समुद्र से घिरी लंका को देख सकें और जीत के लिए रावण का सामना कर सकें।

संपाती ने वानरों से अनुरोध किया कि वे उसे अपने मृतक भाई जटायु के लिए अनुष्ठान करने के लिए समुद्र के किनारे ले जाएं , जो उन्होंने किया। अनुष्ठान करने के बाद संपाती को उसकी गुफा में वापस भेज दिया गया। संपाती से मुलाकात ने वानरों की सीता की खोज में एक महत्वपूर्ण मोड़ ला दिया , जिससे उनमें खुशी की भावना पैदा हुई और उसे खोजने का एक स्पष्ट अवसर मिला।

11. राष्ट्रपति नेल्सन मंडेला और चीफ मैंगोसुथु बुथेलेजी

दक्षिण अफ्रीका में रंगभेद के अंतिम वर्षों के दौरान ,साहस और दृढ़ संकल्प के प्रतीक नेल्सन मंडेला को देश के भीतर विभिन्न गुटों को एकजुट करने की महत्वपूर्ण चुनौती का सामना करना पड़ा। ऐसी ही एक चुनौती इंकाथा फ्रीडम पार्टी (आईएफपी) के नेता चीफ मैंगोसुथु बुथेलेजी से जुड़ी थी , जिनका काफी प्रभाव था और जो रंगभेद विरोधी आंदोलन की एकता के लिए खतरा थे।

संदर्भ और चुनौती

प्राचीन भारतीय महाकाव्य रामायण में बंदरों के एक समूह वानरों की तरह , जो अपने निर्वासन और अपने राजा से अलग होने के कारण निराशा से अभिभूत थे और अंगद के नेतृत्व में विद्रोह करने के बारे में सोच रहे थे। चीफ बुथेलेजी अफ्रीकी राष्ट्रीय कांग्रेस (एएनसी) और रंगभेद को समाप्त करने के उनके तरीकों से असहमत थे। हनुमान , एक बुद्धिमान और शक्तिशाली वानर देवता की तरह मंडेला को स्थिति को संबोधित करने और एक विभाजन को रोकने के लिए अपने नेतृत्व और विवेक का उपयोग करना पड़ा, जो रंगभेद के खिलाफ उनके सामूहिक संघर्ष को कमजोर कर सकता था।

जोखिमपूर्ण निर्णय और सामूहिक प्रयास

1. आवश्यकता और जोखिम का आकलन : मंडेला ने बुथेलेजी के प्रभाव और एकता की आवश्यकता को पहचानते हुए स्थिति की

तात्कालिकता का आकलन किया। उन्होंने समझा कि बुथेलेजी की चिंताओं पर ध्यान देना और उन्हें वापस अपने पाले में लाना उनके बड़े अभियान की सफलता के लिए महत्वपूर्ण था। हालाँकि , उन्होंने संभावित जोखिमों पर भी विचार किया , जैसे कि बुथेलेजी का संभावित प्रतिरोध या अन्य रंगभेद विरोधी समर्थकों के मनोबल पर पड़ने वाला प्रभाव।

2. विश्वास और सहयोग :हनुमान की तरह , जिन्होंने वानरों को वफ़ादारी के लिए मार्गदर्शन करने और उनके निर्वासित राजा सुग्रीव का समर्थन करने के लिए अपनी बुद्धि पर भरोसा किया ,मंडेला ने बुथेलेज़ी के साथ व्यापक बातचीत की। उन्होंने एकता ,सहयोग और रंगभेद को समाप्त करने के लक्ष्य पर जोर दिया ,ठीक उसी तरह जैसे हनुमान ने सुग्रीव और उनके साझा मिशन के प्रति वफ़ादारी के महत्व पर प्रकाश डाला था।

3. बुद्धिमान नेतृत्व :मंडेला का नेतृत्व निर्णायक था। उनकी सुनने , सहानुभूति रखने और बातचीत करने की क्षमता ने बुथेलेजी और उनके अनुयायियों को आश्वस्त किया। मंडेला का शांत और रण नीतिक दृष्टिकोण वानरों के बीच विश्वास और वफादारी को फिर से बनाने के हनुमान के प्रयासों के समान था।

4. दृढ़ता और अनुकूलनशीलता :मंडेला ने बुथेलेजी के साथ अपनी बातचीत में दृढ़ता और अनुकूलनशीलता का प्रदर्शन किया। उन्होंने बुथेलेजी की चिंताओं को दूर करने और एक ता को बढ़ावा देने के लिए विभिन्न रणनीतियों का इस्तेमाल किया ,जिसमें रामायण में हनुमान द्वारा इस्तेमाल किए गए साम (समझौता ,आम जमीन तलाशना), दाम (तुष्टिकरण ,प्रोत्साहन देना), भेद (कलह पैदा करना ,

विरोधियों के बीच विभाजन पैदा करना) और दंड (जबरदस्ती, बल का प्रयोग) के तरीके शामिल थे।

5. अवसरों का लाभ उठाना : मंडेला ने बुथेलेजी को वापस अपने पाले में लाकर रंगभेद विरोधी आंदोलन को मजबूत करने के अवसर का लाभ उठाया। यह एकता उनके उद्देश्य की सफलता के लिए आवश्यक थी, ठीक उसी तरह जैसे हनुमान ने वानरों की हताशा को नए उद्देश्य और एकता के क्षण में बदल दिया था।

नतीजा

मंडेला के प्रयासों ने रंगभेद विरोधी आंदोलन के भीतर एक महत्वपूर्ण विभाजन को सफलतापूर्वक रोका। बुथेलेज़ी की चिंताओं पर ध्यान देकर और सहयोग को बढ़ावा देकर मंडेला ने सुनिश्चित किया कि रंगभेद के खिलाफ उनके संघर्ष में विभिन्न गुट एकजुट रहें। यह एकता अंततः रंगभेद को खत्म करने और एक लोकतांत्रिक दक्षिण अफ्रीका की स्थापना में महत्वपूर्ण थी।

युवा पाठकों के लिए पाठ

आवश्यकता और जोखिम का मूल्यांकन करें : जिस प्रकार मंडेला ने बुथेलेजी की चिंताओं को दूर करने में शामिल तात्कालिकता और जोखिमों का आकलन किया था, उसी प्रकार निर्णय लेने से पहले संभावित लाभों और कमियों पर सावधानीपूर्वक विचार करें।
भरोसा और सहयोग : अपनी टीम पर भरोसा रखें और मिलकर काम करें। मंडेला और बुथेलेजी द्वारा प्रदर्शित एकता और सहयोग की

शक्ति , अभिनव समाधान और सफल परिणामों की ओर ले जा सकती है।

बुद्धिमान नेतृत्व की तलाश करें : अनुभवी और बुद्धिमान नेताओं से मार्गदर्शन लें जो चुनौतीपूर्ण परिस्थितियों में दिशा और आश्वासन प्रदान कर सकें।

दृढ़ और अनुकूलनशील बने रहें : जैसा कि बुथेलेज़ी के साथ मंडेला के अटूट प्रयासों से पता चल ता है , दृढ़ रहें और बदलती परिस्थितियों के अनुकूल बनें। यह लचीलापन सफलता की कुंजी है।

अवसरों को अपनाएँ : जब आवश्यक हो तो सोच-समझकर जोखिम उठाने से न कतराएँ। अवसरों को अपनाने से उल्लेखनीय उपलब्धियाँ हासिल हो सकती हैं।

वानरों को पुनः अपने प्रति वफादार बनाने के लिए हनुमान के प्रयासों और मंडेला की बुथेलेजी के साथ सफल बातचीत की परस्पर जुड़ी कहानियां हमें टीम वर्क , नेतृत्व और प्रतिकूल परिस्थितियों में लचीलेपन के महत्व की शिक्षा देती हैं तथा दृढ़ता और बुद्धिमत्तापूर्ण निर्णय लेने के मूल्यवान सबक को सुदृढ़ करती हैं।

12. हनुमानः एक विस्मृत शक्ति का पुनरुत्थान

एक बार राजसी गिद्ध सम्पाती द्वारा ज्ञान दिए जाने के बाद वीर छलांग लगाने वाले वानर खुशी से उछल पड़े और एक साथ चिल्लाने लगे। सम्पाती का मार्गदर्शन पाकर वानर बहुत खुश हुए और रावण के निवास तक पहुँचने और सीता को देखने के लिए उत्सुक होकर समुद्र की ओर भागे।

समुद्र में बहुत शोर था और उसमें अजीबोगरीब जीव खेल रहे थे। कुछ हिस्से शांत थे और कुछ हिस्सों में पहाड़ों जैसी बड़ी लहरें थीं। वहाँ डरावने राक्षस रहते थे , जिससे मजबूत वानर डर जाते थे। वे विशाल महासागर को देखते थे और समझ नहीं पाते थे कि कैसे पार किया जाए।

फिर अंगद ने वानरों का हौसला बढ़ाया ,जो समुद्र से डरे हुए थे। उन्होंने कहा कि डरना मददगार नहीं है क्योंकि इससे हालात और खराब हो सकते हैं और डर ही एकमात्र ऐसी चीज़ है जिससे डरना चाहिए। उन्होंने समझाया कि अगर आप हिम्मत रखने के समय हार मान लेते हैं तो आप कुछ भी हासिल नहीं कर सकते। अंगद ने इन उत्साहवर्धक शब्दों से वानरों को बेहतर महसूस कराया और रात हो गई।

अगले दिन तड़के अंगद की मुलाकात वृद्ध वानरों से हुई और वानरों ने उन्हें घेर लिया और वे देवताओं से घिरे होने पर बे इंद्र के समान आभावान लगने लगे।

अंगद ने पूछा- कौन तेजस्वी है और समुद्र को पार करने में सक्षम है? और कौन सुग्रीव को राम को दिए गए वचन को पूरा करने में मदद कर सकता है ? कौन सौ योजन की छलांग लगाने और वानरों को सुग्रीव के भय से मुक्त करने का साहस कर सकता है ? किसकी दया से हम अपने अभियान के लक्ष्यों को पूरा करके अपनी पत्नियों , बच्चों और घरों में वापस जा सकेंगे ? किसकी बहादुरी से हम निर्भय होकर राम , क्रोधी लक्ष्मण या निर्दयी सुग्रीव की तलाश कर सकते हैं?

"यदि आप में से कोई इतना सक्षम हो कि समुद्र को पार कर सके , तो वानर हमें सुग्रीव से सम्मानजनक मोक्ष की कृपा प्रदान कर सकते हैं।
अंगद की बात सुनकर सभी वानर अचंभित होकर खड़े हो गए। अंगद ने वानरों के भावशून्य चेहरों को देखा और कहा- "आप सभी वीर हैं और उच्च-उपलब्धि वाले परिवारों में जन्मे हैं ; आपके लिए कोई भी बाधा बड़ी नहीं है और अब तक आपकी अविश्वसनीय उपलब्धियों की प्रशंसा की गई है। मुझे बताएं कि आप में से कौन समुद्र पार कर सकता है।"

अंगद की बातें सुनकर जाम्बवंत , गज , गवाक्ष , गवय , शरभ , गंधमादन , मैंदा , द्विविद , सुशेषण और अन्य सहित प्रतिष्ठित वानरों ने समुद्र पार करने की अपनी क्षमताओं के बारे में बताया। कुछ ने दावा किया कि कैसे उन्होंने कम उम्र में दुनिया भर में उड़ान

भरी थी। हालांकि ,प्रत्येक ने उम्र या अन्य कारणों से महासागर के दक्षिणी तट तक पहुँचने में विफल होने की बात स्वीकार की। वे समुद्र पार करने की तुलना में रावण का सामना करने से अधिक डरते थे।

तब अंगद ने कहा कि वह आसानी से समुद्र पार कर सकते हैं , लेकिन जानना चाहते थे कि क्या वह वापस लौट सकते हैं। जाम्बवंत ने अंगद से कहा कि वह समुद्र को कई बार पार कर सकते हैं। हालाँकि , वानरों के सेनापति के लिए यह कार्य करना उचित नहीं है क्योंकि उन्हें इसे सैनिकों को सौंपना चाहिए।
अंगद ने कहा कि यदि मैं समुद्र पार नहीं करूंगा और कोई अन्य वानर पार करने के लिए तैयार नहीं है , तो हमें पुनः मृत्यु की ओर जाना पड़ सकता है , क्योंकि सीता को खोजे बिना किष्किन्धा लौटने पर मैं सुग्रीव से अपने प्राणों की रक्षा की आशा नहीं कर सकता।

जाम्बवंत ने उत्तर दिया- हे विजयी अंगद , सीता को खोजने का तुम्हारा अभियान कभी विफल नहीं होगा ! मैं हमारे बीच एक बहादुर वानर को जानता हूँ और उसे इस अभियान को पूरा करने के लिए प्रेरित करूँगा। वह एकांत स्थान पर अकेले बैठे हनुमान के पास गया और हनुमान से यह कहा : हे वेदों के विद्वान और सुग्रीव या यहाँ तक कि राम और लक्ष्मण के बराबर बुद्धि और मांसपेशियों वाले , तुम कुछ क्यों नहीं कहते ? हनुमान अपनी ताकत , कौशल , प्रतिभा और बहादुरी के लिए जाने जाते थे और सभी वानरों में सबसे अलग थे। फिर भी , समुद्र पार करने में उनकी हिचकिचाहट जाम्बवंत को हैरान कर रही थी।

जाम्बवंत ने हनुमान को उनकी जन्म-कथा इस प्रकार सुनाई। आपकी माता का नाम अंजना है और वह अप्सराओं में सर्वश्रेष्ठ थीं। श्राप के

कारण उन्हें वानर रूप धारण करना पड़ा। उनका जन्म ऋषि कुंजरा से हुआ था और उनका विवाह ऋषि केसरी से हुआ था। एक दिन जब आपके पिता देश भ्रमण पर गए हुए थे , तब आपकी माँ पहाड़ की चोटी पर टहल रही थीं। पवन देवता को आपकी माँ से प्यार हो गया और उन्होंने उन्हें अविश्वसनीय शक्ति और साहस वाले बच्चे का आशीर्वाद दिया और वह आप थे। निराकार वायु देवता ने आपकी माँ के एकपत्नित्व के सिद्धांत का उल्लंघन किए बिना ऐसा किया।

बचपन में आपने उगते हुए सूर्य को एक पका हुआ फल समझा और उसकी ओर उड़ चले। जब आप स्वर्ग पार कर गए तो इंद्र देवता परेशान हो गए और उन्होंने आप पर वज्र फेंका , जिससे आपके बाँएं गाल की हड्डी (संस्कृत में हनुमान) पर चोट लग गई और इसलिए , आप हनुमान के नाम से जाने गए। ऐसा होने से पवन देवता क्रोधित हो गए और रुक गए , जिससे विश्व में दहशत फैल गई। सृष्टिकर्ता ब्रह्मा ने आपको वरदान दिया कि आपका किसी भी अस्त्र से विनाश नहीं हो सकता है , ताकि वायु देवता प्रसन्न हो सकें।

इसके अलावा , इंद्र प्रसन्न हुए कि उनके वज्र ने हनुमान को कोई नुकसान नहीं पहुँचाया और वरदान दिया कि तुम केवल अपनी इच्छा से ही मरोगे , किसी और कारण से नहीं। पवन देवता प्रसन्न हुए और हवा चलने लगी। अतः तुम केसरी के पुत्र और पवन देवता के वंशज हो।

जाम्बवंत ने वानरों की हिम्मत की कमी को देखते हुए और उनकी जड़ता पर सवाल उठाते हुए हनुमान को संबोधित किया। उन्होंने हनुमान को उनकी अद्वितीय गति की याद दिलाई , इसकी तुलना विष्णु द्वारा तीनों लोकों को तेजी से पार करने से की। "यदि समुद्र

पार नहीं किया जाता है तो हमें मृत मान लिया जाएगा और आप हमारे वानरों के लिए सुग्रीव की तरह हैं और सीता को खोजने के लिए समुद्र पार करने में सक्षम हैं। वानर उत्सुकता से आपके समुद्र पार करने की भव्य घटना को देखने के लिए इंतजार कर रहे हैं–इसलिए उठो हनुमान !

पवन देव के पुत्र हनुमान ने जाम्बवंत से प्रेरित होकर अपने शरीर को बहुत बढ़ा लिया।

किंवदंती के अनुसार , बचपन में हनुमान ने सूर्य को फल समझकर उसे छीनने की कोशिश की थी , लेकिन उनकी हरकतों में ऋषियों को चिढ़ाना और उनकी संपत्ति चुराकर उनके अनुष्ठानों में बाधा डालना शामिल था , जिससे कई ऋषि निराश हो गए थे। ब्रह्मा , इंद्र और अन्य देवताओं द्वारा हनुमान को दी गई अजेयता को देखते हुए , ऋषियों ने एक युवा वानर के रूप में उनके भोले स्वभाव को देखते हुए कठोर दंड के खिलाफ फैसला किया। इसके बजाय , उन्होंने उसे अपनी शक्ति भूल जाने के लिए हल्का शाप दिया , जिसे वह केवल दूसरों द्वारा याद दिलाए जाने पर ही याद कर सकता था। शाप के बिना भी उनकी शक्ति रामायण की कथा को महत्वपूर्ण रूप से बदल सकती थी। इसलिए , जाम्बवंत को हनुमान को उनकी शक्ति याद दिलानी पड़ी।

13. सचिन तेंदुलकर: खराब फॉर्म से महानता तक की वापसी

चुनौती:

सचिन तेंदुलकर , जिन्हें अकसर "क्रिकेट के भगवान "के रूप में जाना जाता है , 2000 के दशक की शुरुआत में अपने करियर के संकट में फंस गए थे। खेल पर कई सालों तक राज करने और राष्ट्रीय आइकन बनने के बाद , वे अचानक फॉर्म में गिरावट से जूझ रहे थे। उनका आत्मविश्वास टूट गया था और उनकी खासियत खत्म हो गई थी। उन्हें गेंदबाजों को समझने में दिक्कत हो रही थी , उनकी टाइमिंग सही नहीं थी और वे असामान्य गलतियां कर रहे थे। मीडिया की आलोचना लगातार जारी थी और प्रशंसक धैर्य खो रहे थे। दबाव बहुत ज्यादा था और तेंदुलकर को संदेह होने लगा कि क्या वे अपने पुराने गौरव को वापस पा सकेंगे !

हनुमान की तरह ,जो एक श्राप के कारण अपनी असीम शक्तियों को भूल गए थे , तेंदुलकर भी उस असाधारण प्रतिभा को भूल गए थे , जिसने उन्हें क्रिकेट का दिग्गज बनाया था।

परिवर्तन का बिन्दु:

इस उथल-पुथल भरे दौर में तेंदुलकर के बचपन के कोच रमाकांत आचरेकर हनुमान की कहानी में जाम्बवंत की तरह आशा की किरण बनकर उभरे। आचरेकर तेंदुलकर के शुरुआती दिनों से ही उनके गुरु थे , जिन्होंने उन्हें दुनिया भर में मशहूर क्रिकेट खिलाड़ी बनाया।

अपने शिष्य के संघर्ष को देखते हुए , आचरेकर ने आगे आकर उन्हें उनके पुराने गौरव पर वापस लाने का फैसला किया।

नाटकीय और भावनात्मक मुलाकात में आचरेकर ने तेंदुलकर को उस मैदान पर बुलाया जहाँ से यह सब शुरू हुआ था। अभ्यास नेट के जाने-पहचाने दृश्य और ध्वनियाँ पुरानी यादें ताज़ा करने वाली और विनम्र करने वाली दोनों थीं। जब तेंदुलकर वहाँ खड़े थे तो उनका मन संदेह से भरा हुआ था। आचरेकर की सख्त लेकिन प्यार भरी आवाज़ उलझन को चीरती हुई निकल गई।

"सचिन ,क्या तुम्हें याद है कि हमने यहाँ कितने घंटे बिताए हैं?"- आचरेकर ने कहा। उनकी आवाज़ में अधिकार और स्नेह का मिश्रण था। " तुम वही लड़के हो जिसने गेंदबाजों का निडरता से सामना किया , जिसने तब तक अथक अभ्यास किया जब तक कि पूर्णता ही एकमात्र परिणाम नहीं बन गई। तुम्हारे पास एक चैंपियन की प्रतिभा , कौशल और दिल है। कुछ असफलताओं को अपने निर्णय पर हावी न होने दो। तुम अब भी वही लड़के हो।"

तेंदुलकर की आँखों में आँसू थे। उन्हें पुरानी यादें ताज़ा हो गईं - सुबह-सुबह अभ्यास , लगातार अभ्यास , जीत और हार। उन्हें परफेक्ट कवर ड्राइव मारने की खुशी याद आई, गेंद के बल्ले के स्वीट स्पॉट पर लगने की खुशी। लेकिन उन्हें अपनी हाल की असफलताओं की निराशा , अपने अंदर घुसा हुआ आत्म-संदेह भी याद आया। ठीक हनुमान की तरह , जिन्हें अपनी अविश्वसनीय शक्तियों को याद करने के लिए जाम्बवंत द्वारा याद दिलाने की ज़रूरत थी , तेंदुलकर को अपने भीतर की आग को फिर से जगाने के लिए आचरेकर की ज़रूरत थी।

पुनर्जन्म:

आचरेकर ने तेंदुलकर को एक बल्ला दिया , जो उनकी पिछली जीत और भविष्य की संभावनाओं का प्रतीक था। उन्होंने आग्रह किया , "आओ, मुझे वह सचिन दिखाओ जिसने दुनिया को स्तब्ध कर दिया। "नए दृढ़ संकल्प के साथ , तेंदुलकर ने नेट्स में कदम रखा। उनके द्वारा सामना की गई प्रत्येक गेंद उनकी जड़ों की ओर एक कदम थी , जो उनकी यात्रा और उनके भीतर की ताकत की याद दिलाती थी।

दिन हफ़्तों में बदल गए ,जब आचरेकर की निगरानी में तेंदुलकर ने अपने हुनर को निखारा और अपना आत्मविश्वास फिर से हासिल किया। मीडिया लगातार छानबीन करता रहा और प्रशंसकों का धैर्य जवाब दे गया , लेकिन तेंदुलकर अडिग रहे। वह न केवल खेल में , बल्कि लाखों लोगों के दिलों में अपनी जगह फिर से हासिल करने के मिशन पर थे।

नाटकीय वापसी:

2008 में इंग्लैंड के खिलाफ चेन्नई टेस्ट के दौरान तेंदुलकर की वापसी के लिए मंच तैयार हो गया था। माहौल उत्साहपूर्ण था , उत्सुकता साफ झलक रही थी। जब तेंदुलकर क्रीज पर उतरे तो उम्मीदों का बोझ भारी था , लेकिन वे अपने साथ आचरेकर द्वारा दिया गया अटूट विश्वास लेकर आए थे।

मैच नाटकीय तीव्रता के साथ आगे बढ़ा। दुनिया के कुछ बेहतरीन गेंदबाजों का सामना करते हुए तेंदुलकर ने बल्लेबाजी में मास्टरक्लास का प्रदर्शन किया। उनका हर शॉट उनके पुनः प्राप्त फॉर्म और

आत्मविश्वास का प्रमाण था। दर्शक , जो शुरू में चिंतित थे , उनके द्वारा लगाए गए हर चौके पर खुशी से झूम उठे।

फिर आया निर्णायक क्षण। भारत एक मुश्किल लक्ष्य का पीछा कर रहा था , तेंदुलकर ने डटकर खड़े होकर टीम को जीत की ओर अग्रसर किया। जैसे-जैसे वह अपने शतक के करीब पहुंचे , उत्साह चरम पर पहुंच गया। पूरा स्टेडियम सांस रोके हुए था , जब तेंदुलकर ने एक चतुराईपूर्ण फ्लिक के साथ गेंद को बाउंड्री की ओर भेजा और अपना शतक पूरा किया।

इसके बाद जो शोर हुआ वह कानफोड़ू था। तेंदुलकर ने यह कर दिखाया था। उन्होंने न केवल भारत के लिए मैच जीता था , बल्कि क्रिकेट के इतिहास में सबसे शानदार वापसी भी की थी। जीत और भी मीठी थी क्योंकि उन्होंने अपना शतक मुंबई हमलों के पीड़ितों को समर्पित किया था , एक मार्मिक इशारा जिसने पूरे देश को झकझोर दिया। उनकी वापसी न केवल एक व्यक्तिगत जीत थी , बल्कि देश भर के लाखों क्रिकेट प्रशंसकों के लिए आशा और लचीलेपन का प्रतीक थी।

चिंतन:

सचिन तेंदुलकर की वापसी सिर्फ़ फॉर्म में वापसी से कहीं ज़्यादा थी ; यह लचीलेपन , दृढ़ संकल्प और एक गुरु और उसके शिष्य के बीच अटूट बंधन की कहानी थी। जाम्बवंत की तरह रमाकांत आचरेकर ने भी तेंदुलकर को उनकी असली क्षमता की याद दिलाई थी और उनके भीतर की आग को फिर से जगाया था।

भावना , दृढ़ता और विजय से भरी यह नाटकीय कहानी रामायण में हनुमान की कहानी का सार दर्शाती है। जिस तरह हनुमान को अपनी

शक्तिशाली शक्तियों को याद करने और समुद्र पार करने के लिए जाम्बवंत के प्रोत्साहन की आवश्यकता थी , उसी तरह तेंदुलकर को अपनी महानता को फिर से खोजने और सभी बाधाओं के बावजूद असाधारण उपलब्धियां हासिल करने के लिए आचरेकर के विश्वास और मार्गदर्शन की आवश्यकता थी। हनुमान की तरह , तेंदुलकर की यात्रा आत्म-विश्वास की शक्ति और एक गुरु के मार्गदर्शन के महत्व का प्रमाण थी।

14. हनुमान: आत्म-शक्ति और अदम्य उड़ान का प्रतीक

असाधारण वानर योद्धा हनुमान को विशाल समुद्र पार करने के लिए तैयार होते देख अन्य वानर खुशी से झूम उठे। जब उन्होंने अपने योद्धा को बढ़ते हुए देख तो उनका उत्साह बढ़ गया, उनका शरीर हर पल के साथ खिंचता और फैलता गया। हनुमान, जो पहले से ही एक शक्तिशाली बल थे, वानरों के प्रोत्साहन से शक्ति प्राप्त कर रहे थे।

अपनी पूँछ के जोरदार प्रहार से वह और भी ऊँचे हो गए , उनके रूप से विस्मयकारी ऊर्जा से का संचार हो रहा था। उनका चेहरा जलते हुए अंगारे की तरह चमक रहा था , उनकी आँखें दृढ़ निश्चय से धधक रही थीं। शक्ति के इस अविश्वसनीय प्रदर्शन को देखकर वानर सरदारों ने अपनी स्वीकृति की गर्जना की , उनकी आवाज़ें तट पर गूँज उठीं।

हनुमान वानरों की सभा से उठे , उनके अंदर उत्साह की लहर दौड़ गई जिससे उनके शरीर के हर रोंगटे खड़े हो गए। बड़े वानरों को सम्मानपूर्वक प्रणाम करते हुए उन्होंने अपने फेफड़ों में हवा भरी और अपने इरादों को जबरदस्त बल और दृढ़ विश्वास के साथ गरजकर बताया।

मैं शक्तिशाली वायु देवता की संतान हूँ , जो आकाश पर अपने प्रभुत्व और पर्वतों की चोटियों को चीरने की शक्ति के लिए जाना जाता है। अपने पिता की असाधारण तेज़ी और शक्ति से लैस , मैं उड़ान में

उनके बराबर हूँ। क्या मैं आकाश में अनंत पथों का पता लगाते हुए शक्तिशाली मेरु पर्वत की परिक्रमा करूँ या अपने अंगों की तेज़ शक्ति से पानी को उन्माद में डालते हुए विशाल महासागरों में दौड़ लगाऊँ ? क्या मैं महासागर की गहराई को चुनौती दूँ ? अपने मार्ग के बल से उसके समुद्री निवासियों को तितर-बितर कर दूँ ? या मुझे आकाश में गरुड़ से आगे निकल जाना चाहिए , अपनी गति से सभी को चकित कर देना चाहिए ? मेरी उड़ान सूर्योदय और सूर्यास्त के बीच सूर्य के मार्ग से भी अधिक तीव्र है।

नीचे धरती और ऊपर आसमान की निगाहों के सामने मैं पहाड़ों को पैरों तले कुचल सकता हूँ , अपने जागने भर से महासागरों में हलचल मचा सकता हूँ या अपने पीछे फूल बिखेर सकता हूँ , सितारों की तरह चमकदार निशान छोड़ सकता हूँ। मुझे उत्तर से आकाश में उड़ते हुए , उसके विशाल क्षेत्र को पार करते हुए और दक्षिण से विजयी होकर लौटते हुए देखो। क्या मुझे एक पल में आकाश में प्रवेश कर जाना चाहिए , मेरी गति बिजली की चमक को टक्कर दे रही होगी?

हनुमान ने अपनी आवाज को ऊंचा उठाते हुए सभा में घोषणा की- "अपने विभिन्न अनुभवों और समझ से प्राप्त अंतर्दृष्टि के साथ मुझे विश्वास है कि मैं सीता को ढूंढ लूंगा और उन्हें खुशियां लौटा दूंगा। मैं ब्रह्मा या इंद्र के हाथ से अमृत छीन सकता हूं। जरूरत पड़ने पर मैं समुद्र से लंका के पूरे द्वीप को उखाड़ सकता हूं।

जब उसने इन दुर्जेय पराक्रमों की घोषणा की , तो वानर उसके प्रबल दृढ़ संकल्प और असीम आत्मविश्वास से अभिभूत हुए बिना न रह सके।"

आत्म -पुष्टि का महत्व :

आत्म -पुष्टि मनोवैज्ञानिक उपकरण हैं, जो किसी व्यक्ति के आत्मविश्वास और चुनौतियों का सामना करने की क्षमता को गहराई से प्रभावित कर सकते हैं। एक व्यक्ति मुखर रूप से आत्मविश्वास व्यक्त करके और अपनी क्षमताओं की पुष्टि करके अपनी आत्म - प्रभावकारिता को प्रभावी ढंग से बढ़ा सकता है , जैसे हनुमान अपने महान कार्य को शुरू करने से पहले करते हैं।

इस अभ्यास से प्रेरणा और लचीलापन बढ़ता है , जिससे चिंता पर काबू पाने और कार्य पर ध्यान केंद्रित करने में मदद मिलती है। सकारात्मक कथन व्यक्ति की अपनी क्षमताओं में विश्वास को मजबूत करते हैं , उन्हें बाधाओं से निपटने के लिए मानसिक रूप से तैयार करते हैं , ठीक वैसे ही जैसे कोई एथलीट किसी प्रतियोगिता से पहले सफलता की कल्पना करता है।

आत्म -पुष्टि का उपयोग करना सीखना युवा पाठकों के लिए विशेष रूप से सशक्तिकरण का माध्यम हो सकता है। यह उन्हें कठिनाइयों पर काबू पाने , लक्ष्य हासिल करने और प्रभावशाली जीवन निर्णय लेने में सकारात्मक सोच और आत्म -विश्वास का मूल्य सिखाता है।

तेजस्वी हनुमान ने अपना शरीर बड़ा करके समुद्र लांघने की अपनी क्षमता के बारे में गर्जना की , जिससे अन्य वानरों को आश्चर्य और खुशी हुई , क्योंकि उन्होंने उनके विशाल रूप को देखा। हनुमान की घोषणा सुनकर जिससे उनके रिश्तेदारों का संकट दूर हो गया , छलांग लगाने वालों के राजा जाम्बवंत प्रसन्न हुए और बोले -"केसरी और

पवन-देव के साहसी पुत्र ,आपने अपने रिश्तेदारों को परेशान करने वाले अपार संकटों को मिटा दिया।" आपकी पवित्रता से मोहित होकर वानर नेताओं की सभा एकत्रित हुई थी। उन्होंने आपके लक्ष्य को प्राप्त करने में सहायता करने के लिए ईमानदारी से प्रार्थना की।

आप ऋषियों के ज्ञान , बुजुर्ग वानरों के अनुभव और भविष्यवक्ता गुरुओं की अंतर्दृष्टि से मार्गदर्शन प्राप्त करते हुए विशाल महासागर को पार करेंगे। "हम सभी एक पैर पर खड़े होकर आपके लौटने की प्रतीक्षा कर रहे थे , क्योंकि वानरों का भाग्य आपके हाथों में था।" जाम्बवंत ने हनुमान को अपना आशीर्वाद देते हुए उनसे अपना कार्य शुरू करने का आग्रह किया।

बाघ के समान आचरण के साथ हनुमान ने वन में रहने वाले वानरों को बताया कि कोई भी प्राणी , चाहे वह जीवित हो या निर्जीव ,उनकी छलांग के सामर्थ्य का सामना नहीं कर सकता।

महेंद्र पर्वत पत्थरों और चट्टानों से जगमगा रहा था , इसकी चोटियाँ ऊबड़-खाबड़ और भव्य थीं। पेड़ दूर-दूर तक फैले हुए थे और तरह-तरह के अयस्क रिस रहे थे , जो पहाड़ को एक चमकदार रूप दे रहे थे। इसलिए , महेंद्र पर्वत की चोटियों से मैं अपनी शुरुआती छलांग के लिए गति प्राप्त करता हूँ। "मेरे प्रस्थान से पहले इस बिंदु से सौ योजन तक फैली हुई ये मजबूत चट्टानें मेरी प्रारम्भिक छलांग के बल को सहन करने के लिए निश्चित थीं।"

पवन देव के वंशज और उनके अवतार हनुमान ने ऊंचे महेंद्र पर्वत पर चढ़ाई की। उन्होंने रावण को हराने के इरादे से एक दुर्जेय प्रतिद्वंदी के रूप में पहाड़ की विविध वनस्पतियों को पार किया। हिरणों के

पसंदीदा पहाड़ के घास के मैदान कई फूलों वाले , फलदार पेड़ों और लताओं से घिरे थे। शेर और बाघ खुलेआम घूमते थे , गर्मी में हाथी इस क्षेत्र को पसंद करते थे , पक्षी तेज आवाज से हवा में गूंजते थे और तेज धाराएं जोर से गूंजती थीं।

वीर और पराक्रमी हनुमान , जो दिव्य महेंद्र के समान थे , ने एक ऊंचे पहाड़ की ऊंची चोटियों को पार किया। जब हनुमान की मजबूत भुजाओं और पैरों से इसे दबाया गया तो ऊंचे पहाड़ से तुरही जैसी आवाज निकली, जो शेर के पंजे से मारे गए हाथी की याद दिलाती थी। दूर-दूर तक पत्थर बिखरे पड़े थे , जानवर और हाथी डरे हुए थे और बड़े-बड़े पेड़ हिल रहे थे।

हनुमान के जोरदार कदमों के कारण पहाड़ की धाराएँ और झरने फूट पड़े। अनगिनत गंधर्व युगल और विद्याधर समूह , जो कभी पहाड़ पर मौज-मस्ती और नशे में धुत्त थे , ने इसकी खड़ी चट्टानों को छोड़ दिया। पक्षी उड़ गए , सांप पीछे हट गए और हनुमान के हर कदम के साथ पहाड़ की चोटियों से पत्थर गिरने लगे , जिससे विशाल पहाड़ बंजर हो गया। सांप अपने गड्ढों से बाहर निकल आए फन लहरा रहे थे और फुफकार रहे थे, जिससे महेंद्र पर्वत फहराती झंडियों से सजी एक चमकती हुई चोटी जैसा लग रहा था। ऋषियों ने ऊंचे पहाड़ को छोड़ दिया था , इसे घने जंगल में एकांत और अकेला छोड़ दिया था , जो साथियों द्वारा छोड़े गए एक मुरझाए हुए यात्री जैसा था।

हनुमान ने राम और वानरों के लिए एक असंभव अभियान पर जाने का संकल्प लिया था , जिसका उद्देश्य विशाल महासागर को पार करना था। एक पर्वत की तरह उन्होंने अपनी अयाल हिलाई , अपने शरीर को हिलाया और एक भयंकर गर्जना की। उड़ान भरने की तैयारी

करते हुए हनुमान ने एक चक्राकार फंदे के रूप में मुड़ी हुई और फर से लदी हुई अपनी पूंछ को हिलाया , जो पक्षीराज गरुड़ की नकल कर रही थी , जो एक सांप पर झपटता है।

वानरों में सर्वोच्च और वानरों में हाथी के समान स्वरूप वाले दुर्जेय हनुमान ने अपने पैरों को फैलाया , कान हिलाए और अपने साथियों के समक्ष घोषणा की कि वे राम के बाण की तीव्रता के साथ रावण द्वारा शासित लंका पर शीघ्रता से पहुंचेंगे।

उन्होंने प्रतिज्ञा की कि यदि वे लंका में सीता को खोजने में विफल रहे तो वे स्वर्गलोक पर धावा बोल देंगे। उन्होंने वादा किया कि यदि सीता वहां नहीं मिली तो वे रावण को बिना किसी प्रयास के बाँध लेंगे। हनुमान ने सीता के साथ विजयी होकर लौटने या लंका और रावण को बलपूर्वक हड़पने की शपथ ली। उन्होंने सूर्य , इंद्र , सृष्टिकर्ता ब्रह्मा और उन सभी जीवों से प्रार्थना की जो उनकी उड़ान से प्रभावित हो सकते थे। उन्होंने पूर्व की ओर मुड़कर अपने पिता , पवन देव को प्रणाम किया और उड़ान भरने के लिए तैयार हो गए।

वीर हनुमान , जो वानरों के बीच शत्रुओं का दमन करने वाले के रूप में प्रसिद्ध थे , ने अपने आवेगों पर नियंत्रण किया और स्थिर एवं दृढ़ गति से लंका की ओर प्रस्थान किया।

हनुमान ने अपनी उड़ान में फूलों से लदे पेड़ों और पक्षियों को अपने पैरों की ताकत से उड़ा दिया। ये पेड़ , जो क्षण भर के लिए उनके पीछे फंस गए , यात्रा पर निकले प्रियजनों का पीछा करते हुए परिवार के सदस्यों के दृश्य को दर्शाते हैं।

हनुमान की गति की शक्ति ने कई विशाल वृक्षों को उखाड़ दिया , जो उनके पीछे शाही जुलूस की तरह चल रहे थे। उनके विकराल रूप ने फूलों के वृक्षों से घिरे एक पर्वत की एक अद्भुत छवि बनाई। समय के साथ , हनुमान की विकराल उपस्थिति से अभिभूत होकर ये विशाल वृक्ष समुद्र की गहराई में समा गए।

रंग-बिरंगी वनस्पतियों से सजे बादल की तरह हनुमान जुगनुओं से जगमगाते पहाड़ की तरह दिखाई दे रहे थे। उनकी तेज चाल से प्रेरित होकर पेड़ अपने फूल छोड़ कर पानी में उतर गए , मानो दोस्त विदा लेकर जा रहे हों।

हनुमान के मार्ग से बहने वाली हवाओं के कारण समुद्र में रंग-बिरंगे फूलों की झड़ी लग गई , जिससे समुद्र में चमक आ गई , मानो तारों से जगमगा रहा हो। फूलों के मिश्रण से सजे अपने शरीर के साथ हनुमान आसमान में चमक रहे थे , जिससे बिजली की चमक कौंध रही थी।

हनुमान आकाश में उड़ते हुए उत्तर दिशा से तेज़ी से उड़ते उल्कापिंड की तरह दिखाई दिए। अपनी तेज़ उड़ान के लिए मशहूर प्रमुख वानर आकाश में चढ़ गए , उनकी छाती पहाड़ों जैसी विशाल लहरों को चीरती हुई निकल गई। हनुमान ने समुद्र के पानी के बड़े-बड़े हिस्सों को ऊपर खींचते हुए आकाश को पार किया , मानो उन्हें हवा में फेंक रहे हों। गरुड़ (दिव्य बाज) की तरह दिखने वाले हनुमान वायुदेव की भांति बादलों की एक रेखा को खींचते हुए आकाश में उड़ गए।

हनुमान द्वारा समुद्र पार करने की कहानी आंतरिक शक्ति , आत्मविश्वास और साहस का एक गहरा प्रमाण है। रावण के विपरीत ,

जो एक उन्नत विमान पर निर्भर था , हनुमान की यात्रा प्राकृतिक शक्ति और दृढ़ संकल्प पर आधारित थी।

हनुमान की प्रतिबद्धता और आत्मनिर्भरता ने उनकी असाधारण क्षमताओं को उजागर किया और उनकी यात्रा को आंतरिक शक्ति और दृढ़ता के माध्यम से चुनौतियों पर विजय पाने के एक सराहनीय और भरोसेमंद उदाहरण के रूप में स्थापित किया। कई हनुमानों ने अपनी आंतरिक शक्तियों और साहस का उपयोग करके मानव जीवन की दिशा को बेहतर बनाया है , जिससे उनकी कहानी अमर और प्रेरणादायक बन गई है।

गंधर्व हिंदू , बौद्ध और जैन संस्कृतियों की लोककथाओं में पाए जाने वाले पौराणिक पात्र हैं , जो अपनी संगीत प्रतिभा और अलौकिक सुंदरता के लिए प्रसिद्ध हैं। इन दिव्य प्राणियों को अकसर स्वर्गलोक के संगीतकारों और नर्तकियों के रूप में चित्रित किया जाता है जो स्वर्गलोक और पृथ्वीलोक के बीच यात्रा करने में सक्षम हैं। उनकी भूमिकाओं में अकसर देवताओं और मनुष्यों के बीच मध्यस्थ के रूप में कार्य करना शामिल होता है ,जबकि माना जाता है कि उनकी कलात्मक क्षमता ब्रह्मांड को सद्भाव और सुंदरता से भर देती है। गंधर्व प्रकृति से भी जुड़े हुए हैं , जो आकाश , जंगल और प्राकृतिक तत्वों के सार को मूर्त रूप देते हैं ,अकसर कहानियों में उनके मनमोहक संगीत और आध्यात्मिक दुनिया से जुड़ाव को उजागर किया जाता है।

विद्याधर हिंदू और बौद्ध परंपराओं के रहस्यमय प्राणी हैं ,जिन्हें गुप्त ज्ञान और रहस्यमय क्षमताओं में महारत हासिल करने के लिए जाना जाता है। वे पृथ्वी और समुद्र के नीचे छिपे खजानों के दिव्य संरक्षक

की भूमिका निभाते हैं। अपनी उड़ान भरने की क्षमता के लिए प्रसिद्ध विद्याधरों को युवा और आकर्षक व्यक्तित्व के रूप में दर्शाया जाता है। माना जाता है कि ये प्राणी शानदार हवाई शहरों या पहाड़ों की चोटी पर रहते हैं , जहाँ वे ध्यान और योग जैसी गहन आध्यात्मिक प्रथाओं में संलग्न रहते हैं। उन्हें अकसर परोपकारी व्यक्तित्वों के रूप में चित्रित किया जाता है , जो सदाचारियों की सहायता करते हैं और कभी -कभी स्वर्गिक कथाओं में भूमिका निभाते हैं ,जो ब्रह्मांडीय व्यवस्था में उनकी अभिन्न उपस्थिति को उजागर करती है।

इक्ष्वाकु वंश के राम के पूर्वज सागर ने भागीरथ की गहन तपस्या के कारण गंगा को स्वर्ग से पृथ्वी पर लाने में महत्वपूर्ण भूमिका निभाई थी। परिणामस्वरूप , राजा सगर के नाम पर संस्कृत में महासागर का नाम "सागर " रखा गया। इसकी उत्पत्ति पर विचार करते हुए , दक्षिणी महासागर , जिसे सागर द्वारा निर्मित माना जाता है , ने राम के दूत हनुमान की सहायता करना अपना कर्तव्य समझा। इसने राक्षसों को विफल करने के लिए इंद्र द्वारा महासागर में स्थापित मैनाक पर्वत को सतह पर लाने और हनुमान को विश्राम स्थल प्रदान करने के लिए राजी किया , इस कार्य को राम के लिए एक महान सेवा माना।

सहायता करने के लिए प्रसन्न मैनाक पर्वत जल से ऊपर उठ गया , जिससे हनुमान को राहत मिली। इसे बाधा के रूप में गलत तरीके से समझने के कारण हनुमान आश्चर्यचकित हो गए जब मैनाक ने मानव रूप धारण करके उन्हें आराम करने के लिए गर्मजोशी से आमंत्रित किया। इससे उनकी यात्रा और पारस्परिक सेवा की परंपरा का महत्व उजागर हुआ , विशेष रूप से राम के वंश से जुड़ी परंपराएँ।

मैनाक के इस व्यवहार को स्वीकार करते हुए , लेकिन कर्तव्य और समय की नज़ाकत को देखते हुए , हनुमान ने कुछ देर रुकने के बाद सम्मानपूर्वक प्रस्ताव को अस्वीकार कर दिया , आतिथ्य के लिए आभार व्यक्त किया , लेकिन अपने उद्देश्य के प्रति अपनी प्रतिबद्धता पर ज़ोर दिया। उन्होंने पहाड़ को विनम्रतापूर्वक छूकर अपनी उड़ान फिर से शुरू की , अपने दायित्वों के प्रति समर्पण और सम्मान को दर्शाते हुए। पर्वत और विशाल सागर को पीछे छोड़कर हनुमान अपने पिता के मार्ग जेट प्रवाह का अनुसरण करते हुए स्वच्छ आकाश में ऊपर चले गए।

देवताओं ने गंधर्वों , सिद्धों और महान ऋषियों के साथ मिलकर सूर्य के समान तेजस्वी नागों की माता सुरसा को संबोधित किया था। उन्होंने उसे विशाल मुख वाली राक्षसी का रूप धारण करके पवन देव के प्रतिष्ठित पुत्र हनुमान की परीक्षा लेने का काम सौंपा था , जब वे समुद्र पार कर रहे थे।

सुरसा ने राक्षसी वेश धारण कर हनुमान के मार्ग को अवरुद्ध किया और घोषणा की कि देवताओं के आदेशानुसार उसकी नियति हनुमान को निगलना है। हनुमान ने सीता को खोजने के अभियान को पूरा करने के बाद उनके पास लौटने की कसम खाई। सुरसा ने ब्रह्मा से मिले वरदान का हवाला देते हुए जोर देकर कहा कि हनुमान को आगे बढ़ने से पहले उसे संतुष्ट करना होगा और खुद को बड़ा करना शुरू कर दिया।

हनुमान ने अपना आकार काफी बढ़ा लिया , फिर भी सुरसा उनसे बड़ी हो गई। सुरसा की और भी बड़ी होने की क्षमता को समझते हुए , हनुमान ने खुद को अंगूठे के आकार तक छोटा कर लिया और उसके

मुंह में घुसकर बाहर निकल गए। इस प्रकार उसके वरदान का सम्मान किया। फिर उन्होंने सुरसा को सीता को खोजने के लिए अपनी चल रही खोज के बारे में बताया और अपनी उड़ान फिर से शुरू कर दी। सुरसा ने अपने वरदान की पूर्ति को पहचानते हुए उसे आशीर्वाद दिया और राम और सीता के पुनर्मिलन की कामना की।

राक्षसी सिंहिका , जो इच्छानुसार रूप बदल सकती थी , ने हनुमान को ऊपर उड़ते हुए देखा और बिना शिकार के लंबे समय के बाद उन्हें अपने भोजन के लिए पकड़ने का फैसला किया। वह उसे अपनी ओर खींचने में कामयाब रही , जैसे एक नाव तेज़ हवाओं के विरुद्ध संघर्ष कर रही हो। हनुमान ने तब समुद्र से एक विशालकाय प्राणी को ऊपर उठते देखा , जिसे उन्होंने सुग्रीव द्वारा बताए गए खतरनाक प्राणी के रूप में पहचाना।

सिंहिका अपने भयानक रूप और अपार शक्ति के साथ हनुमान की ओर बढ़ी। हनुमान ने उसका विशाल मुंह देखा , जो उन्हें निगलने के लिए काफी बड़ा था और उसके आंतरिक अंग भी।

हनुमान ने अपनी महान शक्ति और गति का प्रदर्शन करते हुए अपना आकार छोटा कर लिया , उसके मुंह में प्रवेश किया और अपने तीखे पंजों से उसे बुरी तरह घायल कर दिया। वे जल्दी से बाहर निकले और सिंहिका का वध करके अपनी असाधारण क्षमताओं का परिचय दिया।

देवताओं ने हनुमान की जीत की प्रशंसा की और कहा कि उनकी बहादुरी , दूरदर्शिता , बुद्धिमत्ता और कौशल वाले किसी भी व्यक्ति

को सफलता मिलना तय है। उनकी प्रशंसा पाकर हनुमान अपनी यात्रा पर आगे बढ़े और वे तेज गति वाले गरुड़ की तरह दिखने लगे।

अपने गंतव्य के निकट पहुँचते हुए हनुमान ने पेड़ों से भरे हरे-भरे परिदृश्य और सुंदर मलय क्षेत्र को देखा। अपने विशाल रूप और गति के बारे में राक्षसों की जिज्ञासा को भांपते हुए उन्होंने आत्म-साक्षात्कार और वैराग्य को मूर्त रूप देते हुए एक अधिक छोटे आकार में स्वयं को सिकोड़ लिया।

विभिन्न रूपों में निपुण और युद्ध में अजेय हनुमान जब विपरीत तट पर पहुंचे तो उन्होंने आत्मविश्वास के साथ अपना वास्तविक रूप धारण कर लिया और अपने अभियान पर ध्यान केंद्रित किया।

पर्वत की चोटी से हनुमान ने लंका नगरी को देखा , जो इंद्र की राजधानी अमरावती से मिलती-जुलती थी।

15. कमल मीटल का योगदान: प्रदूषण से मुक्ति का सरल समाधान

चुनौती:

1990 के दशक के अंत में , भारत की नई दिल्ली प्रदूषण संकट से घिर गई थी। औद्योगिक उत्सर्जन , वाहनों से निकलने वाले धुएं और अन्य प्रदूषकों के कारण शहर की वायु गुणवत्ता तेज़ी से खराब हो गई। PM2.5 का स्तर , एक प्रकार का सूक्ष्म कण पदार्थ जो फेफड़ों में प्रवेश कर सकता है , अकसर 300 माइक्रोग्राम प्रति घन मीटर से अधिक हो जाता था। यह विश्व स्वास्थ्य संगठन (WHO) की सुरक्षित सीमा 25 माइक्रोग्राम प्रति घन मीटर से 12 गुना अधिक था। स्थिति भयावह थी , जैसे हनुमान को सीता को खोजने के लिए विशाल समुद्र पार करना था।

परिवर्तन का बिन्दु :

इस संकट के बीच , पर्यावरण कार्यकर्ता और व्यवसायी कमल मीटल ने एक क्रांतिकारी समाधान के साथ कदम आगे बढ़ाया। पारंपरिक भारतीय प्रथाओं से प्रेरणा लेते हुए और आधुनिक वैज्ञानिक अनुसंधान द्वारा समर्थित , मीटल ने प्रस्तावित किया कि बेहतर इनडोर वायु गुणवत्ता की यात्रा घरेलू पौधों जैसी सरल चीज़ से शुरू हो सकती है।

उन्होंने तीन खास पौधों की पहचान की :एरेका पाम , मदर-इन-लॉ टंग (स्नेक प्लांट) और मनी प्लांट। जब इन पौधों को एक साथ इस्तेमाल किया जाता है , तो ये पौधे घर के अंदर की हवा को प्रभावी ढंग से शुद्ध कर सकते हैं।

पुनर्जन्म:

मीटल का तरीका सुरसा और सिंहिका के विरुद्ध हनुमान की रणनीति से मिलता-जुलता था। जिस तरह हनुमान सुरसा के मुंह से निकलने के लिए अंगूठे के आकार के वानर बन गए थे और उसके वरदान को पूरा करने के लिए चतुराई से अंदर घुसे और बाहर निकले , उसी तरह मीटल ने एक बड़ी समस्या के लिए एक छोटा , सरल समाधान अपनाया।

उन्होंने हवा को शुद्ध करने और फ़िल्टर करने के लिए घरों , दफ़्तरों और सार्वजनिक स्थानों पर इन पौधों को लगाने की सलाह दी। एरेका पाम दिन में CO_2 को ऑक्सीजन में बदलने का काम करेगा , मदर-इन-लॉ टंग रात में यही काम करेगा और मनी प्लांट हवा से विषाक्त पदार्थों को हटाएगा। उन्होंने इस योजना को नई दिल्ली में अपने कार्यालय भवन , पहाड़पुर बिजनेस सेंटर में लागू किया।

शुरुआती संदेहों के बावजूद , मीटल के हस्तक्षेप से उल्लेखनीय परिणाम सामने आए। उनकी इमारत में हवा की गुणवत्ता में उल्लेखनीय सुधार हुआ , फॉर्मेल्डिहाइड और बेंजीन सहित इनडोर प्रदूषण के स्तर में 50 % से अधिक की गिरावट आई। कर्मचारियों ने श्वसन संबंधी समस्याओं में 42% की कमी , सिरदर्द में 34% की कमी और उत्पादकता में 20% की वृद्धि की सूचना दी।

यह सफलता हनुमान की सिंहिका पर विजय की याद दिलाती है , जहां उन्होंने अपने तीखे पंजों का उपयोग करके राक्षसी को अंदर से घातक रूप से घायल कर दिया था , जिससे यह साबित हो गया कि छोटे , सटीक कार्यों से बड़ी चुनौतियों पर विजय पाई जा सकती है।

नाटकीय वापसी:

मीटल की सफलता की कहानी फैलनी शुरू हुई , जो भारतीय सरकार और अंतर्राष्ट्रीय संगठनों तक पहुँची। लेकिन यह जमीनी स्तर का आंदोलन था जिसने वास्तव में बदलाव लाया। जन-जागरूकता अभियानों ने लोगों को वायु-शोधन के लिए इनडोर पौधों को अपनाने के लिए प्रोत्साहित किया। इस सामूहिक कार्रवाई ने अधिक महत्वपूर्ण सरकारी पहलों के साथ विभिन्न इनडोर वातावरणों में वायु गुणवत्ता में उल्लेखनीय सुधार किया।

जिस तरह हनुमान ने अपनी यात्रा के दौरान विभिन्न बाधाओं को पार करने के लिए अपने आकार और रणनीति को अनुकूलित किया ,उसी तरह मीटल के छोटे पैमाने के हस्तक्षेप ने व्यापक पर्यावरणीय प्रयासों के साथ प्रभावी ढंग से काम किया। इन तरीकों को मिलाकर दिल्ली में इनडोर वायु गुणवत्ता में काफी सुधार हुआ। अध्ययनों के अनुसार , इन पौधों को इनडोर स्थानों में शामिल करने से छह महीने के भीतर वायु प्रदूषण में 60% तक की कमी आ सकती है , जो छोटे , रणनीतिक कार्यों की शक्ति का प्रमाण है।

चिंतन :

कमल मीटल का अभिनव दृष्टिकोण दर्शाता है कि सबसे सरल समाधान कभी-कभी जटिल समस्याओं का भी समाधान कर सकते हैं।

हनुमान द्वारा सुरसा और सिंहिका पर विजय पाने के लिए आकार और रणनीति का चतुराई से उपयोग करने की तरह , मीटल द्वारा वायु प्रदूषण से निपटने के लिए आम घरेलू पौधों का उपयोग करना नवाचार और छोटे , रणनीतिक कार्यों की शक्ति को उजागर करता है। यह कहानी इस बात को रेखांकित करती है कि सूक्ष्मता और बुद्धिमानी से सोचने से कई स्थितियों में महत्वपूर्ण , स्थायी प्रभाव पड़ सकते हैं।

मीटल की कहानी में हनुमान की अपने विरोधियों के खिलाफ़ चतुराईपूर्ण रणनीति को शामिल करके हम एक स्पष्ट समानता देखते हैं :दोनों नायकों ने बड़ी चुनौतियों से निपटने के लिए चतुराईपूर्ण , सटीक तरीकों का इस्तेमाल किया , जिससे यह साबित हुआ कि हर समस्या के लिए बड़े समाधान की ज़रूरत नहीं होती। इसके बजाय सही छोटा समाधान उतना ही या उससे ज़्यादा प्रभावी हो सकता है।

16. लंका की चकाचौंध: समृद्धि और रहस्यों का अद्वितीय साम्राज्य

हनुमान ने पहाड़ की चोटी से इस दृश्य को देखा। उसके नीचे विभिन्न प्रकार के पौधों से भरा परिदृश्य फैला हुआ था। वहाँ देवदार के पेड़ , कर्निकर , फलों से लदे खजूर , प्रियल , नींबू के पेड़ ,अरबी चमेली , सुगंधित , लंबी मिर्च के पेड़ , कदंब , सात पत्तों वाले केले के पेड़ , आसन , कोविदरस और फूलों से लदे करवीरस थे।

कुछ पेड़ अपने फूलों के भार से झुके हुए थे , जबकि पक्षी शाखाओं के बीच चहचहा रहे थे , जिससे नाज़ुक फूल परेशान हो रहे थे। हवा पत्तियों को हिला रही थी और हनुमान ने दूर-दूर तक कुएँ और जीवंतता से भरे हुए आनंद उपवन देखे। चारों ओर सुंदर बगीचे और तालाब थे , जो हंसों और बत्तखों से भरे हुए थे और पहाड़ की चोटी पर सफेद इमारतों वाला शहर आसमान में एक शहर जैसा लग रहा था।

उन्होंने एक ऐसा शहर देखा जो पानी से घिरा हुआ था और जिसकी रक्षा हाथों में काँटों और गोले लिए हुए डरावने दिखने वाले राक्षसों द्वारा की जा रही थी। हनुमान ने सोचा कि सबसे अच्छे वानर या देवता भी युद्ध में रावण को नहीं हरा सकते , जिसने विशाल किलेबंदी और सुरक्षा का निर्माण किया था। उन्होंने आगे यह भी माना कि अगर राम समुद्र पार भी कर लें तो भी वे रावण को कैसे हरा सकते हैं? क्योंकि राक्षस प्रलोभन , उपहार , संघर्ष या युद्ध से नहीं जीते जा सकते , क्योंकि उनके पास दुनिया की सारी सुविधाएँ मौजूद

हैं। दूसरे विचार में हनुमान ने सीता की खोज पर ध्यान केंद्रित करने और बाद में रावण को हराने के बारे में सोचने का फैसला किया।

उन्होंने सोचा कि किस रूप में लंका में प्रवेश करना चाहिए , ताकि शहर के राक्षस रक्षकों को संदेह न हो और वे आसानी से सीता की खोज कर सकें। उन्होंने अपना रूप बिल्ली के आकार का बना लिया , तेजी से उड़े , नगर की दीवार फांदी , शाम ढलने के बाद लंका में प्रवेश किया और राक्षसों के विनाश का संकेत देने के लिए अपना बाँया पैर आगे रखा (भारतीय संस्कृति में बाँया पैर आगे रखना अशुभ माना जाता है)।

हनुमान ने सात से आठ मंजिल ऊंची इमारतें देखीं , जो सुनहरे रंग की थीं और स्फटिकों से जड़ी हुई थीं। लहसुनिया , पन्ना जैसे कीमती-रत्नों से हवेलियाँ सजी हुई थीं। हाथियों द्वारा संरक्षित शहर के सुनहरे मेहराबों से विभिन्न रंगों के पैटर्न निकल रहे थे। हनुमान नगर के युद्ध में नष्ट या कब्ज़ा होने की बात सोचकर दुःखी थे लेकिन जल्द ही सीता से मिलने की ख़ुशी भी महसूस कर रहे थे। चाँद आसमान में सफ़ेद दूधिया रोशनी के साथ उग आया मानो सीता की खोज का मार्गदर्शन कर रहा हो।

लंका नगर की रक्षक ने हनुमान को नगर में प्रवेश करते देखा , विशाल शरीर के साथ उनके सामने खड़ी हो गई और उनसे पूछा कि नगर में प्रवेश करने का उनका उद्देश्य क्या है , जिसकी रक्षा वीर राक्षस कर रहे हैं? हनुमान ने पूछा कि वह उन्हें क्यों रोक रही है? उसने कहा कि मैं सभी दिशाओं से लंका की रक्षक हूँ और मुझे बताओ कि लंका में प्रवेश करने का आपका क्या इरादा है? हनुमान ने उत्तर दिया कि सुरक्षा करने वाली दीवारें, मेहराब , भव्य महल , उद्यान

और जंगल देखने के लिए उत्सुक हूँ और इस उद्देश्य से अपने शरीर को एक पहाड़ के आकार का बना लिया।

उसने कहा कि पहले उसे हराए बिना शहर में घूमना संभव नहीं है। हनुमान ने कहा कि मैं शहर का दौरा करने के बाद वहीं लौट जाऊंगा जहां से आया हूं। तब लंका ने युद्ध की हुंकार लगाई और उस पर हमला किया। गुस्से में हनुमान ने लंका पर अपनी बाँई मुट्ठी से प्रहार किया और उसे नीचे गिरा दिया , लेकिन उन्होंने दया और करुणा दिखाई कि वह एक स्त्री थी।

लंका ने हाथ जोड़कर हनुमान से कहा कि वह उनसे हार गई है और कहा कि सृष्टिकर्ता भगवान ब्रह्मा ने एक बार उससे कहा था कि लंका की शानदार नगरी का पतन उसी दिन शुरू हो जाएगा जिस दिन वह वानर से हार जाएगी। वह राक्षसों (राक्षसों) के भविष्य को लेकर उदास थी। उसने आगे कहा कि यह राक्षसों के राजा रावण के दुष्ट कृत्य - दिव्य सीता के अपहरण के कारण हुआ। लंका ने हनुमान से कहा कि वह लंका की पवित्र नगरी में स्वतंत्र रूप से घूमें और हर जगह सीता की खोज करें।

हनुमान ने पाया कि शहर की हवेलियाँ खुशियों से भरी हुई हैं। शाम ढलने के बाद धीमी , मध्यम और ऊँची आवाज़ में कई तरह के संगीत बजाए गए। हवेलियों की खिड़कियाँ चमकीले हीरों से सजी हुई थीं। वह एक हवेलियों से दूसरी हवेलियों में कूदता रहा , जिनमें से हर एक की वास्तुकला अनूठी थी और कमल जैसी आकृतियाँ थीं। इस प्रक्रिया में उसने राजसी महिलाओं के कमर के चारों ओर पहने जाने वाले आभूषणों की झनकार , सीढ़ियों पर कदमों की आवाज़ और राक्षसों द्वारा खुशी से तालियाँ बजाने की आवाज़ सुनी।

उन्होंने राक्षसों के मंत्रोच्चार भी सुने , जो अपने सिर पर जटाएं बांधे हुए थे , सिर मुंडाए हुए थे। कुछ ने गाय की खाल और अन्य कपड़े पहने हुए थे तथा कुछ लोग घरों में वेदों का अध्ययन करते हुए अनुष्ठानिक अग्नि लेकर चल रहे थे।

उन्होंने देखा कि पुष्प मालाओं से सुसज्जित श्रेष्ठ आभूषण पहने और सुगंधित चंदन का लेप लगाए पुरुष और महिलाएं लंका की सड़कों पर स्वतंत्रतापूर्वक घूम रहे थे , जो आज विश्व के श्रेष्ठतम शहरों की रात्रिकालीन जीवनशैली के समान थी।

उसने देखा कि लाखों की संख्या में राक्षस सेना शाही राजमार्ग और नगर के चौराहे की रखवाली कर रही थी। उसने पहाड़ की चोटी पर सुनहरे दरवाजों और कमल के तालाबों से युक्त रावण की प्रसिद्ध हवेली देखी और उसका अवलोकन किया

इस प्रकार , हनुमान रावण के नगर के हृदय में प्रवेश कर गए , जो सोने की चमक से जगमगा रहा था। केंद्रीय प्रांगण असाधारण मूल्य के मोती और हीरे जैसे कीमती रत्नों से जगमगा रहा था , जबकि हवा में चंदन और बेहतरीन शैवाल की नाजुक खुशबू थी।

चाँद आसमान के बीच में उग आया और गायों के बीच में बैल की तरह चमकने लगा। जैसे-जैसे चाँद ऊपर चढ़ा , उसकी अलौकिक रोशनी ने हिंसा और निराशा की छाया को खत्म कर दिया। एक बार दुःख से भरी शाम , एक चमकदार आलिंगन में पुनर्जन्म लेती हुई , परेशान आत्माओं को सांत्वना देती हुई।

तारों की मधुर ध्वनियाँ रात को क्षणिक शांति प्रदान करती थीं। जब पवित्र स्त्रियाँ अपने पति के साथ स्वप्न देखती थीं , तो विचित्र चेहरे और बुरी नीयत वाले प्राणी उभर आते थे।

हनुमान ने देखा कि धनवानों के घर गर्मी और धन से भरे हुए थे , स्त्रियाँ शरीर पर चंदन का लेप लगाने जैसी क्रियाएं कर रही थीं , कुछ स्त्रियाँ वहाँ सो रही थीं तथा अच्छे चरित्र और रूप वाले पुरुष थे।

हनुमान ने रात के बीचों-बीच अपने प्रेमियों से गले मिलती हुई दीप्तिमान और शर्मीली स्त्रियों को देखा। कुछ स्त्रियाँ जोश से भरी हुई थीं और कुछ फूलों और पक्षियों की तरह लिपटी हुई थीं। हनुमान ने देखा कि स्त्रियाँ अपने भवनों के ऊपर बैठी हुई थीं। कुछ अपने प्रेमियों की गोद में आराम से बैठी हुई थीं ; कुछ सदाचार में लीन अलग-थलग थीं। कुछ भावुक प्रेम की आग में जलती हुई लग रही थीं।

वानर योद्धा ने उल्लास , कामना और खुशी देखी। प्रेमी गले मिले , सुंदरता खिल उठी और घर महिलाओं की खुशी से भर गए।

हनुमान को सीता नहीं मिली , जो अविश्वसनीय सुंदरता और शाही वंश की महिला थीं। वह गुणी , खिली हुई बेल की तरह सुंदर ,दुबली-पतली और सृष्टिकर्ता के मन से पैदा हुई आत्मा थीं। हनुमान ने सीता को नहीं देखा था , जो प्राचीन धर्म के मार्ग पर अडिग रहते हुए श्री राम पर अपनी निगाहें टिकाए थीं। श्री राम के प्रति अपने प्रेम से अभिभूत होकर वह उनके गौरवशाली मन में प्रवेश कर गई थीं , हमेशा के लिए सबसे अच्छी महिलाओं में सर्वश्रेष्ठ के रूप में।

दुःख से अंधे हनुमान क्षण भर के लिए स्तब्ध हो गए और वे सबसे महान पुरुषों में से एक श्री राम की पत्नी सीता को खोजने में असमर्थ हो गए। उन्होंने सीता की खोज जारी रखी। रावण के राजाओं ,जैसे-प्रहस्त (रावण की सेना के सेनापति), कुंभकर्ण (रावण का भाई), इंद्रजीत (रावण का पुत्र) और विभीषण (रावण का सौतेला भाई), शुक (मंत्री) के एक भवन से दूसरे भवन में कूदते हुए और अंत में रावण के चांदी और सोने के तोरणों वाले भवन में पहुँचे। हाथी सवार , योद्धा , अथक पुरुष , कुशल संचालक , शक्तिशाली घोड़े और सारथी रावण के भवन में उपस्थित थे ।

यह घर चारों ओर हज़ारों तरह के सुंदर जानवरों और पक्षियों से भरा हुआ था। अच्छी तरह से प्रशिक्षित राक्षस घर के अंदरूनी हिस्से की रक्षा करते थे , जो दुनिया भर की बेहतरीन महिलाओं से भरा हुआ था और महिलाओं के गहनों की खनक समुद्र की लहरों की तरह लग रही थी।

वह रावण के करीबी लोगों द्वारा जमा की गई संपत्ति को देखकर आश्चर्यचकित थे। हनुमान ने रावण के निवास के भीतर वैभव का नजारा देखा : जटिल रूप से तैयार की गई पालकियाँ , मनमोहक कुंजियाँ , कला से भरी दीर्घाएँ और लकड़ी के पहाड़ों से सजे आनंद गृह। उन्होंने यहाँ तक कि वासना को समर्पित घरों और एक शानदार दैनिक कक्ष की भी जासूसी की।

हनुमान एक भव्य घर में दाखिल हुए , जिसकी हवा में मधु-मंदिरा की महक थी। रत्न-जड़ित बर्तन चमक रहे थे और विशाल आवास कुबेर (धन के देवता) की तरह , झनझनाते आभूषणों और ढोल की थाप से गूंज रहा था। महलों के चारों ओर फैले विशाल आंगन सुंदर महिलाओं से भरे थे। वह रावण के घर को पृथ्वी पर स्वर्ग मानता था।

हनुमान को एक जटिल रूप से तैयार किया गया विमान (पुष्पक) मिला, जो लंबी दूरी तक उड़ सकता था। यह सोने और चांदी से मढ़ा हुआ था और कीमती-रत्नों एवं बेहतरीन कलाकृतियों से जड़ा हुआ था। पुष्पक को शुरू में सृष्टिकर्ता भगवान ब्रह्मा के लिए दिव्य वास्तुकार विश्वकर्मा द्वारा तैयार और विकसित किया गया था। कुबेर ने इसे ब्रह्मा से घोर तपस्या करके प्राप्त किया था। रावण ने कुबेर को हराया और उससे पुष्पक और लंका छीन ली। यह उन दिनों अमेरिकी राष्ट्रपतियों की एयर फ़ोर्स वन की तरह था।

17. हनुमान का आत्मसंघर्ष: निराशा से निश्चय तक का सफर

हनुमान , जो पराक्रमी और धर्मात्मा थे , भारी मन से लंका का सर्वेक्षण कर रहे थे। उनके अनुशासित मन ने कई मार्गों पर विचार किया था ; उनकी चौकस निगाहों ने नगर का निरीक्षण किया था , फिर भी सीता अदृश्य रहीं।

आधी रात के बाद वे रावण के परिसर में फूलों से सजे और मनमोहक सुगंध से भरे भव्य नृत्य-कक्ष में पहुंचे। हनुमान को लगा कि उनकी पांचों इंद्रियां अच्छे भोजन और पेय की खुशबू से तृप्त हो गई हैं और उन्होंने जोर से कहा कि यह स्वर्ग है !

एक मस्ती भरी रात के बाद उस कमरे में रावण की कई स्त्रियाँ मदिरा के नशे में गहरी नींद में महंगे आसनों पर सो रही थीं। महिलाओं के चेहरे उनकी सुंदरता , विस्थापित माला , गहने और सुगंध के कारण कमल के समान प्रतीत हो रहे थे।

रावण स्त्रियों से घिरा हुआ तारों के बीच चाँद की तरह चमक रहा था। कुछ स्त्रियाँ नींद में अपने वाद्य-यंत्रों को रावण मानकर गले से लगाए हुए थीं।

हनुमान को लगा कि रावण ने युद्धों में भाग लेने के बाद उनकी कुछ पत्नियों को अपने साथ ले लिया है और कुछ प्रेम से उनके पास आई हैं। रावण ने धन और स्त्रियाँ धर्मपूर्वक प्राप्त की थीं , जब तक कि उसने राम से सीता का अपहरण नहीं कर लिया।

हनुमान रावण के पास पहुंचे , जो एक आरामदायक सोफे पर सो रहा था , लेकिन उदास और भयभीत महसूस कर रहा था। वह ऐसे हट गया जैसे कि उसने एक फुफकारते हुए साँप का सामना किया हो। वह पास की सीढ़ी पर चढ़ गया और एक लाभ बिंदु से रावण को देखा। रावण का शरीर सुगठित था और युद्ध के निशान स्पष्ट दिखाई दे रहे थे।

हनुमान को स्त्रियों को उनके पुरुषों के साथ सोते हुए देखने पर अपराध बोध हुआ , लेकिन वे अपराध बोध से मुक्त हो गए क्योंकि वे सीता को खोजने के अभियान पर थे।

हनुमान ने एक सुंदर , दीप्तिमान महिला को बेहतरीन आभूषणों से सुसज्जित , एक अनोखे सोफे पर अकेले सोते हुए पाया। यह रावण

की रानी मंदोदरी थी। उसने उसे सीता समझ लिया और खुशी महसूस की। उसने हाथ मिलाना , पूंछ चूमना , गाना , सीढ़ियाँ चढ़ना और ज़मीन पर गिरना जैसे ठेठ वानर कृत्यों का प्रदर्शन किया। उसे अपनी गलती का एहसास हुआ और उसने सोचा कि सीता केवल राम के साथ ही सजती-संवरती , खाती या सोती होंगी। और मैं क्या सोच रहा था?

उन्होंने भव्य नृत्य-कक्ष में चहलकदमी की और एक मदिरालय पाया, जिसमें बेहतरीन सीटें और कोच थे जिसमें शराब , रम , वाइन , वनस्पति और शहद व्हिस्की भरी हुई थी। सबसे बेहतरीन मिश्रण चांदी के बर्तनों में परोसे जाते थे। उन्होंने एक भोजनालय भी पाया, जिसमें हिरण , जंगली सूअर , जंगली भैंस , सुअर , बकरी , मोर , जंगली पक्षी और मुर्ग के मांस रखे हुए थे और उन्होंने थालियों में बचे हुए मांस के व्यंजन भी देखे। हनुमान उदास होकर मदिरालय से चले गए क्योंकि अब तक सीता का कोई पता नहीं चला था!

उन्होंने विश्लेषण किया कि क्या खोजा गया था और पाया कि उन्होंने भूमिगत संपत्तियों , सड़कों के चौराहे पर स्थित घरों या हवेलियों से दूर घरों की तलाशी नहीं ली थी। उन्होंने उड़ना , कूदना , चढ़ना , दरवाजे और खिड़कियाँ खोलना , घरों के अंदर-बाहर जाना और सभी आवासों , झीलों , कुँओं, जलमार्गों और महान लंका के चौराहों की तलाशी लेना शुरू कर दिया। उन्हें कई अन्य महिलाएँ मिलीं लेकिन सीता नहीं मिली। हनुमान अवसाद में चले गए।

हनुमान के मन में एक नकारात्मक विचार आया : सीता मर चुकी होंगी। उन्होंने अपनी पवित्रता और निष्ठा को बनाए रखने के लिए रावण से युद्ध किया होगा। उसने उन्हें मार दिया होगा या वह समुद्र के ऊपर उड़ान भरते समय रावण के चंगुल से छूटने के लिए छटपटाते

हुए समुद्र में गिर गई होंगी या वह तब मर गई होंगी जब रावण राम के शक्तिशाली बाणों से बचने के लिए जेट की गति से आकाश में घूम रहा था या वह राम के लिए दिन-रात रोते हुए मर गई होंगी। संपाती , गिद्ध के महान राजा ने मुझे बताया कि सीता लंका में थीं। अगर वह जीवित थीं तो मैं उन्हें क्यों नहीं ढूंढ पाया?

महान वानर ने सोचा- मैंने नगर के हर कोने की तलाशी ली और रावण की सभी पत्नियों और अन्य स्त्रियों को देखा और मेरा समुद्र पार करना व्यर्थ हो गया। मैं समुद्र के दूसरे किनारे पर मुझसे सीता के बारे में अच्छी खबर जानने की इच्छा रखने वाले वानरों को क्या बताऊंगा ? दूसरे किनारे पर लौटने में मेरी देरी से असहाय वानर आत्मदाह करने के लिए अग्नि में प्रवेश कर सकते हैं क्योंकि सीता को खोजे बिना सुग्रीव तक पहुँचने के मेरे रास्ते बंद हो गए थे।

उन्हें लगा कि राम को यह बताना अनुचित होगा कि वे सीता को नहीं ढूंढ पाए हैं या यह घोषित करना कि सीता को मृत मान लिया जा सकता है क्योंकि वे यह समाचार सुनकर अपने प्राण त्याग सकते हैं। लक्ष्मण तबाह हो जाएंगे और राम के साथ मर जाएंगे। भरत अपने भाइयों की मृत्यु की खबर सुनकर मर जाएंगे , जिसके कारण शत्रुघ्न की मृत्यु हो जाएगी। तीनों माताएँ - कौशल्या , सुमित्रा और कैकेयी अपने पुत्रों की मृत्यु के साथ मर जाएंगी।

सुग्रीव अपनी जान दे सकता है क्योंकि वह राम को सीता को खोजने का अपना वादा पूरा करने में विफल रहा या लक्ष्मण उसे मार सकते हैं। सुग्रीव की पत्नी रूमा अपने प्रिय पति की मृत्यु को बर्दाश्त नहीं कर पाएगी और अपना जीवन समाप्त कर सकती है। तारा , जो अपने पति वालि की मृत्यु से उबर रही थीं , अपने नए पति सुग्रीव की मृत्यु

को पचाने का साहस नहीं कर पाएंगी और अपना जीवन समाप्त कर सकती है। किष्किंधा के युवा शासक अंगद ही अपनी प्यारी माँ और अपने सौतेले पिता की मृत्यु के बाद जीवित बच पाएंगे।

पूरा वानर वंश अपनी छाती पीटेगा और हाथ-पैरों को मुट्ठियों से पीटेगा , पहाड़ों से लुढ़ककर ज़मीन पर गिरेगा और उपवास करके , आग में प्रवेश करके या ज़हर खाकर अपना जीवन समाप्त करेगा। हनुमान का मन उनका सबसे बड़ा दुश्मन बन गया है और उन्होंने अपने दिमाग में मौत के दृश्य चलाने शुरू कर दिए हैं।

उनके मन ने उन्हें सलाह दी कि यदि वे इक्ष्वाकु और वानर राजवंशों के नरसंहार को रोकना चाहते हैं तो उन्हें दूसरे तट और किष्किंधा पर वापस नहीं लौटना चाहिए , क्योंकि तब उन्हें पता चल जाएगा कि लंका में क्या हुआ था और वे आशा में जीना जारी रख सकते हैं।

उसका मन अपने स्मरणीय जीवन के दृश्य चलाता रहा , यदि उसने वापस न लौटने का निर्णय लिया तो वह एक संन्यासी बन जाएगा , पास के जंगल में फलों और कंदमूलों पर जीवित रहेगा , आमरण उपवास करेगा , अग्नि में प्रवेश करेगा या समुद्र की धाराओं में डूब जाएगा। इस प्रकार , उसका मन उसे विनाशकारी भावनाओं के चक्र में डाल देता था और वह इनसे बाहर नहीं निकल पाता था। हनुमान ने मृत्यु और विनाश के निराशाजनक विचारों से बचने के लिए अपने विश्लेषणात्मक दिमाग का सहारा लिया। उन्होंने अपने विकल्पों का विश्लेषण किया : मरना या जीना। मरने का विकल्प वानरों के बीच स्थापित उनकी बहादुरी की प्रतिष्ठा को नष्ट कर देता है और उन लोगों को अंधेरे में छोड़ना अपवित्र है जो उन पर निर्भर थे। जीने का मतलब है कि मैं सीता के अपहरण के भयानक कृत्य के लिए लंका

और रावण को नष्ट कर सकता हूं या अगर मैं सीता को नहीं ढूंढ पाया तो मैं रावण को पकड़कर समुद्र के पार उड़ा ले जाऊंगा और उसे राम के चरणों में फेंक दूंगा। इसलिए , जीना एक बेहतर विकल्प है।

उन्होंने खुद को उत्तर दिया कि अवसाद और निराशा आत्म-विनाश की जड़ हैं। इसलिए मैं रावण द्वारा शासित सभी स्थानों पर अधिक जोश और वीरता के साथ सीता की खोज जारी रखूंगा। रावण के परिसर से हनुमान ने विशाल अशोक वाटिका देखी और उसमें सीता की खोज करने का फैसला किया।

18. अंधकार से प्रकाश की ओर : दीपिका पादुकोण की यात्रा और हनुमान से सीख

2010 के दशक की शुरुआत में भारत की अग्रणी अभिनेत्रियों में से एक दीपिका पादुकोण ने भी इसी तरह के अंधकार भरे सफ़र का अनुभव किया। अपनी अपार प्रतिभा और शुरुआती करियर की सफलता के बावजूद दीपिका का जीवन गंभीर अवसाद के कारण नीचे की ओर चला गया। उनके संघर्षों को व्यापक रूप से प्रचारित किया गया और एक बार तो उनका उज्ज्वल करियर खतरे में लग रहा था। दीपिका को बहुत दुःख हुआ और उन्होंने आत्महत्या के बारे में भी सोचा , उन्हें लगा कि उनकी दुर्दशा से बाहर निकलने का कोई रास्ता नहीं है।

निराशा और भय:

जिस तरह हनुमान सीता को न खोज पाने से दुःखी थे , उसी तरह दीपिका भी अपने अवसाद के बोझ तले दबी हुई थीं। उन्हें यह डर सता रहा था कि वह कभी भी फिल्म इंडस्ट्री में अपनी जगह नहीं बना पाएंगी और उन्होंने उन सभी को निराश किया है जो उन पर विश्वास करते हैं।

हनुमान के मन में निराशा के चक्र चलने लगे और उन्होंने कल्पना की कि उनकी असफलता का असर राम , लक्ष्मण और पूरे वानर वंश पर पड़ेगा। इसी तरह दीपिका ने अपने परिवार , दोस्तों और प्रशंसकों की

निराशा की कल्पना की , खुद को आत्म-विनाश के दुष्चक्र में फंसा हुआ महसूस किया।

हनुमान के मन ने उन्हें सलाह दी कि वे दूसरे किनारे और किष्किंधा में वापस न जाएं , ताकि अपनी असफलता के परिणामों का सामना न करना पड़े। दीपिका ने भी सबकी नज़रों से ओझल हो जाने का विचार किया , यह सोचकर कि निराशा और शर्मिंदगी का सामना करने से यह आसान होगा।

परिवर्तन का बिन्दु :

हनुमान ने मृत्यु और विनाश के निराशाजनक विचारों से बचने के लिए अपने विश्लेषणात्मक दिमाग का सहारा लिया। उन्होंने अपने विकल्पों का विश्लेषण किया : मरना या जीना। "मरने का विकल्प वानरों के बीच मेरी स्थापित बहादुरी की प्रतिष्ठा को नष्ट कर देता है ,और जो लोग मुझ पर निर्भर हैं उन्हें अंधेरे में छोड़ना अपवित्र है," उन्होंने तर्क दिया। "जीवित रहने का मतलब है कि मैं लड़ाई जारी रख सकता हूं , सीता को ढूंढ सकता हूं और अपने उद्देश्य को पूरा कर सकता हूं।"

इसी तरह , दीपिका एक ऐसे मोड़ पर पहुँची जब उसे एहसास हुआ कि उसके पास एक विकल्प है : अपनी निराशा के आगे झुक जाना या अपने जीवन और करियर के लिए लड़ना। परिवार , दोस्तों और चिकित्सा पेशेवरों के समर्थन से दीपिका ने इलाज करवाने और अपने जीवन को बदलने का फैसला किया। उसने अपने ठीक होने पर ध्यान केंद्रित किया , अपने आस-पास की सहायता प्रणाली को अपनाया और धीरे-धीरे अपने जीवन को फिर से बनाया।

नाटकीय परिणाम:

हनुमान ने आत्महत्या के विचारों को त्यागने का फैसला किया और अपने लक्ष्य पर फिर से ध्यान केंद्रित किया। उन्होंने उत्तर दिया कि अवसाद और निराशा आत्म-विनाश की जड़ें हैं। उन्होंने संकल्प लिया- "मैं सीता की खोज और अधिक जोश और वीरता के साथ जारी रखूंगा।" रावण के परिसर से हनुमान ने महान अशोक वाटिका को देखा और उसमें सीता की खोज करने का फैसला किया। उनके नए दृढ़ संकल्प ने उन्हें आखिरकार अशोक वाटिका में सुरक्षित और स्वस्थ सीता को खोजने में मदद की।

इसी तरह , दीपिका के नए सिरे से फोकस और दृढ़ संकल्प ने एक उल्लेखनीय वापसी की। उन्होंने फिल्म उद्योग में काम करना जारी रखा , ऐसे किरदार चुने जो उन्हें चुनौती देते थे और उन्हें आलोचकों की प्रशंसा दिलाते थे। ठीक होने के बाद दीपिका ने 2015 में मानसिक चुनौतियों से पीड़ित लाखों लोगों की मदद करने का फैसला किया और 'लिव लव लाफ फाउंडेशन' की स्थापना की। निराशा की गहराइयों से दीपिका की यात्रा चुनौतियों का सामना करने और उनसे सफलतापूर्वक बाहर निकलने के लिए मनुष्यों के लचीलेपन का एक उत्कृष्ट उदाहरण है, बशर्ते हम सहायता मांगें और खुद को ठीक करने के लिए समय दें।

चिंतन :

अवसाद और आत्महत्या के विचारों से गुज़रने वाले हनुमान की यात्रा और अपने लक्ष्य पर ध्यान केंद्रित करने का उनका अंतिम निर्णय दीपिका पादुकोण के अनुभवों को दर्शाता है। दोनों ने ही भारी दबाव और हार मानने के प्रलोभन का सामना किया, लेकिन अपनी

परिस्थितियों का विश्लेषण करके और दृढ़ रहने का निर्णय लेकर उन्होंने अपने लक्ष्य हासिल किए।

यह कहानी लचीलेपन , समर्थन और गंभीर निराशा के बावजूद अपने लक्ष्यों पर फिर से ध्यान केंद्रित करने की क्षमता के महत्व को उजागर करती है। यह दर्शाती है कि नकारात्मक विचार और निराशा भारी पड़ सकते हैं, लेकिन स्थिति का विश्लेषण करने और आगे बढ़ने का फैसला करने से अंततः सफलता और संतुष्टि मिल सकती है।

युवा पाठकों के लिए सलाह:

हनुमान और दीपिका पादुकोण की कहानियाँ हमें लचीलेपन , दृढ़ संकल्प और दृढ़ता की शक्ति के बारे में मूल्यवान सबक सिखाती हैं। चुनौतीपूर्ण समय से निपटने में आपकी मदद करने के लिए यहाँ कुछ महत्वपूर्ण बातें दी गई है:

1. अपनी भावनाओं को स्वीकार करें:
हनुमान और दीपिका की तरह जब आप अभिभूत , दुःखी या निराश महसूस कर रहे हों , तो उसे स्वीकार करना महत्वपूर्ण है। इन भावनाओं को नकारना उन्हें बदतर बना सकता है। यह महसूस करना कि हमारे मन या सोच के साथ सब कुछ ठीक नहीं है , उपचार प्रक्रिया में पहला कदम है।

2. सहायता लेने में देरी न करें:
जब आप संघर्ष कर रहे हों , तो दोस्तों , परिवार या मानसिक स्वास्थ्य पेशेवरों से संपर्क करें ; वे आपकी मदद करने के लिए सबसे अच्छे हैं। हनुमान को अपने विश्लेषणात्मक दिमाग में सांत्वना मिली

और दीपिका ने अपने आस-पास के लोगों से मदद मांगी। साझा करना देखभाल करना है और हमें अपने मानसिक कष्टों को प्रियजनों के साथ साझा करना है। इसलिए कभी भी संकोच न करें !

3. अपने लक्ष्यों पर केंद्रित रहें:

जब हनुमान को निराशा महसूस हुई , तो उन्होंने सीता को खोजने के अपने अभियान पर फिर से ध्यान केंद्रित किया। इसी तरह दीपिका ने अपने करियर और मानसिक स्वास्थ्य के प्रति अपने प्रयासों को फिर से केंद्रित किया। अपने दीर्घकालिक लक्ष्यों को ध्यान में रखें और उन्हें कठिन समय से बाहर निकलने के लिए प्रेरणा के रूप में उपयोग करें।

4. आत्म-करुणा का अभ्यास करें:

खुद के प्रति दयालु बनें। समझें कि हर किसी को असफलताओं और चुनौतियों का सामना करना पड़ता है। हनुमान ने अपनी खोज के दौरान अपनी गलतियों के लिए खुद को माफ़ कर दिया और दीपिका ने अपनी रिकवरी प्रक्रिया के दौरान धैर्य रखना सीखा। अपने आप से उसी तरह का व्यवहार करें जैसा आप किसी दोस्त से करते हैं।

5. नकारात्मक विचारों के चक्र को तोड़ें:

हनुमान और दीपिका दोनों ने नकारात्मक विचारों के चक्र का अनुभव किया। अपनी पसंद की गतिविधियों में शामिल होकर ,माइंडफुलनेस का अभ्यास करके या अपने दिमाग को शांत करने के लिए बस एक ब्रेक लेकर इन पैटर्न को बाधित करें। सकारात्मक पुष्टि और रचनात्मक सोच पर ध्यान केंद्रित करें।

6. उद्देश्य और अर्थ खोजें:

हनुमान का राम के प्रति समर्पण उन्हें उद्देश्य की भावना देता है और दीपिका का लिव लव लाफ फाउंडेशन के साथ काम करना उनके करियर से परे अर्थ प्रदान करता है। कुछ ऐसा खोजें जिसके प्रति आप जुनूनी हों और उसे आपको आगे बढ़ाने दें।

7. छोटी जीत का जश्न मनाएं:

आगे बढ़ाया गया हर कदम , चाहे वह कितना भी छोटा क्यों न हो , जीत के जश्न के लायक है। जिस तरह हनुमान ने सीता के ठिकाने के बारे में मिले हर सुराग का जश्न मनाया और दीपिका ने अपनी रिकवरी में हर मील के पत्थर की खुशी मनाई, उसी तरह आपको भी अपनी प्रगति को पहचानना चाहिए और उसका आनंद लेना चाहिए। हर उपलब्धि का आनंद लें , चाहे वह कितनी भी छोटी क्यों न हो और जीत के हर पल को अपनी यात्रा को नए उत्साह और प्रेरणा से भरने दें।

8. लचीलापन महत्वपूर्ण है:

जीवन एक रोलर कोस्टर की तरह है जिसमें उतार-चढ़ाव आते रहते हैं , लेकिन लचीलापन आपकी सुरक्षा कवच है , जो आपको हर बार नीचे गिरने पर संभलने और उठने में मदद करता है। असफलताओं से सीखें और उन सबक का उपयोग करके खुद को मजबूत बनाएँ। हनुमान और दीपिका दोनों ने अपनी यात्रा में अविश्वसनीय लचीलापन दिखाया।

9. दूसरों की मदद करें:

दूसरों की मदद करने से अपार संतुष्टि और उद्देश्य की गहरी भावना मिलती है। दीपिका की संस्था इस बात का प्रमाण है कि दूसरों की

मदद करने से खुद को भी ठीक करने में मदद मिल सकती है। इसे पढ़ते समय सोचें कि आप अपने आस-पास के लोगों की किस तरह मदद कर सकते हैं। किसी की मदद करके , कोई संवेदनापूर्ण शब्द बोलकर या बस ज़रूरतमंदों के लिए मौजूद रहकर , आप न सिर्फ़ उनकी मदद कर रहे हैं - बल्कि आप अपने जीवन को भी समृद्ध बना रहे हैं और करुणा और जुड़ाव की परिवर्तनकारी शक्ति की खोज कर रहे हैं।

10. आगे बढ़ते रहें:

हनुमान और दीपिका की तरह , आपके पास आगे बढ़ते रहने की शक्ति है , भले ही रास्ता कठिन और चुनौतीपूर्ण हो। खुद को बाधाओं पर काबू पाने और एक-एक कदम करके लगातार आगे बढ़ने की कल्पना करें। उनकी यात्रा हमें सिखाती है कि दृढ़ता और दृढ़ संकल्प के साथ आप अंधेरे से उभर सकते हैं और सफलता और पूर्णता का प्रकाश पा सकते हैं।

याद रखें , हनुमान और दीपिका की तरह आपके पास चुनौतियों पर विजय पाने की शक्ति है। आपके पास कठिन समय का सामना करने और अपनी भावनाओं को स्वीकार करके , सहायता मांगकर और अपने लक्ष्यों पर ध्यान केंद्रित करके मजबूत बनने की शक्ति है। आपकी यात्रा अनोखी है और आप लचीले व साहसी हैं। आगे के रोमांच को अपनाएँ , उपचार , पुनर्प्राप्ति और विकास के मार्ग पर चलने का साहस करें और खुद को नई ऊंचाइयों पर पहुँचते हुए देखें!

19. अशोक वाटिका: सीता के धैर्य और हनुमान के साहस का मिलन

हनुमान जब अशोक वाटिका को देखते हैं तो बहुत प्रसन्न होते हैं और वसंत के देवता की तरह तीर की तरह उड़कर उसमें प्रवेश कर जाते हैं ,क्योंकि वाटिका में वसंत का जादू चल रहा होता है। वाटिका आम के पेड़ों से भरी हुई है ,जिनके फलवानर की थूथन के रंग के होते हैं , खिले हुए मैगनोलिया ,अशोक ,लंबे साल और अन्य पेड़भी हैं। वाटिका पक्षियों की चहचहाहट ,बुलबुल की कूक और गर्मी में मोरों के कलरव से गूँज रही है। जब पक्षी उड़ते हुए पेड़ों से टकराते हैं तो फूल पेड़ों से अलग होकर जमीन पर गिर जाते हैं। वह वाटिका में सभी दिशाओं में भागता है। हनुमान की पूंछ ,हाथ और पैरों से टकराने वाले पेड़ों से फूल और फल तुरंत जमीन पर गिर जाते हैं। हनुमान फूलों से ढके पहाड़ की तरह थे। वाटिका में सोने व चांदी के फर्श और हीरे ,कीमती-पत्थरों से जड़े रास्ते तथा मोतियों व पानी को शुद्ध करने वाले पत्थरों से बने तलवाले कमल के तालाब हैं ,जिनमें कमल और कुमुदिनी खिले हुए हैं। हनुमान ने पेड़ों और नदियों का एक बड़ा पहाड़ देखा जो अपनी चोटियों से वाटिका में गिर रहे थे और शानदार झरने बना रहे थे।

हनुमान ने कृत्रिम तालाबों ,किम्सुखा (जंगल की ज्वाला), चंदन और अन्य फूलों और फलों के पेड़ों के विशाल जंगल के साथ एक विशाल वाटिका देखी और उन्होंने सोचा कि सीता ,जो जंगलों में घूमने से परिचित थीं ,सूर्य को जल चढ़ाने के लिए वहाँ आएंगी। वह एक परिपक्व सिम्सुपा वृक्ष (अशोक वृक्ष का परिवार)पर चढ़ गएऔर

सुविधाजनक स्थान सेउन्होंने वाटिका को देखा और सोचा कि रावण के पास इंद्र के नंदन वन जैसा एक सुंदर बगीचा है।

वहाँ से हनुमान ने एक लंबा ,हज़ार खंभों वाला मंदिर देखा जो लगभग आसमान को छू रहा था। इसके अलावाउन्होंने मैले-कुचैलेकपड़ोंमें , उपवासकेकारणदुबली-पतली ,उदासलेकिन दैत्यों से घिरी एक चमकदार चेहरे वालीएक महिला को पीड़ा में देखा।वह अपने झुंड से अलग हुई हिरणी की तरह दिख रही थी व शिकारी कुत्तों से घिरी हुई थीऔर उन्होंने उसे वैदिक अग्नि के साथ धुएँ के स्तंभ ,संदेह के साथ मिश्रित बुद्धि और बाधाओं के साथ सफलता के रूप में देखा। हनुमान ने तार्किक रूप से निष्कर्ष निकाला कि यह सीता हैं, जब उसके शरीर के जिस हिस्से पर आभूषण थे ,जैसे कि झुमकेआदि ,राम द्वारा उनके वर्णन के साथ मेल खाते थे। सीता ने रावण द्वारा अपहरण किए जाने के समय किष्किंधा क्षेत्र में अपना पीले रंग का ऊपरी वस्त्र गिरा दिया था ,जो पेड़ की शाखाओं में फंस गया और वानरों द्वारा पाया गया। उनके कपड़े घिसे हुए थे लेकिन वानरों द्वारा पाए गए ऊपरी वस्त्र के रंग से मेल खाते थे। इसके अलावा ,हनुमान ने उनके शरीर पर लंबे समय तक आभूषण पहनने के निशान देखे ,जो किष्किंधा में ऋष्यमूक पर्वत पर उसके द्वारा गिराए गए आभूषणों से मेल खाते थे। हनुमान सीता को पाकर बहुत खुश हुए और उन्होंने सोचा कि राम और सीता के दिल एक दूसरे के लिए बने हैं। कुछ देर के लिएवे राम और सीता के विचारों में खो गए। उन्होंने खुद से कहा कि महान वालि को उनके लिए मारा गया था ,सुग्रीव उनकेखोजने के लिए वानरों का राजा बन गयाऔर मैंने उनके लिए पहाड़ों ,नदियों और समुद्र को पार किया। यह उचित है कि राम सीता के लिए संसार को उलट दें। फिर वह महान सीता की हालत और राक्षसियों से घिरा हुआ उन्हें देखकर रो पड़े। लेकिन उन्होंने खुद को यह सोचकर सांत्वना दी कि

सीता राक्षसियों या पेड़ों को नहीं देख रही थीं बल्कि राम का ध्यान कर रही थीं।

सीता की खोज करते हुए हनुमान ने विचित्र रूप वाली राक्षसियों को देखा :एक की एक आँख थी ,एक का कान शंख जैसा था और एक की नाक माथे तक पहुँच रही थी। कुछ झुकी हुई थीं ,कुछ के बाल कम्बल की तरह थे और कुछ के पेट फूले हुए थे। उनके चेहरे टेढ़े-मेढ़े थे , उनके दाँत टेढ़े थे ,उनकी आँखें ठंडी हरी थीं ,कुछ क्रोधित थीं ,सभी झगड़ालू थीं। उनके पास लोहे के बड़े-बड़े भाले ,हथौड़े और डंडे थे। उनके चेहरे सूअर ,हिरण ,बाघ ,भैंस ,बकरी और लोमड़ियों जैसे थे। कुछ के पैर हाथी जैसे थे ,जबकि अन्य के अंग ऊँट या घोड़े जैसे थे। सिर शरीर में पिघल गए थे ,हाथ और पैर अजीब-अजीब कोणों पर उग आए थे ,कान गधे की तरह लटके हुए थे या हाथियों की तरह फड़फड़ा रहे थे। नाक टेढ़ी ,चपटी या विचित्र रूप से बाहर निकली हुई थी। कुछ राक्षसियाँ भारी-भरकम पैरों वाली थीं और अन्य के बालदार अंग ,उभरे हुए सिर या फूले हुए पेट थे। आँखें और मुँह खुले हुए थे , जीभें फटी हुई थीं और नाखून चमक रहे थे। उनके रूप विकराल थे - बकरी के चेहरे वाले ,विशालकाय या गायों और सूअरों के सिर के साथ मुड़े हुए। खून से लथपथ ये राक्षसियाँहमेशा नशे में रहती थीं और मांस के लिए लालायित रहती थीं ,भाले और डंडे पकड़े हुए थीं। एक विशाल वृक्ष के नीचे इकट्ठी हुई उनकी भयानक आकृतियाँ देखकर हनुमान के रोंगटे खड़े हो गए।

तड़के हनुमान ने ब्रह्मराक्षस (वैदिक ज्ञान वाले राक्षस) के वैदिक मंत्र सुने और रावण के महल से शुभ जागरण संगीत सुना। थोड़ी देर बादउन्होंने देखा कि फूलों और आभूषणों से सुसज्जित शक्तिशाली रावण अशोक वाटिका में प्रवेश कर रहा है ,उसके पीछे महिलाओं का

एक दल है जो सुनहरे दीप ,पानी और मदिरा के सुनहरे बर्तन और ताड़ के पंखे अपने हाथों में लिए हुए है। एक महिला ने सफेद छतरी पकड़ी हुई थी। रावण की सबसे अच्छी स्त्रियाँ अपने शक्तिशाली पति के साथ वाटिका में चली गईं।

हनुमान ने रावण के पीछे चल रही स्त्रियों की कमरबंद और पायल की झंकार सुनी।

सुगंधित तेल के दीपकों से रावण सभी दिशाओं में चमक उठा। हनुमान घने वृक्षों के पत्तों में छिप गए और निकट आते रावण ने उनकी प्रबल शक्ति पर काबू पा लिया।

रावण सीता के पास उनके प्रति जुनून ,वासना ,इच्छा और नशे के साथ पहुंचा ,जिसे वह छिपा नहीं सका। सीता हवा में केले के पौधे की तरह हिल गईं औरउन्होंने अपने पेट को अपनी जांघों से तथा अपने स्तनों को अपने हाथों से ढक लिया और रावण को देखते ही उनकी आँखों में रावण के प्रति अस्वीकृति थी। सीता अपने विचारों और दुःखों के आगे समर्पण करते हुए रो रही थीं, अंत को न जानते हुए भी वह अकेली थीं और उनके आस-पास कोई भी उनका प्रिय नहीं था। भले ही वह एक कुलीन परिवार में पैदा हुई थीं और उन्होंने सभी राजाओं में सबसे महान राम से विवाह किया था ,लेकिन उनकी स्थिति ऐसी थी जैसे कोई गलत परिवार में पैदा हुआ हो। वह झूठे आरोप में फंसी हुई एक प्रसिद्ध महिला की तरह थीं। सीता उपवास ,दुःख ,शोक और अपनी स्थिति के डर के कारण कमजोर हो गई थीं। वह राम द्वारा रावण की हार के लिए प्रार्थना करने वाली एक दिव्य महिला की तरह थीं।

रावण ने काम-वासना में डूबकर सीता को उनके अंगों के माध्यम से उसकी सुन्दरता का निर्लज्जतापूर्वक वर्णन करते हुए कहा -हे सीता !

हाथी की सूंड के समान जांघों वाली ,विशाल और सुन्दर नेत्रों वाली ,
सब को प्रसन्न करने वाली निर्दोष देह वाली ,मैं तुझे चाहता हूँ ,
इसलिए तेरा आदर करता हूँ। तू भय के कारण अपनी जांघों और
वक्षस्थलों को ढक रही थीऔर यहाँ कोई राक्षस नहीं है जो रूप बदल
सके ,इसलिए भय छोड़ दे। राक्षस के लिए किसी भी प्रकार से दूसरों
की स्त्रियों का हरण करना उचित है। हे देवी !इस विषय में तुझे भय
नहीं करना चाहिएऔर अपने दुःख को दूर करके मुझ पर विश्वास और
प्रेम करना चाहिए। एक चोटी रखना ,भूमि पर सोना ,बिना धुले वस्त्र
पहनना और उपवास करना तुझे शोभा नहीं देता ,क्योंकि तू स्त्रियों में
रत्न है ,और ऐसा मतकर,अपने अंगों को स्वच्छ कर,अलंकरण कर
और मुझे अपना वर चुन। तू सुन्दर और यौवनवान है ,और कौन पुरुष
तुझ पर मोहित नहीं होगा ?हे शुभ और उज्जवल मुख और चौड़े
कूल्हों वाली! मेरी आँखों को तेरे अंगों से अपना नाप हटाने में
कठिनाई हो रही है। हे सीता ,मेरी पत्नी बन जाओ ,और मैं तुम्हें
अपनी पहली पत्नी बनाऊंगा। मैं तुम्हें रत्न ,सोना ,चांदी ,बलपूर्वक या
किसी और तरीके से प्राप्त किए गए पुरुषों और महिलाओं सहित सभी
धन-संपत्ति सौंपता हूंऔर मैं संसार को सबसे अच्छे नगरों सहित जीत
सकता हूं और उन्हें तुम्हारे पिताराजा जनक को दे सकता हूं। तीनों
लोकों की मेरी स्त्रियां तुम्हारी सेवा करेंगी जैसे तुम धन की देवी
(लक्ष्मी) हो। तुम मेरी भूमि और धन को अपनी इच्छानुसार दान करो
और स्वतंत्र शासन करो। इस प्रकार ,रावण ने सीता को प्रसन्न करने
और बहकाने के लिए अपना सर्वश्रेष्ठ प्रयास किया।

रावण ने सीता के सामने राम को छोटा बताया। हे आकर्षक महिला!
राम ने अपना राज्य और धन खो दियाऔर जंगल में एक पथिक बन
फटे भांग के कपड़े पहनता है और फर्श पर सोता है। मुझे यकीन नहीं
है कि वह जीवित है या नहीं। वह जीवित होने पर भी आपको नहीं

देख पाएगा ,क्योंकि लंका मुख्य भूभाग से कई योजन दूर एक द्वीप पर है। राम आपको कभी मेरे हाथों से नहीं पा सकेंगे !राम तपस्या , शक्ति ,पराक्रम ,धन या प्रसिद्धि में मेरे बराबर नहीं हैं। मैं तीनों लोकों में अपने बराबर किसी को नहीं देखता ,क्योंकि मैंने देवों (देवताओं) और असुरों (राक्षसों) को अनगिनत बार हराया है। हे सुंदर कूल्हों वाली ,आपने मेरा दिल उसी तरह चुरा लिया जैसे आकाशीय चील कोबरा को चुरा लेती है।

रावण के शब्दों ने सीता को पीड़ा पहुंचाई ,रावण के प्रति विद्रोह और अस्वीकृति के प्रतीक के रूप में उन्होंने उनके और रावण के बीच एक तिनका खड़ा कर दिया ,उनकी आंतरिक शक्ति और राम के प्रति भक्ति को दर्शाया, और यह भी दिखाया कि कैसे रावण राम की तुलना में एक तिनके के समान था।

उन्होंने इस प्रकार कहा- मैं राम की समर्पित पत्नी हूँ और उन्हीं के बारे में सोचती हूँ। मैं तुम्हारे लिए उपयुक्त पत्नी नहीं हूँ। तुम अपना ध्यान मुझसे हटाकर अपनी प्रिय पत्नियों पर लगाओ। हे निशाचर , तुम अपनी पत्नियों की रक्षा करते हो और दूसरे भी ऐसा ही करते हैं। तुम्हें अपनी तपस्या और वैदिक ज्ञान पर गर्व था ,लेकिन तुमने धर्म और वेदों द्वारा दिए गए रीति-रिवाजों का पालन नहीं किया। ऐसा लगता है कि यहाँ कोई भी तुम्हारी गलतियों को नहीं बताता ,जो कि दुःख की बात है। अपनी पत्नियों के साथ आनंद लेने के बजाय अन्य महिलाओं के लिए तुम्हारी वासना और तुम्हारा अनियंत्रित मन तुम्हारे और लंका के विनाश का कारण बनेगा !यह सोचना तुम्हारे लिए बुद्धिमानी नहीं है कि तुम्हारा धन मुझे लुभा सकता है ;राम और मैं सूर्य और धूप की तरह अविभाज्य हैं।

सीता ने निम्नलिखित बातें कहीं और रावण को जैतून की एक शाखा भेंट की :मुझे राम के साथ वैसे ही मिल जाने दो जैसे जंगल में गाय और हाथी मिल जाते हैं। यदि तुम जीवित रहना चाहते हो ,तो तुम्हें दुनिया के राजाओं में सर्वश्रेष्ठ राम को अपना शत्रु नहीं ,बल्कि मित्र बनाना चाहिए। दयालु राम तब भी रक्षा करते हैं जब शत्रु भी रक्षा चाहता है। मुझे राम को लौटा देना तुम्हारे सर्वोत्तम हित में है और अन्यथा उनके द्वारा समाप्त किए जाने से बचाव है।

सीता ने रावण को चेतावनी दी ,उसके अहंकार को ठेस पहुँचाने वाली जगहपरप्रहार किया और कहा-"इंद्र का अस्त्र वज्र या यम (मृत्यु के देवता), तुम्हें छोड़ सकते हैं ,लेकिन राम के हथियार तुम्हें नष्ट कर देंगे। यदि तुमने मुझे राम को वापस नहीं दिया तो दुनिया की कोई भी चीज़ राक्षसों या लंका के विनाश को राम और लक्ष्मण के शक्तिशाली बाणों के प्रकोप से नहीं रोक सकती, जो शीघ्र ही लंका पर गिरेंगे। हे राक्षस ,क्या तुमने मेरे पति राम के बारे में नहीं जाना ,जो शत्रुओं का संहारक थे ,जब उन्होंने जनस्थान में १४००० शक्तिशाली राक्षस सेना का एक झटके में सफाया कर दिया था ?क्या तुम्हें मेरा अपहरणकरने में शर्म नहीं आती ,जब राम और लक्ष्मण आश्रम से दूर थे ?तुम अपने आप को विश्व विजेता कैसे कहते हो ?बहुत जल्दराम और लक्ष्मण तुम्हारे जीवन को सुखा देंगे ,जैसे सूर्य उथले पानी को सुखा देता है। तीनों लोकों में कोई भी तुम्हें राम के बाणों से शरण नहीं देगा।"

सीता के तीखे शब्दों को सुनकर रावण ने उत्तर दिया" :तुम्हारी चाहत ने मेरे क्रोध को शांत कर दिया है और मुझे करुणा और प्रेम से भर दिया है। इस कारण ,भले ही तुम अपमानित होने या मारे जाने के योग्य हो ,मैं ऐसा नहीं कर रहा हूँ। लेकिन रावण का क्रोध भड़क उठा

और उसने कहा- "मैं तुम्हें मेरे बिस्तर परआने के लिए दो महीने का समय देता हूँ ,अन्यथा तुम मारी जाओगी और उसके बाद मेरे नाश्ते के रूप में परोसी जाओगी।"

सीता ने कहा- हे नीच प्राणी , तुमने मुझे जिस तरह से देखा ,उसके कारण तुम्हारी कुटिल और क्रूर आँखें क्यों नहीं झुकीं? पापपूर्ण शब्द बोलने के कारण तुम्हारी जीभ क्यों नहीं झुकी ?मैं तुम्हें जलाकर राख कर सकती थी ,लेकिन मैंने तुम्हें बचा लिया ,क्योंकि मुझे ऐसा करने के लिए राम से अनुमति नहीं मिली थी। तुमने मेरा अपहरण किया , जिससे तुम्हारा भयानक शासन समाप्त होने वाला है और यह समय आ रहा है!

रावण ने गुस्से से आँखें घुमाई और राक्षसों को आदेश दिया कि वे सीता को जल्दी से जल्दी शादी के लिए मना लें ,चाहे वह अमित्र हो या मित्रवत ,उपहार दे या उसे दंडित करे या जो भी ज़रूरी हो ,उसका इस्तेमाल करें। उसने अपने निर्देश दोहराए और सीता को डराते हुए अशोक वाटिका से चला गया।

राक्षस क्रोध में सीता के पास पहुंचे और उनसे कठोर शब्दों में बात की। उन्होंने रावण की वंशावली पर प्रकाश डाला और सीता को समझाया कि पुलस्त्य का जन्म सृष्टिकर्ता ब्रह्मा के विचार से हुआ था ,विश्रवा का जन्म पुलस्त्य के विचार से हुआ था और रावण पुलस्त्य का पुत्र है। उन्होंने आगे कहा कि रावण ने तैंतीस देवताओं को हराया था और बिना जीत के कभी युद्ध से वापस नहीं लौटे ,और ऐसा उनका साहस था। उनकी इच्छा परबादल बरसने लगते थे और पेड़ डर के मारे फूल तोड़ देते थे। यह कहना अतिश्योक्ति नहीं होगी कि वह दुनिया के पाँच तत्वों को नियंत्रित करते हैं ! जब उन्होंने

अपना प्यार ,धन और स्त्रियाँ तुम्हारी दासियाँ और तुमको अपनी पहली पत्नी के रूप में पेश किया तो तुमने उनकी पत्नी बनने से इनकार क्यों किया ?राम को भूल जाओ और उनकी पत्नी बनकर उनके धन और राक्षसों पर अधिकार करके अपने सुखों का आनंद लो। हमारी सलाह ध्यान से सुनो और उन्हें अपना पति मानो!

सीता ने आँखों में आँसू भरकर राक्षसों को उत्तर दिया- तुमने ऐसे शब्द कहे हैं जो संसार में घृणित माने जाते हैं। क्या तुम्हें पाप नहीं लगता ?राम के पास अबधन-दौलत या राज्य नहीं है, लेकिन वह मेरे प्रिय पति और गुरु हैंऔर मैं किसी राक्षस से विवाह नहीं कर रही हूँ। तुम सब मुझे खा सकते हो ,लेकिन मैं तुम्हारी सलाह का सम्मान नहीं करती।

राक्षसियाँ सीता पर क्रोधित हो उठीं ,उन्होंने कुल्हाड़ियाँ उठा लीं और उन्हें घेर लिया। भयभीत सीता वहाँ से चली गईं और सिंहसूपा वृक्ष के नीचे आ गईं ,जिसके ऊपर हनुमान छिपकर बातें सुन रहे थे। विनता नामक राक्षसी सीता के पास पहुँची और बोली ,"तुमने अपने पति के प्रति प्रेम दिखाया ,लेकिन अति तो पाप है। तुमने मनुष्य होने का कर्तव्य निभाया ,लेकिन अब बहुत हो गया ,अबसमय आ गया है कि तुम रावण को अपना पति बना लो और समस्त लोकों की ईश्वरी बन जाओ। तुम मेरी बातें ध्यान से सुनो और उसपर काम करो ,नहीं तो हम तुम्हें खा जाएँगे।"

विकट ,एक लटकती छाती वाली राक्षसी ,ने गुस्से में अपनी मुट्ठी हवा में उठाई और सीता से कहा कि उसके शब्दों को सहानुभूति और कोमलता के कारण सहन किया गया ,भले ही वे अप्रिय थे। विकट ने सीता को बताया कि रावण की लंका से कोई भी कभी वापस नहीं

लौटा और उसे इस तथ्य को स्वीकार करने ,आँसू और उदासी को रोकने ,राक्षसों के राजा को लेने ,सांसारिक सुखों का आनंद लेने और रावण की सात हज़ार महिलाओं के हरम की सेवा लेने के लिए कहा। जवानी कभी भी स्थायी नहीं होती ,इसलिए जबतक संभव हो- इसका लाभ लो। अगर तुमने मेरी सलाह को ठुकरा दिया तो मैं तुम्हारा दिल निकालकर खा जाऊंगी।

चंदोदरी नामक एक अन्य राक्षसी एक बड़ी कील घुमाते हुए सीता के पास आई और बोली कि मैं अभी उसके पेट के अंग, हृदय और सिर खाना चाहती हूँ। इस पर राक्षसी प्रगासा ने कहा, देरी क्यों हो रही है ? हम रावण को बता सकते हैं कि सीता मर गई हैऔर मुझे यकीन है कि वह कहेंगे कि खा लो। असहाय सीता राक्षसियों के कठोर शब्दों और कार्यों से रो पड़ीं।

सीता ने कहा- मेरा हृदय राम का है और कितनी भी धमकियाँ इसे बदल नहीं सकतीं। यदि तुम्हें चाहिए तो मुझे खा लो ,लेकिन मेरी निष्ठा कभी नहीं डगमगाएगी। सीता मन और शरीर से गमगीन हो गईं,जमीन पर लोटने लगीं और लगातार रोने लगीं। उनका मन आत्महत्या के विचारों से भर गया क्योंकि वह राक्षसियों और रावण के कारण अविश्वसनीय तनाव में थीं। उन्होंने राम के बिना अपने जीवन के उद्देश्य और राक्षसों के बीच अपने दयनीय जीवन पर सवाल उठाया। उनके मन में ऐसे प्रश्न उठ रहे थे जैसे कि राम ,जिनके बाण लंका तक पहुँच सकते हैं ,वे मुझे क्यों नहीं बचा रहे हैं ?राम ,जिन्होंने दंडक वन में चौदह हज़ार राक्षसों को मार डाला था ,वे आसानी से रावण को हरा सकते थेऔर उन्हें मुझे बचाने से क्या रोक रहा है ? राम को शायद पता नहीं होगा कि मैं लंका में हूँ। अगर उन्हें पता होता तो वे मेरे कष्टों को बर्दाश्त नहीं करते। वह लंका को उड़ा देंगे

और राक्षसियाँ अपने पतियों की मृत्यु पर रोयेंगी ,जैसे मैं अभी रो रही हूँ।

सीता गहरे दुःख और निराशा के दौर से गुज़र रही थीं। उन्हें लगता है कि एक प्यारी पत्नी के तौर पर उन्होंने जो कुछ भी माना था ,वह सब उसके लिए विफल हो गया है। राम के प्रति उनका समर्पण अब केवल अकल्पनीय पीड़ा लेकर आता है। इस भावनात्मक उथल-पुथल मेंवह अपने जीवन को समाप्त करने की संभावना से जूझती हैं।

सीता के मन में नकारात्मक विचार घूम रहे थे कि शायद रावण ने छल से राम और लक्ष्मण को मार डाला होगा ,या शायद मुझे खोने के दुःख ने राम को मार डाला होगा।

सीता के मन ने दार्शनिक मोड़ ले लिया और उन्होंने ऋषियों की प्रशंसा की ,जो जीवन के सुख-दुःख के चक्र से अछूते थे।

मेरा शरीर कमज़ोर हैऔर रावण अस्वीकृति को बर्दाश्त नहीं करेगाऔर राक्षसियों द्वारा टुकड़ों में काटे जाने से बेहतर है कि मैं अपना जीवन समाप्त कर लूं। रावण की मृत्यु निश्चित है ,राम उसे जल्द ही समाप्त कर देंगे। मेरा सर्वश्रेष्ठ सदविवेक राम के पास बचा हुआ है और मैं दुष्ट रावण के नियंत्रण में आ रही हूँ और मुझे अपने जीवन की सांसों को समाप्त कर देना चाहिए। सीता कह रही थीं कि यह उसकी गलती नहीं है कि रावण उसे मारना चाहता है। वह उससे कभी प्यार नहीं करेगी ,ठीक वैसे ही जैसे कोई पवित्र व्यक्ति किसी ऐसे व्यक्ति के साथ गुप्त प्रार्थना साझा नहीं करेगा जो उसका मूल्य नहीं समझता। उसका प्यार केवल राम के लिए आरक्षित है।

सीता की बात सुनकर राक्षसियाँ क्रोधित हो गईं और कुछ रावण के पास जाकर उसे यह बात बताने लगीं। शेष राक्षसियाँ सीता को परेशान करने लगीं ,उसे दुष्ट-बुद्धि ,पापमय संकल्प वाली अविवेकी कहकर पुकारने लगीं कि हम तुम्हें आराम से खा लेंगे।

दुःख से त्रस्त सीता ने अपने कष्ट से बाहर निकलने के लिए कई तरह के उपाय सोचे। उनकी नज़र अपनी चोटी पर पड़ी ,जो लटकती रस्सी की तरह मोटी और काली थी। उनके मन में एक निराशाजनक विचार कौंधा :वह इसका इस्तेमाल अपने जीवन को समाप्त करने और मृत्यु के देवता यम की शरण लेने के लिए कर सकती हैं।

त्रिजटा नाम की राक्षसी ,जो उस समय तक सो रही थी ,जाग उठी और राक्षसियों से ये शब्द कहने लगी।
हे पापियों, तुम स्वयं खाओऔर तुम राजा जनक की प्रिय पुत्री और राजा दशरथ की पुत्रवधू को नहीं खा रही हो। मैंने एक भयानक स्वप्न देखा था जिसमें मैंने राक्षसों और लंका के विनाश का अनुभव किया था!

भयभीत राक्षसियों ने त्रिजटा से अपने स्वप्न के बारे में विस्तार से बताने को कहा। जिसके लिए त्रिजटा ने कहा- मैंने देखा कि राम और लक्ष्मण सफेद माला और वस्त्र पहने हुए एक हजार हंसों द्वारा खींची गई पालकी में आ रहे हैं। मैंने सीता को सफेद वस्त्र पहने हुए समुद्र से घिरे एक सफेद पहाड़ की चोटी पर बैठे देखा। वे दोनों व्यक्ति चार दाँतों वाले एक सफेद हाथी पर सवार होकर सीता के पास आते दिखाई दिए। सीता और राम फिर से सूर्य और प्रकाश की तरह एक साथ थे। सीता ,राम और लक्ष्मण उस सुंदर हाथी पर सवार होकर लंका की

चोटी पर दिखाई दिए और फिर वे पुष्पक पर सवार होकर उत्तर दिशा की ओर चल पड़े।

मैंने रावण को काले कपड़े पहने ,कनेर के फूल लगाए ,तेल पीते हुए , गधों द्वारा खींचे जाने वाले रथ पर सवार होकर दक्षिण दिशा की ओर जाते देखा। मैंने रावण के भाई कुंभकर्ण और उसके पुत्रों को तेल में लिपटे और दक्षिण दिशा की ओर जाते देखा। लेकिन विभीषण को सफेद माला ,कपड़े और सफेद छत्र पहने देखा गया। गीत ,नृत्य और शंख की ध्वनि के बीचविभीषण अपने चार मंत्रियों के साथ एक पर्वत जैसे हाथी पर सवार होकर आकाश में उड़ गया। एक बार अपनी सुंदरता के लिए जानी जाने वाली लंका में हाथी और घोड़े थेऔर इसकी दीवारें और द्वार समुद्र में गिर गए। मैंने लंका को राम के दूत वानर द्वारा जलाते हुए देख ! मैं तुम सबको सलाह देती हूं कि तुम सब अपने शब्दों और कार्यों से सीता को परेशान करना बंद करो और मैं तुम सबको यह भी सलाह देती हूं कि तुम सब अपने परिवार को राम के क्रोध से बचाने के लिए उनसे क्षमा और सुरक्षा की याचना करो, जिस तरह से तुम सभी ने उनके साथ ऐसा व्यवहार किया है। मैं सीता का राम के साथ मिलन और रावण का उसके बुरे कर्मों कारण विनाश देख रही हूं।

सीता का बायाँ हाथ अचानक काँपने लगा ,मानो उनके अच्छे दिन आने वाले हों। उन्हें लगा कि उसकी बाईं जांघ काँप रही है, मानो राम उनके सामने हों।

शुभ संकेतों का दिखना ईश्वरीय हस्तक्षेप के रूप में कार्य करता है। उन्होंने उसकी संभावित कार्रवाई को बाधित किया और आशा और आसन्न सकारात्मक परिणामों का स्पष्ट संदेश दिया। निराशा भले ही

दूर न हुई हो ,लेकिन इन संकेतों ने उन्हें एक उज्जवल भविष्य में विश्वास करने का कारण दिया। सीता को आशा और राहत की लहर का अनुभव हुआ। उनके दुःख कम हो गए , उनकी थकावट दूर हो गई और उनके परेशान मन को स्पष्टता मिली। उनके चेहरे पर फिर से सुंदरता लौट आई ,जो बढ़ते पखवाड़े के दौरान चांदनी रात की तरह एक शांतिपूर्ण चमक बिखेर रही थी।

शिंशुपा वृक्ष की शाखाओं में छिपे हनुमान ने सीता ,त्रिजटा द्वारा बोले गए प्रत्येक शब्द तथा राक्षसी प्राणियों की धमकियाँ सुनीं।

हनुमान अनिर्णय की स्थिति में थे। क्या उन्हें सीता को सांत्वना देने का प्रयास करना चाहिए या चुप रहना उनके दुःख का सम्मान करना अधिक उचित था ? अंततःउन्होंने बोलना चुना क्योंकि वह टूटने के पड़ाव पर थीं और उन्हें सांत्वना की आवश्यकता थी।
फिर भी उसे चिंता थी कि उसका वानर रूप और संस्कृत का ज्ञान उन्हें भयभीत कर सकता है ,जिससे वह उसे रूप बदलने वाले रावण के रूप में समझ सकती है। उसे महिला राक्षसों के हस्तक्षेप का भी डर था ,जैसे कि उसे पकड़ना या सीता को मारना ।

अगर वह बोल भी देता तो भी सफलता की गारंटी नहीं थी। खुद को प्रकट करने से सीता डर सकती थीं और राक्षसों को हराने से भी समुद्र पार उसकी सुरक्षित वापसी सुनिश्चित नहीं होती। हनुमान समझ गए थे कि उनके अच्छे इरादे वाले काम राम और सुग्रीव की योजनाओं को बाधित कर सकते हैं ,क्योंकि सफलता के लिए समय और गोपनीयता बहुत ज़रूरी थी।

हनुमान ने सीता से बात करने से पहले बहुत सोचा। उन्होंने उन्हें राजा दशरथ की कहानी सुनाई ,जो प्रिय राजकुमार राम के पिता थे।

रामएक कुशल धनुर्धर और लोगों के रक्षक थे ,अपने पिता के सम्मान की रक्षा के लिए अपनी पत्नी सीता और भाई के साथ वनवास में रहते थे। दुर्भाग्य से ,राक्षस रावण ने उन्हें धोखा दिया और सीता का अपहरण कर लिया।

राम ने वानर राजा सुग्रीव से मित्रता की और शक्तिशाली वालि को हराकर किष्किंधा को सुग्रीव को वापस लौटा दिया। गरुड़ राजा संपाती से मिले सुराग के बादबहादुर वानर हनुमान ने सीता को खोजने के लिए विशाल समुद्र पार किया। उन्होंने सीता को वह सब कुछ बताया जो राम ने बताया था और चुप रहे।

सीता उनके शब्दों से चकित हो गईं। इधर-उधर देखते हुएसीता ने हनुमान को देखा ,जो पवन देवता के बुद्धिमान पुत्र थे ,जो राजा सुग्रीव के विश्वसनीय सलाहकार थे। वह पूर्वी पहाड़ों के पीछे उगते सूरज की तरह खड़े थे। वह हनुमान को देखकर चौंक गईं ,जो चमक से जगमगा रहे थेऔर उन्हें लगा कि शायद वह भ्रम में पड़ गई हैं , क्योंकि वह हर समय राम के बारे में सोच रही थीं और रातों की नींद हराम कर रही थींऔर उनका मन शायद वही सुन रहा था जो वह सुनना चाहती थीं। उन्होंने प्रार्थना की कि हनुमान और उनके शब्द सच्चे हों और वे भ्रम में न हों।

हनुमान पेड़ से नीचे उतरे , सीता के पास गए और उनसे धीरे से पूछा कि क्या वह राम की पत्नी हैं? सीता ने अपनी कहानी की शुरुआत राम के साथ अपने इतिहास , राजा दशरथ के आदेश के तहत उनके वनवास और कैसे रावण ने उन्हें जंगल से अगवा किया था ,उसका वर्णन करके किया।

सीता की पीड़ा सुनकर हनुमान ने खुद को राम का दूत बताया। उन्होंने राम ,लक्ष्मण और सुग्रीव के संदेश और चिंताएँ बताईं। यद्यपि

सीता को संदेह हुआ और उन्हें लगा कि यह रावण की चाल है। जब हनुमान उनके पास आएतो उन्होंने उन्हें डांटा और राम के चरित्र का सबूत मांगा। जवाब में हनुमान ने सुग्रीव के मंत्री के रूप में अपनी असली पहचान बताई और राम के महान गुणों का विवरण दिया। उन्होंने सीता से उनकी बातों पर विश्वास करने के लिए कहा।

हनुमान ने सीता को वह अंगूठी भेंट की जो राम ने उनका मनोबल बढ़ाने के लिए भेजी थी। अंगूठी देखकर सीता का दिल खुशी से झूम उठा और उन्होंने विशाल समुद्र में हनुमान की असाधारण यात्रा की प्रशंसा की। उन्होंने अपना विश्वास व्यक्त किया कि राम ,लक्ष्मण , भरत और सुग्रीव अपनी सेनाओं के साथ रावण को हराने और उसे छुड़ाने के इरादे से जल्द ही लंका पहुंचेंगे। हनुमान ने सांत्वना भरे शब्दों के साथ जवाब दिया , सीता को विश्वास दिलाया कि राम , सुग्रीव और एक शक्तिशाली वानर सेना वास्तव में रावण और उसकी सेनाओं को हराने के लिए समुद्र पार करेगी। उन्होंने वचन दिया कि राम जल्द ही उनके साथ खड़े होंगे। सीता ने पूछा कि उनकी अनुपस्थिति में राम कैसे हैं? हनुमान ने कहा कि राम की पीड़ा सीता की पीड़ा की प्रतिरूप थी।

अंतहीन निराशा को सहने के बादसीता को अंततः आशा की एक किरण दिखाई दी।
हनुमान की उपस्थिति ने पारंपरिक ज्ञान में उनके विश्वास को पुष्ट किया कि सबसे अंधकारमय समय भी अंततः उज्ज्वल दिनों का मार्ग प्रशस्त कर सकता है ।सीता के विचार इस प्रकार थे: कठिनाइयों और चुनौतियों के दौरान सहनशील बने रहना खुशी का अनुभव करने के लिए आवश्यक है। यही कारण है कि ऋषियों ने कहा कि जीवन में खुशी का अनुभव करने के लिए एक पूरा जीवन जीना होगा।

जब हनुमान ने सीता को बताया कि राम उनके वियोग में कितने दुःखी हैं ,तो सीता खुशी और निराशा से भर उठीं। उन्होंने हनुमान से विनती की कि वे रावण द्वारा तय की गई दो महीने की समय-सीमा से पहले राम को लंका ले आएं ,अन्यथा उन्हें मृत्युदंड भुगतना पड़ेगा। हनुमान ने सीता को आश्वस्त किया कि राम अवश्य आएंगे और उन्होंने सीता को प्रस्रवण पर्वत पर राम के पास वापस ले जाने की पेशकश की। यद्यपि ,सीता को हनुमान के छोटे वानर रूप के कारण उनकी क्षमता पर संदेह था। जवाब मेंहनुमान ने विशाल आकार ले लिया ,जिससे सीता में आत्मविश्वास भर गया।

हनुमान के साहस के लिए आभारी होने के बावजूद सीता ने उनकी हवाई यात्रा के खतरों के बारे में चिंता व्यक्त की। रावण और उसके राक्षस उन पर हमला कर सकते थे ,जिससे हनुमान को उनकी रक्षा करते हुए युद्ध करना पड़ता। इसके अलावा ,उन्हें डर था कि उनकी उड़ान की तीव्र गति घातक साबित हो सकती है। इसलिए ,उन्होंने हनुमान से राम को लंका लाने की विनती की।

हनुमान ने तब एक ऐसा चिन्ह मांगा जिसे राम पहचान सकें। सीता ने बताया कि कैसे एक बार चित्रकूट पर्वत पर एक कौवे ने उनकी सांस को घायल कर दिया था जिससे खून बहने लगा था। राम ने क्रोध में कौवे पर एक शक्तिशाली ब्रह्मास्त्र छोड़ा था। हताश कौवा तब तक किसी से सुरक्षा नहीं पा सका जब तक उसने राम से दया की भीख नहीं मांगी। दयालु राम ने अस्त्र से उसकी दाहिनी आंख के बदले में कौवे की जान बख्श दी। सीता ने हनुमान से राम को यह कहानी बताने के लिए कहा ,साथ ही उनके और लक्ष्मण के लिए शुभकामनाएं भी दीं। उन्होंने उनके स्वास्थ्य के लिए अपनी चिंता व्यक्त की और दुःखद रूप से घोषणा की कि वह रावण की समय सीमा से पहले केवल एक और महीना सहन कर सकती हैं। अंत में उन्होंने हनुमान

को राम के लिए उनकी मुलाकात के प्रमाण के रूप में अपना चूड़ामणि दिया। उन्होंने सीता से विदा ली और चले गए।

20. चुपचाप चतुराई से: हनुमान और डॉ० कलाम की विजय गाथा

चुनौती:

हनुमान ने पहाड़ की चोटी से लंका के भव्य शहर को देखा, उसकी सुंदरता और समृद्धि पर आश्चर्यचकित हुए। शहर में तरह-तरह के पौधे और पेड़ लगे हुए थे, शाखाओं के बीच पक्षी चहचहा रहे थे और हंसों और बत्तखों से भरे हरे-भरे बगीचे थे। शहर एक सुनहरी दीवार से घिरा हुआ था और भयंकर राक्षसों द्वारा संरक्षित था। जैसे-जैसे उन्होंने करीब से देखा , उन्हें अपने सामने चुनौती की विशालता का एहसास हुआ :रावण को हराना और सीता को बचाना लगभग असंभव काम लग रहा था।

इसी तरह ,1990 के दशक में भारत ने अपनी रणनीतिक स्वायत्तता स्थापित करने और राष्ट्रीय सुरक्षा को मजबूत करने के लिए परमाणु शक्ति बनने का लक्ष्य रखा। इस महत्वाकांक्षी लक्ष्य को अंतर्राष्ट्रीय निगरानी ,तकनीकी बाधाओं और वैश्विक कूटनीतिक प्रतिक्रिया से बचने के लिए गोपनीयता की आवश्यकता सहित कई चुनौतियों का सामना करना पड़ा। यह कार्य हनुमान के समुद्र पार करने और लंका में सीता को खोजने के अभियान जितना ही कठिन लग रहा था।

परिवर्तन का बिन्दु:

इस महत्वपूर्ण अवधि के दौरानएक प्रमुख भारतीय वैज्ञानिक डॉ०
ए.पी.जे. अब्दुल कलाम रक्षा अनुसंधान एवं विकास संगठन
(डीआरडीओ)और परमाणु ऊर्जा आयोग में इस दल के अग्रणी थे।
हनुमान की चतुर रणनीतियों के समान डॉ० कलाम ने अंतर्राष्ट्रीय
निगरानी प्रणालियों , विशेष रूप से शक्तिशाली देशों के उपग्रहों की
नज़र में आए बिना पोखरण में परमाणु परीक्षण करने के लिए
सावधानीपूर्वक एक गुप्त ऑपरेशन की योजना तैयार की।

जैसे ही रात हुई , हनुमान ने अंधेरे की आड़ में लंका में प्रवेश किया ,
सतर्क राक्षस रक्षकों से बचने के लिए अपना आकार छोटा कर लिया
और किसी की नजर में आए बिना नगर में घुस गए। नगर की
सुनहरी चमक और महलों के भीतर से आने वाली हंसी उनके
अभियान की तात्कालिकता के बिल्कुल विपरीत थी। इसी तरह , डॉ०
कलाम के दल ने पता लगने से बचने के लिए रचनात्मक रणनीति
अपनाई। उन्होंने साधारण दिखने वाले ट्रकों में सामग्री का परिवहन
किया ,रात में परीक्षण किए और अंतर्राष्ट्रीय निगरानी को गुमराह
करने के लिए नकली चीजों का इस्तेमाल किया।

निराशा और स्मार्ट समाधान:

लंका में प्रवेश करने पर हनुमान नगर की विलासिता और धन-संपत्ति
से प्रभावित हुए। सुनहरे महल ,हरे-भरे बगीचे और उसके निवासियों
का आनंद से भरा जीवन उनके अभियान की गंभीरता से बिल्कुल
अलग था। इतने विशाल और अच्छी तरह से सुरक्षित नगर में सीता

को खोजने में कठिनाई का एहसास होने पर वे क्षण भर के लिए निराश हो गए।

इसी तरह , डॉ॰ कलाम के दल को भी संदेह और निराशा के क्षणों का सामना करना पड़ा क्योंकि वे जटिल और जोखिम भरे ऑपरेशन से गुजर रहे थे ,उन्हें पता था कि एक भी गलती दुनिया के सामने उनकी योजनाओं को उजागर कर सकती है। इन चुनौतियों के बावजूदहनुमान और डॉ॰ कलाम ने अपनी बाधाओं को दूर करने के लिए छोटे ,बुद्धिमानी भरे उपाय अपनाए। हनुमान ने चतुराई से अपने आकार को बदलकर और छिपकर टकराव से स्वयं को बचा लिया। जब उनका सामना दुर्जेय राक्षसों सुरसा और सिंहिका से हुआ ,तो उन्होंने अपनी बुद्धि का इस्तेमाल करके उन्हें मात दी ,जिससे यह साबित हुआ कि हर समस्या के लिए क्रूर बल की आवश्यकता नहीं होती।

डॉ॰ कलाम की टीम ने भी यही तरीका अपनाया। उन्होंने अपने अभियान को गुप्त रखने के लिए छद्म ,रात्रिकालीन ऑपरेशन और साधारण दिखने वाले परिवहन का इस्तेमाल कियाताकि यह सुनिश्चित हो सके कि उनकी योजनाएँ अंतर्राष्ट्रीय निगरानी प्रणालियों की पकड़ में न आ सकें।

नाटकीय परिणाम:
कई बार करीबी मुठभेड़ों और रणनीतिक चालों के बादहनुमान की दृढ़ता रंग लाई। उन्होंने अशोक वाटिका में सीता को पाया , यह एक ऐसा क्षण जिसने उनके अभियान और उनकी क्षमताओं में उनके विश्वास की पुष्टि की। जब उन्होंने सीता को राम का संदेश दिया तो यह उनकी एक बहुत ही जबरदस्त जीत थी ,जिसने उनके अंतिम बचाव के लिए मंच तैयार किया। यह जीत का एक ऐसा क्षण था

जिसने दुर्गम चुनौतियों का सामना करने में दृढ़ता और बुद्धिमत्ता की शक्ति को रेखांकित किया।

इसी तरह 11 मई, 1998 को भारत ने पोखरण में सफलतापूर्वक परमाणु परीक्षण किया। ये परीक्षण इतनी गोपनीयता और सटीकता के साथ किए गए कि दुनिया हैरान रह गई। इन सफल परीक्षणों ने भारत की वैज्ञानिक और सामरिक क्षमता को स्थापित किया और देश को वैश्विक परमाणु मानचित्र पर मजबूती से खड़ा किया।

चिंतन :

हनुमान की लंका यात्रा और डॉ० अब्दुल कलाम की पोखरण-2 परमाणु परीक्षण की रणनीतिक योजना के बीच समानताएं चौंकाने वाली हैं। दोनों ने बाधाओं को दूर करने और अपने अभियान को पूरा करने के लिए अपनी बुद्धिमत्ता , अनुकूलनशीलता और साहस का इस्तेमाल किया। यह तुलना महत्वपूर्ण चुनौतियों पर काबू पाने में छोटे , रणनीतिक समाधानों की प्रभावशीलता को रेखांकित करती है।

यह कहानी इस बात को रेखांकित करती है कि केवल कुछ समस्याओं के लिए ही बड़े ,सीधे समाधान की आवश्यकता होती है। अकसर ऐसा प्रतीत होता है कि छोटी-छोटी ,सुविचारित रणनीतियों की एक श्रृंखलादुर्गम चुनौतियों पर अधिक प्रभावी ढंग से विजय प्राप्त कर सकती हैं। हनुमान और डॉ० कलाम दोनों ही इस बात के उदाहरण हैं कि कैसे बुद्धिमत्ता , दृढ़ता और चतुर रणनीति असाधारण उपलब्धियों की ओर ले जा सकती है ,निराशा के क्षणों को विजयी सफलता में बदल सकती है।

21. लंका का पतन

रावण की योजनाओं को उजागर करने और उसकी ताकत का आकलन करने के लिए एक साहसिक कदम उठाते हुएहनुमान ने टकराव की रणनीति अपनाई। उन्होंने रावण के हरम से सटे भव्य उद्यान को तहस-नहस कर दिया ,जिससे सीता की रक्षा करने वाली राक्षसियों में भय व्याप्त हो गया। जब सीता से पूछा गयातो उन्होंने इस बात से इनकार कर दिया कि वे इस घटना के लिए जिम्मेदार दुर्जेय वानर को जानती हैं।

विनाश की खबर रावण तक पहुंची ,जिससे उसका क्रोध और बढ़ गया। उसने अपने 80,000 कुशल किंकरा योद्धाओं को हनुमान को पकड़ने के लिए भेजा। यद्यपि हनुमान ने खुद को राम का दूत बताते हुए निर्भीकता से उनका डटकर मुकाबला किया। बगीचे के द्वार से लोहे की छड़ लेकर उन्होंने अकेले ही पूरी सेना को मार गिराया।

हनुमान ने राक्षसों के संरक्षक देवता द्वारा पूजित एक मंदिर को निशाना बनाकर अपना उत्पात जारी रखा। उन्होंने मंदिर पर चढ़ाई की ,पहरेदारों को खत्म किया और राम ,लक्ष्मण और सुग्रीव के नामों से भरी एक हुंकार भरी गर्जना की। उसके बाद उनका रूप विशाल हो गया। हनुमान ने इमारत से एक खंभा उखाड़ लिया, उसे अविश्वसनीय गति से घुमाया और विशुद्ध बल से एक विनाशकारी ज्वाला प्रज्ज्वलित की।

रावणहनुमान को पकड़ने के लिए आतुर था ,उसने प्रहस्त के पुत्र जम्बुमाली को भेजा। जम्बुमाली के धनुष से हनुमान पर बाणों की

बौछार हुई ,लेकिन कोई फायदा नहीं हुआ। हनुमान ने प्रकृति की शक्ति से ही जवाबी हमला कियाऔर जम्बुमाली की ओर एक शक्तिशाली चट्टान फेंकी। राक्षस ने प्रहार को झेला , जिसके बाद हनुमान ने एक विशाल साल के पेड़ को उखाड़ फेंका। अंतिम , विनाशकारी प्रहार के साथ ,जम्बुमाली उस प्रबल शक्ति के आगे झुक गया।

प्रधान मंत्री प्रहस्त के सात पुत्रों ने हनुमान पर रथ से हमला किया , जो मेहराबदार प्रवेश-द्वार के ऊपर खड़े थे। उन पर बाणों की बौछार हुई ,लेकिन हनुमान ने अपने नंगे हाथों ,पैरों और शरीर से हमलावरों को तेजी से कुचल दिया। राक्षसों का वध करने के बादवे तोरणद्वार पर अपने स्थान पर वापस लौट आए।

रावण इस पागल-ताकतवर वानर से घबरा गया ,इसलिए उसने हनुमान को हराने के लिए अपने पांच सबसे अच्छे सेनापतियों - विरुपाक्ष , युपक्ष, दुर्धरा, प्रघास और भासकर्ण को भेजा। उसने उन्हें चेतावनी भी दी-" यह वानर कोई मज़ाक नहीं है !सावधान"!

दुर्धरा ने पहले हमला किया ,लेकिन हनुमान उससे कहीं ज़्यादा तेज़ थे। विरुपाक्ष और युपक्ष ने अगला प्रयास किया ,लेकिन हनुमान ने सीधे ज़मीन से एक पेड़ उखाड़ा और उससे उन्हें मार डाला! फिरप्रघास और भासकर्ण ने सोचा कि वे बेहतर कर सकते हैं ,लेकिन हनुमान ने उन्हें पहाड़ के एक विशाल टुकड़े से कुचल दिया ! बाकी सेना तितर-बितर हो गईऔर हनुमान अशोक वाटिका के द्वार पर वापस चले गए, जैसे कि यह कोई बड़ी बात नहीं थी।

रावण घबरा गया !उसने हनुमान को रोकने के लिए अपने छोटे बेटे-मुश्किल से चौदह साल के अक्षय को एक विशाल सेना के साथ भेजा। अक्षय , एक बहादुर योद्धा ,ने ऐसे बाण छोड़े जो हनुमान को भी छू

गए। लड़के के कौशल से प्रभावित होने के बावजूदहनुमान आगे के हमलों का जोखिम नहीं उठा सकते थे। वह आसमान की ओर उछला , फिर अक्षय पर वार की बरसात की ,उसके रथ और घोड़ों को नष्ट कर दिया और उसे मार डाला। इसके साथ हीहनुमान मेहराबदार द्वार पर अपने स्थान पर लौट आए।

हनुमान की शक्ति से घबराकर रावण ने अपने सबसे शक्तिशाली योद्धा इंद्रजीत को बुलाया। इंद्रजीत अपने रथ पर सवार होकर हनुमान की ओर दौड़ा और हवा में तीर चलाते हुए आगे बढ़ा। लेकिन हनुमान, जो वायु के सामान तीव्र थे , ने उन्हें आसानी से विफल कर दिया। यह देखकर कि पारंपरिक हमले काम नहीं करेंगे ,इंद्रजीत ने सृष्टिकर्ता देवता ब्रह्मा द्वारा आशीर्वादित एक शक्तिशाली अस्त्र छोड़ा। इसकी दिव्य शक्ति का विरोध करने में असमर्थहनुमान ने आत्मसमर्पण कर दिया और जमीन पर गिर गए। राक्षसों ने अति प्रसन्न होकरउन्हें रस्सियों से बांध दिया और उन्हें अचंभित रावण के सामने खींच लाये। हालांकि हनुमान इतने शक्तिशाली थे कि वे मुक्त हो सकते थे , फिर भी वे रावण का सामना करने के लिए उत्सुक थे और स्वेच्छा से उनके साथ चले गए।

रावण के आदेशानुसार रावण के मुख्य मंत्री प्रहस्त ने हनुमान का सामना किया। उसने हनुमान की पहचान जाननी चाही और पूछा कि उसने अशोक वाटिका को क्यों नष्ट किया और राक्षसों को क्यों मारा। मुस्कराते हुए हनुमान ने समझाया- उसने वाटिका को नष्ट कर दिया था ताकि वह पकड़ा जाए और रावण से आमने-सामने मिले। उसने अपने ऊपर हमला करने वाले राक्षसों को मारने के लिए आत्मरक्षा का दावा किया। अंत मेंउसने खुद को राम का दूत बतायाऔर एक चंचल व्यंग्य के साथ कहा कि उसने केवल रावण को व्यक्तिगत रूप से

देखने के लिए आत्मसमर्पण किया है ,भले ही वह खुद को ब्रह्म अस्त्र से मुक्त कर सकता हो। रावण ने हनुमान को अपने दरबार में बैठने की जगह नहीं दी ,इसलिए हनुमान ने अपनी पूंछ को कुंडलित किया और रावण को दूत के साथ उचित व्यवहार करने का तरीका सिखाने के लिए उसके ऊपर बैठ गए।

राम के दूत के रूप में हनुमान ने रावण को सलाह दी कि वह अपने हित में सीता को छोड़ दे। अगर वह मना करेगा तो उसके साथ सबसे बुरा होगा। हनुमान की अवज्ञा से क्रोधित होकर रावण ने उसे मृत्युदंड देने का आदेश दिया। विभीषण ने हस्तक्षेप किया और रावण को याद दिलाया कि **धर्म** (ऋषियों द्वारा बताया गया आध्यात्मिक और नैतिक आचरण) दूत की हत्या करने से मना करता है और दूत को दंडित करने के लिए कई विकल्प सुझाए,जैसे- सिर मुंडवाना ,कोड़े मारना , दागना आदि। राक्षसों ने विभीषण की सलाह सुनने के बाद रावण के आदेशानुसार हनुमान की पूंछ को चिथड़ों में लपेटा ,तेल डाला और आग लगा दी। राक्षसों ने सीता को हनुमान की दुर्दशा के बारे में बताया और सीता ने अग्नि देवता से प्रार्थना की कि वे उन्हें कोई नुकसान न पहुँचाएं।

हनुमान अपनी पूंछ में आग लगाकर लंका में नाचते हुएआग की लपटों को लेकर आए। घर-घर जाकर उन्होंने रावण के सेनापतियों - रश्मिकेतु , सूर्यशत्रु और यहां तक कि शक्तिशाली कुंभकर्ण के घरों में आग लगा दी। फिर भी ,इस अराजकता के बीचविभीषण का घर अछूता रहा ,जो हनुमान के सावधान लक्ष्य का प्रमाण है-धन से भरे आलीशान घर आग की लपटों में जलकर राख हो गए।

अंत मेंहनुमान ने रावण के किले पर धावा बोला ,उसकी पूंछ से आग की लपटें निकल रही थीं और वह गरजने वाले बादल की तरह दहाड़

रहा था। हवा से भड़की आग एक अजेय जानवर बन गई ,जिसने सोने की खिड़कियां और कीमती रत्नों को भस्म कर दिया। राक्षस डर के मारे चिल्लाने लगे और महिलाएं जलते हुए घरों से भाग गईं, उनकी चीखें आग की चिंगारी के साथ मिल गईं।

लंका ,जो कभी चमकती थी ,अब एक ढलते हुए सूरज की तरह लग रही थी ,जो आग की लपटों में घिरी हुई थी ,जो प्रलय की दरार की प्रतिध्वनि कर रही थी। हनुमान ने अराजकता का निरीक्षण किया - स्तब्ध राक्षस , एक नगर भस्म हो गया - उनका काम पूरा हो गया। केवल विभीषण का घर सुरक्षित खड़ा था ,राख के बीच एक प्रकाश स्तंभ की भांति। उसने रावण के राज्य के समृद्ध हृदय को चकनाचूर कर दिया था।

थककर वानर योद्धा ने केवल राम के बारे में सोचा। देवताओं ने हनुमान की शक्ति की प्रशंसा कीऔर सभी प्राणी डर गए , क्योंकि उन्हें लगा कि दुनिया इस उग्र वानर के सामने कांप रही है।

हनुमान ने लंका को जलते हुए देखा ,लपटें उस क्रोध को प्रतिबिंबित कर रही थीं जिसने उन्हें भस्म कर दिया था। अचानकसंदेह उसके मन में घुस गया। वह बदला लेने पर इतना केंद्रित था कि उसने सीता के बारे में नहीं सोचा। उसके मन में घबराहट भर गई।

"क्रोध तुमसे भयानक काम करवाता है ," उसने सोचा। "तुम लोगों पर हमला करते हो ,उन्हें चोट पहुँचाते हो ...तुम उन लोगों को भी चोट पहुँचा सकते हो जिन्हें तुम प्यार करते हो। "शर्म ने उसे घेर लिया। क्या उसने क्रोध में सीता को नष्ट कर दिया ? क्या उसने राम के उद्देश्य को बर्बाद कर दिया ? वह स्वयं को निराशा से व्याकुल महसूस कर रहा था।

"मैंने पूरा नगर जला दिया-" हनुमान फुसफुसाए ,"लेकिन मैंने सबसे महत्वपूर्ण व्यक्ति की रक्षा नहीं की। "उन्होंने सीता के चले जाने पर राम और लक्ष्मण के दुःख की कल्पना की ,उनके क्रोध के कारण होने वाले दर्द की लहर जैसी। इसके भार ने उन्हें कुचल दिया।

हनुमान हार मान गए। वे इसे वापस नहीं ले सकते थे। उन्होंने अपने क्रोध को अपने ऊपर हावी होने दियाऔर अब परिणाम असहनीय हो सकते थे। फिर भी , आशा की एक किरण बाकी थी। क्या सीता अपनी शक्ति और पवित्रता के साथसुरक्षित रह सकती थीं? क्या अग्नि उसे बचा सकती थी?

अचानक उसने सीता की शक्ति और लचीलेपन की प्रशंसा करते हुए स्वर्गिक आवाज़ें सुनीं। उन्होंने शहर के जलने की बात कही ...लेकिन सीता सुरक्षित रहीं। हनुमान का हृदय पसीज गया। हो सकता है ,बस हो सकता है ,उसके आवेगपूर्ण कार्यों ने उन सभी को बर्बाद नहीं किया हो।

महत्वपूर्ण बिंदु

- क्रोध हमारे निर्णय को धुंधला कर देता है ,जिससे हम परिणामों के प्रति अंधे हो जाते हैं।
- क्रोध में हम अनजाने में उन लोगों को चोट पहुंचा सकते हैं जिनकी हम परवाह करते हैं।
- पश्चाताप और अपराध बोध भारी बोझ हैं।
- सच्ची शक्ति अपनी भावनाओं को नियंत्रित करने में निहित है ,न कि उन्हें हमें नियंत्रित करने देने में।

हनुमान अशोक वाटिका में वापस चले गए। उन्होंने सीता को आखिरी बार उम्मीद की किरण दिखाई , उन्हें राम के अटूट प्रेम और उनकी सेना के जल्द ही आने का भरोसा दिलाया। फिरसीता के आशीर्वाद के साथवे प्रस्थान के लिए तैयार हो गए।

फिर वे अरिष्ट पर्वत की ओर बढ़े, उनका शरीर शक्ति से भर गया। एक जोरदार छलांग के साथवह लंका के तट से ऊपर ऊपर उठे और कुछ देर के लिए मैनाक पर्वत पर उतरे। यह समुद्र पार विजय यात्रा जैसी थी।

22. हनुमान की विजयी वापसी

महेंद्र पर्वत पर पहुँचकरवीर वानर योद्धा हनुमान ने एक विजयी दहाड़ लगाई जो आसमान में गूंज उठी। नीचे मौजूद उनके वफादार साथी वानर पागल हो गए !बुद्धिमान बूढ़े भालू और उनके सम्मानित नेता जाम्बवंत ने चिल्लाते हुए कहा ,"उसने काम कर दिया !हमारा नायक वापस आ गया है "!बंदरउत्सुकता से उसकी वापसी का इंतजार करते हुएखुशी से उछल पड़े और चिल्लाने लगे।

शिखर से उतरते समय हनुमान का स्वागत एक विजयी योद्धा की तरह हुआ। अंगद ने उत्साह से भरकर अपने साथियों के साथ एक प्रमुख स्थान पर कब्जा कर लिया। हनुमान ने अपने साहसिक अभियान और सीता से हुई मुलाकात के बारे में बताया -हर विवरण ने भीड़ में एड्रेनालाईन की एक नई लहर पैदा कर दी।

यह एक अभियान से कहीं बढ़कर था ; यह बुराई के खिलाफ उनकी लड़ाई में एक महत्वपूर्ण मोड़ था। हरेक की आँखों में उम्मीद की किरणें चमक रही थीं। उन्होंने सीता को पा लिया था ,जो राम की प्रिय पत्नी थींऔर अबहनुमान के नेतृत्व में ...राक्षस राजा रावण को पता नहीं था कि उसे क्या चोट लगी है!

सीता की कहानी सुनाने के बादहनुमान की उग्र आत्मा ने वानरों को भड़का दिया। वह बिना सीता के राम के पास लौटने के बारे में सोच भी नहीं सकता था ! अकेले भीवह लंका पर हमला करने और रावण को कुचलने के लिए तैयार था ! उसने सैनिकों को इकट्ठा किया ,उन्हें

उनकी पिछली जीत और ताक़त की याद दिलाई। बंदरों ने सहमति में दहाड़ लगाई।

अंगद का दिल धड़क उठा। "चलो समय बर्बाद न करें "!- वह चिल्लाया। "सीता को अभी हमारी ज़रूरत है। हम उसे मुक्त कर सकते हैं ,फिर राम को बताएंगे"!

बुद्धिमान और सतर्क जाम्बवंत ने कहा-"हमें राम की आज्ञा का सम्मान करना चाहिए," उन्होंने उन्हें याद दिलाया। "हमने सीता को खोजने का वादा किया था , उनके मार्गदर्शन के बिना युद्ध शुरू करने का नहीं।"

अंगद और हनुमानअधीरता और कार्रवाई में तत्परता के मिश्रण से भरे हुए सीता को बचाने के लिए उत्सुक थे। जाम्बवंत द्वारा आदेशों की श्रृंखला की याद दिलाने पर उनकी निराशा कई युवा लोगों की भावनाओं को दर्शाती है- अधीर और बदलाव लाने के लिए तैयार ,भले ही इसका मतलब नियमों को तोड़ना हो। वे राम की योजना का पालन करने के महत्व को समझते थे , लेकिन सीता की पीड़ा के लिए उनके दिल में दर्द था।

बंदरों ने हताशा में बड़बड़ाना शुरू कर दिया , वे तुरंत कार्रवाई करने और सीता को बचाने के लिए तैयार थे। वे अधीर थे और हनुमान की तरह ही तत्पर थे।हालांकि,जाम्बवंत द्वारा आदेशों की श्रृंखला की याद दिलाने से उनकी आवेगशीलता कम हो गई और उन्हें राम की योजना का पालन करने के अपने कर्तव्य की स्मृति ताजा हो गई।

किष्किन्धा लौटते समय वे मधुवन के हरे-भरे मधुवन में पहुंचे ,जो सुग्रीव का प्रिय उद्यान था। हनुमान और अंगदविजय का स्वाद चखने के लिए उत्सुक थे , उन्होंने वानरों को दावत दी। वानरों का उत्साह बढ़ रहा था ,उनकी निराशा कम हो रही थी , वे खूब मदिरा पी रहे थे। जल्द ही वे नाचने और गाने लगे , संरक्षित वन में एक जंगली उत्सव मनाया गया , उनकी खुशी और राहत हवा में साफ झलक रही थी।

यह रक्षकों के लिए बहुत ज़्यादा था। वे उद्दंड वानरों से भिड़ गए , जिन्होंने भयंकर रूप से उनका मुकाबला किया। अंगद ने उनके नेता दधिमुख को भी पीटा , लड़ाई किष्किंधा तक फैल गई।

दधिमुख ने सुग्रीव के पास जाकर इस तबाही की शिकायत की। लेकिन सुग्रीव ने वानरों की उत्तेजना को महसूस करते हुए कुछ और ही सोचा। "ऐसा लगता है कि उन्होंने सीता को पा लिया है"- उसने लक्ष्मण से कहा। उसकी आँखों में चमक थी। उसने दधिमुख को पीठ पर एक आश्वस्त थपकी देकर शांत किया और फिर अंगद ,हनुमान और बाकी लोगों को अपने सामने लाने का आदेश दिया। वह क्रोधित नहीं था - वह उनकी कहानी सुनना चाहता था , उसकी आवाज़ जिज्ञासा और प्रत्याशा से भरी हुई थी!

सुग्रीव की प्रतिक्रिया से पता चला कि वयस्क भी इन 'समस्या-समाधानकर्ताओं 'में जोश देख सकते थे और उनकी आवेगशीलता के बावजूद उन पर विश्वास कर सकते थे। इस अंतर्निहित आशा ने यह आश्वासन दिया कि उनके प्रयासों को मान्यता दी गई और उन्हें महत्व दिया गया।

अंगद ,हनुमान और अन्य वानर प्रस्रवण पर्वत पर वापस दौड़ेऔर राम को सब कुछ बताने के लिए उत्सुक हो गए। "हमें सीता मिल गई "! - वे चिल्लाए। लक्ष्मण और सुग्रीव के साथ राम ने ध्यान से उनकी बातें सुनीं। "मुझे सब कुछ बताओ "! राम ने विनती की। वह उनकी सुरक्षा और उपस्थिति के बारे में हर विवरण जानना चाहते थे।

हनुमान आगे बढ़े , उनके शक्तिशाली शरीर से आत्मविश्वास झलक रहा था। उन्होंने बताया कि कैसे उन्होंने भयानक राक्षसों की निगाहों के बीच सीता को पाया ,उनकी आवाज़ स्थिर और स्पष्ट थी। उन्होंने राम को सीता द्वारा भेजा गया कीमती रत्न दिया ,जो उनकी आशा का प्रतीक था ,उस पल के भार से उनके हाथ थोड़े कांप रहे थे। फिरउन्होंने सीता के प्रेम और शक्ति के संदेश को सावधानीपूर्वक दोहराया ,उनकी आवाज़ श्रद्धा और दृढ़ संकल्प से भरी हुई थी।

राम के चेहरे पर आँसू बह निकले , जब उन्होंने रत्न को पकड़ा , उनकी आवाज़ दुःख और लालसा से भरी हुई थी। "यह मुझे हमारे विवाह के दिन की याद दिलाता है" - उन्होंने कहा। उनकी आवाज़ भावनाओं से काँप रही थी। "उसके पिता ने उसे यह सुंदर रत्न दिया था ...मेरी सीता कितनी अकेली और डरी हुई होगी। मैं उसके दुःख के बारे में सोच भी नहीं सकता।"

राम ने सुग्रीव की ओर रुख किया। "यह रत्न मुझे विश्वास दिलाता है कि वह अभी भी जीवित है "! - उन्होंने घोषणा की। "हर पल जो हम प्रतीक्षा कर रहे हैं वह बहुत लंबा है। मुझे उसके पास ले चलो !मुझे उसे उन राक्षसों से बचाना है।"

राम को हनुमान से पता चला कि सीता ने विशाल समुद्र को पार करने की बंदरों और भालुओं की क्षमता पर गंभीर संदेह व्यक्त किया था। उसने हनुमान से विनती की थी कि वह राम से कहें कि वह लंका में रावण और उसकी पूरी सेना को नष्ट कर दें ताकि उसे सम्मान के साथ अयोध्या वापस लाया जा सके। हनुमान ने सुग्रीव की कमान में वानर और भालू सेना की ताकत के बारे में समझाकर सीता को आश्वस्त किया और राम का संदेश सुनाकर उसे सांत्वना और शांति प्रदान की।

राम ने हनुमान की कहानी ध्यान से सुनी और उनके मन में प्रशंसा की लहर दौड़ गई। हनुमान ने खुद को न केवल बहादुर बल्कि बुद्धिमान और साधन संपन्न भी साबित किया था। गर्मजोशी से गले मिलते हुएराम ने अपने वफादार दोस्त का शुक्रिया अदा किया। इसके बादराम चुप हो गए , उनका मन समुद्र पार करने की विकट बाधा के बारे में सोच रहा था।

सुग्रीव ने राम को सलाह दी कि वे आशंकाओं को किनारे रखें और समुद्र पार करने के लिए पुल बनाने जैसे विकल्पों पर विचार करें। उन्होंने राम को आश्वासन दिया कि बहादुर वानर पुल पार करके लंका पहुँचते ही रावण की सेना को हरा देंगे।

राम ने सुग्रीव की ओर रुख किया , उनकी आवाज़ में दृढ़ता थी। "इस महासागर को पार करने का रास्ता चतुराई , शक्ति या दैवीय इच्छा से बनाया जाना चाहिए। हनुमान , लंका के भीतर आपके अवलोकन सबसे महत्वपूर्ण हैं। इसकी सुरक्षा , सेना और नगर की रूपरेखा का वर्णन करें। कोई भी विवरण अनकहा न छोड़ें।"

हनुमान , जो हमेशा कुशल वक्ता रहे हैं , ने संतुलित लय के साथ कहा। "मेरे स्वामी, लंका ,विलासिता और खतरे दोनों को दर्शाती है। इसके नागरिक राक्षसों से भरे हुए हैं , उनके रथ और युद्ध-पशु सड़कों पर भीड़ लगाए हुए हैं। शहर के द्वार दुर्जेय , सुदृढ़ और घातक घेराबंद हथियारों से सुसज्जित हैं, जो किसी भी पारंपरिक हमले को पीछे हटाने के लिए तैयार किए गए हैं।

ये सुरक्षा-व्यवस्था भौतिक सीमाओं से परे है। लंका के चारों ओर एक दुर्जेय खाई है ,जिसके पानी में प्राकृतिक और राक्षसी जीव-जंतु भरे पड़े हैं। इसके अलावाचमचमाती प्राचीरें सबसे दृढ़ निश्चयी सेना को भी रुकने पर मजबूर कर देंगी। वे कीमती पत्थरों से जड़ी हुई हैं ,जो धन-संपदा और सूक्ष्मता के प्रति उपेक्षा का प्रमाण हैं।

रावण , उनका नेता , हमलों के बारे में चिंतित है। उसने नगर में जाने वाले पुलों पर कई पहरेदारों को तैनात किया हैऔर उसके सबसे अच्छे योद्धा मुख्य द्वार पर तैनात हैं। मैंने खुद रावण को भी वहाँ युद्ध के लिए तैयार देखा।"

"ईमानदारी से कहूं तो राम , लंका एक किले की तरह है। यह एक पहाड़ की चोटी पर है , चारों ओर पानी से घिरा हुआ है , जिससे वहां पहुंचना मुश्किल है।"

"लेकिन चिंता न करें! जब मैं वहां था तो मैंने कुछ गंभीर क्षति पहुंचाई। मैंने पुल तोड़ दिए ,दीवार के कुछ हिस्से तोड़ दिए और उनके कुछ सैनिकों को मार गिराया। वे शायद अभी भी अस्त-व्यस्त हैं।"

हम उनके बचाव को पूरी तरह से संभालने से पहले ही निर्णायक प्रहार से ध्वस्त कर सकते हैं। चुनिंदा योद्धा- अंगद ,जाम्बवंत , मैं और अन्य - अराजकता की आड़ में लंका में घुसपैठ कर सकते हैं। हम भीतर से कलह फैलाएंगे ,रावण की शक्ति के केंद्र पर प्रहार करेंगे जबकि आपकी सेनाएं उनकी सेनाओं से भिड़ेंगी। मेरे प्रभु , सीता को पुनः प्राप्त करने का यही मार्ग है।"

23. लंका अभियान

राम महत्वपूर्ण निर्णय लेने से पहले वैदिक ज्योतिषीय संकेतों पर सावधानीपूर्वक विचार करने के लिए जाने जाते थे। उन्होंने सुग्रीव को उत्तरा फाल्गुनी (27 चंद्र राशियों या नक्षत्रों में से 12वां जो सिंह राशि में 26.40 डिग्री से कन्या राशि में 10.00 डिग्री तक फैला है) और हस्त (27 चंद्र राशियों में से 13वां जो कन्या राशि में 10 से 23.20 डिग्री तक फैला है) के संरेखण से पहले दिन की दोपहर में वानर सेना को प्रस्थान करने के लिए तैयार करने का निर्देश दिया।यह समय लंका की यात्रा के लिए शुभ माना जाता था। कुछ वैदिक ज्योतिषियों ने आकाशीय मानचित्र के आधार पर मार्च की तिथि 5076 ईसा पूर्व बताई।

राम ने सुग्रीव को कुछ आदेश दिए ,जिन्हें उसने लागू किया। आदेश थे कि नील सेना को वानर योद्धाओं के साथ ऐसे मार्ग पर ले जाए , जहाँ सेना को भरपूर मात्रा में फल ,कंद ,ताज़ा पानी और शहद मिले। गज ,गवय और गवाक्ष को सेना के आगे चलना था। ऋषभ को सेना के दाहिने हिस्से की रक्षा करनी थी ,गंधमादन को सेना के बाएं हिस्से की ,जाम्बवंत ,सुषेण और वेगदर्शी को सेना के मध्य भाग की रक्षा करनी थी ,वालिमुक और अन्य योद्धा सेना के पिछले हिस्से की रक्षा करते थे।

राम ने कहा कि वे हनुमान के कंधों पर सवार होंगे और लक्ष्मण अंगद के कंधों पर सवार होंगे ;वे और लक्ष्मण सेना के मध्य में होंगे और उन्होंने सुग्रीव से भी मध्य में रहने को कहा।

सुग्रीव और लक्ष्मण द्वारा सम्मानित राम अपनी सेना को दक्षिण की ओर ले गए। अंगद पर सवार होकर लक्ष्मण ने राम को प्रोत्साहित किया" :जल्द ही आप रावण को हरा देंगे ,सीता को बचा लेंगे और विजयी होकर अयोध्या लौटेंगे"!

संकेत आशाजनक थे। उनकी पीठ पर हल्की हवा बह रही थीऔर जानवर शुभ ध्वनि के साथ चिल्ला रहे थे। आसमान साफ था ,सूरज चमक रहा था। ऋषि भृगु से पैदा हुआ शुक्र ग्रह उनके पीछे चमक रहा था ,जबकि स्थिर ध्रुव तारा आगे चमक रहा था। उनके दादा त्रिशंकु सहित पूर्वजों की आत्माएं उन पर नज़र रख रही थीं।

लक्ष्मण ने बताया कि उनके महान राजवंशइक्ष्वाकु के सितारे किस तरह चमक रहे थे। इसके विपरीत ,दानव सितारे धूमकेतु के कारण मंद थे।-"यह उनके विनाश का संकेत है," उन्होंने घोषणा की।

धरती ने उनका स्वागत किया। स्वच्छ जल ,मीठे फल और सुगंधित हवा ने उनकी यात्रा को आसान बना दिया। चमचमाती टुकड़ियों में संगठित शक्तिशाली वानर सेना पृथ्वी पर आगे बढ़ी ,किसी भी दिव्य सेना से मुकाबला करने वाली ताकत।

लक्ष्मण के शब्दों से राम के चेहरे पर मुस्कान आ गई। ऐसे शुभ संकेतों के साथ ,विशाल वानर सेना लंका पर विजय प्राप्त करने के लिए आगे बढ़ी और समुद्र के उत्तरी तट पर पहुँच गई।

महान वानर योद्धा मैना और द्विविद रावण की सेना की किसी भी चाल का पता लगाने के लिए सभी दिशाओं में निगरानी रखते थे।

राम के मन में सीता की छवि घूम गई ,उनकी कमल जैसी आंखें उनके मन में भर गईं। उन्होंने उनके वियोग पर शोक व्यक्त कियाऔर जैसे ही सूर्य अस्त होने लगा ,लक्ष्मण ने उन्हें सांत्वना दी।

इस बीचलंका मेंरावण ने अपने मंत्रियों को इकट्ठा किया ,जब गुप्तचरों ने उसे बताया कि राम और शक्तिशाली वानर सेना दक्षिणी महासागर के उत्तरी तट पर आ गए हैं। उसने मंत्रियों को हनुमान द्वारा लंका और अशोक वाटिका में हज़ार स्तंभों वाली इमारत को किए गए विनाश की और विश्वासघाती समुद्र को पार करके सीता को पाने की याद दिलाई।रावण ने परिषद को बताया कि राम समुद्र पार करने में सक्षम हैं।

उन्होंने संभावित कार्यों पर उनकी सलाह मांगी ,जिन पर उन्हें विचार करना चाहिए। राम की ताकत और कमजोरियों को समझने के बजाय ,पार्षदों ने रावण की पिछली जीतों का गुणगान करना शुरू कर दिया ,जैसे कि उसने धन के देवता कुबेर को हराया था और उसका पुष्पक (हवाई जहाज) छीन लिया था और राक्षसों के स्वामी मय ने अपनी बेटी मंदोदरी को रावण को दोस्ती के लिए देने की पेशकश की थी और बताया था कि कैसे उसे देवों (आकाशीय प्राणियों) या दानवों (राक्षसों) द्वारा हराया नहीं जा सकता।

मंत्रियों ने रावण को सलाह दी कि वह आराम करे और अपने जीवन का आनंद उठाए। उन्होंने कहा कि इंद्रजीत अकेले ही राम ,लक्ष्मण , सुग्रीव और उनकी वानर सेना को मार सकता है। उन्होंने इंद्रजीत की बहादुरी का वर्णन करते हुए बताया कि कैसे उसने विशाल दिव्य सेना पर हमला किया और उन्हें मंथन कर रहे समुद्र में घास की तरह बिखेर दिया। हाथियों ने कछुओं की तरह युद्ध के मैदान को रौंद

दिया ,घोड़ों ने मेंढकों की तरह हिनहिनाया। शक्तिशाली रुद्र , आदित्य ,मरुत (तूफान के देवता)और वसु मगरमच्छों और सांपों की तरह हमला कर रहे थे।

इंद्रजीत का हमला इतना विनाशकारी था कि उसने देवताओं के स्वामी इंद्र को भी परास्त कर दिया और उन्हें बंदी बनाकर लंका ले आया। उन्होंने रावण को याद दिलाया कि उसने सृष्टिकर्ता ब्रह्मा के हस्तक्षेप पर इंद्र को छोड़ा था और इंद्रजीत को उनका वरदान था कि वह मनुष्य के अलावा किसी से पराजित नहीं होगा। इंद्रजीत का नाम मेघनाथ था ,लेकिन देवताओं के साथ प्रसिद्ध युद्ध के बाद वह इंद्रजीत (इंद्र को हराने वाला) बन गया।

रावण के सेनापति प्रहस्त ,दुर्मुख ,वज्रदंष्ट्र ,निकुंभ और वज्रहनु ने अपनी युद्ध शक्ति और ताकत का बखान किया और उसे भरोसा दिलाया कि वे राम ,लक्ष्मण और वानरों की सेना को बिना किसी तनाव के अकेले ही मार सकते हैं। उन्होंने आगे कहा कि हनुमान ने विनाश करने के लिए रावण की सद्भावना का फायदा उठाया है ; अन्यथावह उस दिन मारा जाता। हम सुनिश्चित करते हैं कि पृथ्वी बंदरों से रहित हो।

रावण के पुत्र इंद्रजीत ,अतिकाय और प्रहस्त ने राम ,लक्ष्मण ,सुग्रीव और हनुमान को तुरंत मार डालने की पेशकश की।

विभीषण अपनी आवाज़ में दृढ़ स्वर में उठे। उन्होंने बड़बड़ाती भीड़ को शांत किया और उन्हें बैठने का इशारा किया। "शत्रु की शक्ति एक पहेली है जिसे हम पूरी तरह से समझ नहीं सकते," उन्होंने शुरू किया। रावण की ओर मुड़ते हुएउन्होंने आगे कहा-"राम ने जनस्थान

से अपनी पत्नी का अपहरण करने के लिए क्या गलत किया है ?सच है ,राम ने खर और दूषण को मार डाला ,लेकिन उन्होंने एक सीमा पार कर ली थी। हमें जीवन की पवित्रता को याद रखना चाहिए।

जब तक सीता यहाँ रहेगी ,मुझे लंका के लिए केवल खतरा ही दिखाई देता है। लंका और राक्षसों के लिए आपदा को टालने के लिएमैं आपसे विनती करता हूँ ,भाई ,सीता को राम को सौंप दो। इस भस्म करने वाले क्रोध को छोड़ दो। बिना कारण राम का दुश्मन बनने से कोई लाभ नहीं है।"

विभीषण की बात सुनकर रावण दरबार से बाहर निकलकर अपने महल में चला गया।
विभीषण उनके पीछे महल में गए और उचित तथा कोमल शब्दों का प्रयोग करते हुए उन्हें सीता को राम के पास लौटाने के लिए राजी किया। उन्होंने आगे कहा कि मंत्रिपरिषद उन्हें सच बताने से बच रही हैऔर एक भाई तथा मंत्री के रूप में उनकी रक्षा करना तथा उनके हितों की रक्षा करना उनका कर्तव्य है।

क्रोध में रावण ने विभीषण को उत्तर दिया कि उसे किसी से कोई भय नहीं है और राम के पास सीता को उससे छीनने का कोई मौका नहीं है। फिर वह विभीषण सहित अपने मंत्रियों से परामर्श करने के लिए अपनी सभा भवन में लौट आया।

राजा रावण ने चिंता से अपना माथा सिकोड़ते हुए अपनी विशाल सेना के पूज्य नेता प्रहस्त को बुलाया। रावण ने भारी आवाज़ में प्रहस्त को लंका के शानदार नगर को मजबूत करने का निर्देश दिया। राजा की आज्ञा का पालन करते हुएसैन्य रणनीति के माहिर प्रहस्त ने

सावधानीपूर्वक अपनी सेना को तैनात किया। सैनिक ,जिनके कवच दोपहर के सूरज के नीचे चमक रहे थे ,नगर की दीवारों के भीतर और इसकी विशाल परिधि के चारों ओर रणनीतिक रूप से तैनात थे , जिससे एक अभेद्य रक्षात्मक रेखा बन गई।

रावण ने अपनी नज़रें घुमाईं और दरबार में तनावपूर्ण सन्नाटा छा गया। उसकी नज़रें अपने सलाहकारों और रिश्तेदारों पर टिकी रहीं। गर्व और आशंका के भाव के साथ उसने शांत दंडक वन से मनमोहक सीता के अपहरण की कहानी सुनाई। वासना से प्रेरित होकर इस आवेगपूर्ण कार्य ने अब लंका को एक खतरनाक संघर्ष में उलझा दिया था।

मौन तोड़ते हुए रावण ने अपनी सभा में एक गंभीर प्रश्न पूछा। एक समय में अधिकार से भरी उसकी आवाज़ में अब हताशा का भाव था। उसने अपने सबसे भरोसेमंद सलाहकारों से लंका पर मंडरा रहे खतरे के प्रतीक राम और लक्ष्मण को खत्म करने के लिए एक सावधानीपूर्वक योजना बनाने की विनती की।

रावण का बड़ा भाई कुंभकर्ण ,जो कि बहुत शक्तिशाली था ,अपने स्थान से उठ खड़ा हुआ। उसकी गरजती हुई आवाज़ में ,जो कि अस्वीकृति से भरी हुई थी ,रावण को उसके लापरवाह कार्यों के लिए फटकार लगाई। फिर भी ,उसकी निंदा के बावजूद ,कुंभकर्ण ,जो कि एक वफादार योद्धा था ,ने अपने भाई की मूर्खता को सुधारने की कसम खाई। उसने एक गरजदार घोषणा के साथ राम और लक्ष्मण को हराने ,लंका का सम्मान बहाल करने और इसके अस्तित्व को सुनिश्चित करने की कसम खाई।

महापार्श्व ,उनके सलाहकारने रावण पर सीता पर बल प्रयोग करने का दबाव डाला ,क्योंकि उन्हें विश्वास था कि इससे उनका प्रतिरोध टूट

जाएगा। फिर भीरावण का चेहरा काला पड़ गया। एक स्मृति उभरी - ब्रह्मा द्वारा रावण को दिया गया श्राप। अपनी युवावस्था मेंएक दिव्य युवती का उल्लंघन करने के बादरावण को चेतावनी दी गई थी कि किसी भी महिला के खिलाफ कोई भी गैर-सहमति वाला कार्य उसके सिर को तोड़ देगा।

विभीषण ने राक्षस दरबार को संबोधित करते हुए वानर सेना की ताकत और राम के बाणों की विनाशकारी शक्ति के बारे में चेतावनी दी। उन्होंने विनती की-"युद्ध में कोई भी राम का सामना नहीं कर सकता "!प्रहस्त ने उपहास करते हुए कहा कि वे किसी से नहीं डरते। विभीषण ने जवाब दिया-राम के अजेय बाणों का वर्णन करते हुए कहा कि कोई भी उस सिद्ध नेता को नहीं हरा सकता। उन्होंने आग्रह किया-"सीता को वापस कर दो," या विनाश का सामना करो।

इंद्रजीत ने विभीषण पर हमला करते हुए कहा कि उसे कम आंका गया है। युवावस्था के अहंकार में उसने राम के बाणों का तिरस्कार किया ,जिससे विभीषण की हताशा और बढ़ गई। विभीषण ने इंद्रजीत की लापरवाही की निंदा की और उसे उन खतरों की याद दिलाई जिनका सामना उन्हें करना था। अंत में विभीषण ने रावण की ओर रुख किया और उससे लंका में शांति और निरंतर शासन के मार्ग के रूप में उदार उपहारों के साथ सीता को राम को लौटाने का आग्रह किया।

क्रोध से भरकर रावण ने विभीषण पर हमला किया ,जिसने अच्छी सलाह दी थी। उसने मित्र का वेश धारण करने वाले गद्दारों की निंदा की और पारिवारिक वफादारी से ज़्यादा धन और सत्ता को महत्व देने के लिए विभीषण की निंदा की। रावण ने दावा किया कि उसके

रिश्तेदार ही उसके असली दुश्मन हैं ,जिन्होंने उसके खिलाफ़ साजिश रची।

विभीषण गदा लेकर चार समर्थकों के साथ आकाश में उड़े। उन्होंने रावण को फटकार लगाई ,उसके शब्दों को कठोर और उसके दिमाग को गुमराह बताया। उन्होंने राम के क्रोध और किसी का अंत निकट होने पर अच्छी सलाह का विरोध करने की निरर्थकता के बारे में चेतावनी दी। अपने भाई की जिद्द से निराश होकर विभीषण रावण के पतन की भविष्यवाणी करता हुए उससे विदा लिया।

विभीषण और उसके चार साथी उत्तरी तट पर राम के शिविर में पहुंचे। वह आकाश में मंडराता रहा और राम से शरण माँगने लगा। सुग्रीव ने तुरंत राक्षस के प्रति अपनी अविश्वास की भावना व्यक्त की। सलाह लेने के लिए राम ने अपने सलाहकारों की ओर रुख किया। अंगद , शरभ ,जाम्बवंत और मैंदा ने विभीषण को स्वीकार करने के बारे में अपनी शंकाएँ व्यक्त कीं। यद्यपि हनुमान ने विभीषण पर भरोसा करने का तर्क दिया। उनका मानना था कि विभीषण राम की धार्मिकता और रावण की दुष्टता को पहचानते हैं। हनुमान को आगे संदेह था कि विभीषण की राक्षस राज्य की इच्छा ने उनकी याचिका को प्रेरित किया था ,लेकिन अंततः उन्होंने निर्णय राम पर छोड़ दिया।

सुग्रीव ने विभीषण के इरादों पर सवाल उठाया और तर्क दिया कि वह रावण द्वारा भेजा गया जासूस हो सकता है। राम ने असहमति जताते हुए कहा कि वह अपने शरणागतों की रक्षा करने के लिए दृढ़ वचनबद्ध हैं। उन्होंने इस बात पर जोर दिया कि खून के रिश्ते वाले भी दुश्मन बन सकते हैं।

राम ने विभीषण को अपना विश्वास समझाया कि वह सच्चा है और शरणागत को अस्वीकार करना अधर्म होगा। सुग्रीव ने राम की बुद्धिमत्ता को स्वीकार किया और राम और विभीषण के बीच मुलाकात की व्यवस्था की।

विभीषण शरण मांगते हुए आकाश से नीचे उतरे और राम के चरणों में गिर पड़े। राम के पूछने पर उन्होंने रावण की ताकत के बारे में बताया। तब राम ने रावण को मारने का वचन दिया और विभीषण का राज्याभिषेक किया।

रावण के गुप्तचर सरदुला ने उसे विशाल वानर सेना के बारे में सूचना दी। जवाब मेंरावण ने अपने मंत्री शुक को सुग्रीव के पास दूत के रूप में भेजातकि वह उसे युद्ध छोड़ने के लिए राजी कर सके। शुक को जासूस समझकर वानरों ने उसे परेशान किया। हालाँकि ,राम ने अपनी कृपा दिखाते हुए हस्तक्षेप किया और शुक की रक्षा की। तब सुग्रीव ने शुक के माध्यम से एक दृढ़ संदेश दिया :राम का दुश्मन उसका भी दुश्मन था। राम ने शुक की सुरक्षा सुनिश्चित की।

राम समुद्र तट पर बैठ गए और ध्यान में लीन हो गए ,उन्होंने समुद्र देवता से लंका तक अपनी सेना को जाने देने की प्रार्थना की। जब समुद्र ने कोई प्रतिक्रिया नहीं दीतो राम का क्रोध भड़क उठा। उन्होंने शक्तिशाली बाण छोड़े ,जिससे समुद्री जीव भयभीत हो गए। जैसे ही राम ने विनाशकारी अस्त्र दागने की तैयारी की ,समुद्र देवता प्रकट हुए और उनसे रुकने की विनती की। समुद्र देवता ने राम को विश्वकर्मा (आकाशीय वास्तुकार) के पुत्र नल से पुल बनवाने की सलाह दी। राम ने चेतावनी दी कि उनका अस्त्र व्यर्थ नहीं जा सकता। इसलिए समुद्र देवता ने उन्हें उत्तर-पश्चिमी जल में इसे दागने का निर्देश दिया। अस्त्र

ने उस क्षेत्र को सुखा दिया ,जिससे मारू रेगिस्तान बन गया। नल और वानरों ने समुद्र देवता के मार्गदर्शन में पुल का निर्माण किया।

इसके बाद राम ने अपनी सेना को इकट्ठा किया और लंका की ओर बढ़े। राम ने लंका को देखा और लक्ष्मण को उसका वर्णन कियातथा उन्हें युद्ध के लिए सेना तैयार करने का निर्देश दिया। उन्होंने अपनी सेना के एक कैदी शुक को रिहा करने का आदेश दिया।

शुक और सरना रावण के पास गए और राम की सेना की ताकत का वर्णन करते हुए उससे सीता को लौटाने का आग्रह किया। रावण ने अपनी सेना की ताकत का बखान किया। सरना की दलील सुनने के बादरावण अपने महल की छत पर चढ़ गया और विशाल वानर सेना का निरीक्षण किया। उसने सरना से वानर नेताओं की पहचान कराने को कहा। जिन्होंने नील ,अंगद ,नल और अन्य लोगों की ओर इशारा करते हुए उनकी अनूठी विशेषताओं का वर्णन किया। शुक ने वर्णन जारी रखा ,वानरों की ताकत के बारे में बताया और रावण को हनुमान ,राम और लक्ष्मण के बारे में विस्तार से बताया। दोनों ने रावण से कहा कि यह जीतने के लिए एक क्रूर युद्ध होगा।

रावण ने शुक और सरना को फटकार लगाई और उन्हें सभा से निकाल दिया। उसने राम और लक्ष्मण पर नज़र रखने के लिए नए जासूस भेजे। विभीषण ने इन जासूसों को पकड़ लिया और वानरों ने उन्हें परेशान किया। यद्यपि राम ने दया करके उन्हें रिहा करने का आदेश दिया और जासूस लंका लौट गए।

राम के आगमन से क्रोधित होकर रावण अपने सलाहकारों से मिला और मायावी विद्या के स्वामी विद्युज्जिह्वा के साथ सीता के पास पहुंचा। रावण ने क्रूरतापूर्वक झूठ बोला और दावा किया कि राम और उनकी सेना मर चुकी है। सीता को और धोखा देने के लिए

विद्युज्जिह्वा ने राम के सिर ,धनुष और बाणों की माया रची ,जिससे सीता का दिल टूट गया।

सरमा नामक राक्षसी ने सीता को आश्वस्त किया कि रावण ने जो कटा हुआ सिर दिखाया था ,वह एक भ्रम था। उसने पुष्टि की कि राम जीवित हैं और अपनी सेना के साथ दक्षिणी तट पर डेरा डाले हुए हैं। सरमा ने सीता को प्रोत्साहित किया और वादा किया कि राम जल्द ही रावण को हरा देंगे और उसे बचा लेंगे।

राम अपनी सेना के साथ लंका पहुंचे और ढोल-नगाड़ों और शंखों की ध्वनि से वातावरण गूंज उठा। रावण घबरा गया और उसने अपने मंत्रियों को सलाह के लिए बुलाया। उसके दादा माल्यवान ने रावण को बुरे संकेतों के बारे में चेतावनी दी और सीता को राम के पास लौटाकर शांति स्थापित करने का आग्रह किया।

रावण ने माल्यवान की सलाह को नज़रअंदाज़ कर दिया और जब माल्यवान ने राम की शक्ति पर ज़ोर दिया तो उसने उसे गाली भी दी। उसने सीता को राम को लौटाने से इनकार कर दिया और दावा किया कि राम और उनकी सेना कभी भी जीवित लंका से नहीं जाएगी। इसके बाद रावण ने प्रहस्त और अन्य लोगों को लंका के द्वारों की रक्षा करने का काम सौंपा और फिर अपने निजी कक्षों में चला गया।

राम ,सुग्रीव ,हनुमान और अन्य लोग रणनीति बनाने के लिए लंका के पास एकत्र हुए। विभीषण ने बताया कि उनके जासूस शहर के द्वारों पर रावण की सुरक्षा के बारे में जानकारी लेकर लौटे हैं। जानकारी की समीक्षा करने के बादराम ने नील ,अंगद ,हनुमान और अन्य लोगों को

चारों द्वारों पर हमला करने का आदेश दिया। फिर उन्होंने अपनी सेना को सुवेला पर्वत पर तैनात किया।

राम ने विभीषण और सुग्रीव से कहा कि वे लंका देखने के लिए रात में सुवेला पर्वत पर रुकना चाहते हैं। वे लक्ष्मण ,विभीषण ,सुग्रीव और सेना के साथ पर्वत पर चढ़ गए और लंका की सुंदरता की प्रशंसा की।रावण शहर के उत्तरी द्वार पर खड़ा था। सुग्रीव ने उसे देखा ,ऊपर की ओर छलांग लगाई और रावण को सिंहासन से उतारकर जमीन पर फेंक दिया। एक लम्बा , थकाऊ द्वंद्वयुद्ध शुरू हुआ। उन्होंने विभिन्न स्थितियों में जमकर कुश्ती लड़ी। अंत में सुग्रीव ने रावण को हरा दिया और अपने वानर सैनिकों के पास लौट आए। राम ने सुग्रीव को उसके लापरवाह व्यवहार के लिए डांटा ,उसे उसके राजसी कर्तव्यों की याद दिलाई। उन्होंने रात पहाड़ के आश्रय में बिताई।

24. चंद्रगुप्त मौर्य: साधारण शुरुआत से भारत के एकीकृत सम्राट तक

चुनौती:

प्राचीन भारत मेंमहान साम्राज्यों और शक्तिशाली शासकों के युग के दौरानचंद्रगुप्त मौर्य नामक एक युवक को राम के समान ही विकट चुनौतियों का सामना करना पड़ा। साधारण पृष्ठभूमि में जन्मे चंद्रगुप्त भ्रष्ट नंद वंश को उखाड़ फेंकने और भारत को एकीकृत करने की आकांक्षा रखते थे। हालांकि, उन्हें एक गुरु और रणनीतिकार की आवश्यकता थी जैसे राम को हनुमान की आवश्यकता थी।

चाणक्य एक प्रतिभाशाली और दृढ़ निश्चयी ब्राह्मण विद्वान थे। चंद्रगुप्त की क्षमता को पहचानते हुएचाणक्य ने उसे उसके भाग्य को प्राप्त करने में मदद करने की कसम खाई। साथ मेंवे रणनीतिक योजना और अपने लक्ष्य की अथक खोज से भरी एक खतरनाक यात्रा पर निकल पड़े।

मार्गदर्शक और नेता:

जिस तरह हनुमान राम की कई योजनाओं के पीछे रणनीतिक मास्टरमाइंड थे ,उसी तरह चाणक्य चंद्रगुप्त के सत्ता में आने के पीछे प्रेरक शक्ति थे। चाणक्य ने चंद्रगुप्त को युद्ध ,राजनीति और शासन की कला सिखाई। उन्होंने राम की वानरों की सेना की तरह ही बहुत

कम से शुरुआत की ,लेकिन उनके दृढ़ संकल्प और रणनीति ने उन्हें अलग पहचान दिलाई।

सेना का निर्माण:

चंद्रगुप्त की यात्रा तब शुरू हुई जब उनकी मुलाक़ात चाणक्य से हुई , जो एक प्रतिभाशाली और दृढ़ निश्चयी विद्वान ब्राह्मण थे। चाणक्य ने चंद्रगुप्त में बहुत संभावनाएं देखीं और उन्हें अपने संरक्षण में लिया ,उन्हें रणनीति ,राजनीति और युद्ध के सिद्धांत सिखाए। साथ मिलकर उन्होंने भ्रष्ट नंद शासकों को उखाड़ फेंकने और उत्तर-पश्चिमी भारत को विदेशी नियंत्रण से मुक्त करने की योजना बनाई।

धन और शक्ति से रहित चंद्रगुप्त और चाणक्य ने उत्तर-पश्चिमी भारत को स्वतंत्र कराने के लिए यात्रा शुरू की। उन्होंने असंतुष्टों से समर्थन जुटाया ,क्षेत्रों का भ्रमण किया और किसानों ,स्थानीय जनजातियों और असंतुष्ट सैनिकों की एक छोटी लेकिन वफादार सेना तैयार की। चंद्रगुप्त की दूरदर्शिता और चाणक्य की रणनीतिक प्रतिभा से प्रेरित इस जमीनी आंदोलन ने धीरे-धीरे गति पकड़ी और अधिक लोगों को उनके अभियान में शामिल होने के लिए प्रेरित किया।

चंद्रगुप्त और चाणक्य ने क्षत्रपों के लिए काम करने वाले देशी भाड़े के सैनिकों को भी निशाना बनाया। उन्होंने स्थिति के अन्याय को इंगित किया। जब ये भाड़े के सैनिक मामूली वेतन पर काम कर रहे थे ,तब विदेशी नियंत्रित क्षत्रप भारत के संसाधनों का आनंद ले रहे थे ,वे संसाधन जो सभी भारतीयों के अधिकार में थे। यह शक्तिशाली संदेश भाड़े के सैनिकों के साथ गूंज उठा ,जिन्होंने अपनी वफादारी के बारे में गहराई से सोचना शुरू कर दिया। कई लोगों ने क्षत्रपों को छोड़ने और

चंद्रगुप्त के कारण में शामिल होने का फैसला किया ,जिससे उनकी सेना काफी मजबूत हो गई।

क्षत्रपों को हराना:

चंद्रगुप्त ने सबसे पहले सिकंदर महान द्वारा छोड़े गए क्षत्रपों पर ध्यान केंद्रित किया , जो यूनानी सैनिकों और स्थानीय भाड़े के सैनिकों की मदद से उत्तर-पश्चिमी भारत पर शासन करते थे। चंद्रगुप्त की सेना यद्यपि शुरू में छोटी थीं , लेकिन स्थानीय शासकों के साथ रणनीतिक गठबंधन के ज़रिए मज़बूत होती गई।

चंद्रगुप्त की सेना ने क्षत्रपों को हराकर उत्तर-पश्चिमी क्षेत्रों को विदेशी शासन से मुक्त कर दिया। इस जीत ने उनके मनोबल को बढ़ाया और उनके समर्थन आधार में वृद्धि की क्योंकि अधिक लोग उनके पक्ष में एकजुट हुए।

गुरिल्ला युद्ध और चतुर रणनीति:

चाणक्य और चंद्रगुप्त ने शक्तिशाली नंद वंश का सामना करते हुए गुरिल्ला युद्ध की रणनीति अपनाई। धन या सेना के आकार में नंदों की बराबरी करने में असमर्थ होने के कारणउन्होंने अपने विवेक और आश्चर्य के तत्व पर भरोसा किया ,ठीक उसी तरह जैसे हनुमान ने लंका में चतुराई से घुसपैठ की और अंदर से अराजकता फैलाई।

नंदा राजवंश को उखाड़ फेंकना:

उत्तर-पश्चिमी क्षेत्रों को सुरक्षित करने के बादचंद्रगुप्त और चाणक्य ने अपना ध्यान नंद राजवंश की ओर लगाया। उन्होंने स्थानीय राजाओं के साथ गठबंधन किया और नंद के गढ़ पर पूर्ण पैमाने पर हमला करने के लिए अपनी सेना को संगठित किया। तब अनुभवी और युद्ध-प्रशिक्षित चंद्रगुप्त की सेना ने नंद की राजधानी पाटलिपुत्र पर निर्णायक हमला किया।

चंद्रगुप्त की सेना ने सैन्य कौशल और रणनीतिक गठजोड़ के माध्यम से नंद वंश को उखाड़ फेंका। चंद्रगुप्त मगध के सिंहासन पर बैठे और मौर्य साम्राज्य की स्थापना की ,जो अखिल भारतीय एकीकरण करने वाला पहला साम्राज्य बन गया। उनके शासनकाल ने समृद्धि ,स्थिरता और शासन के एक नए युग की शुरुआत की।हनुमान और राम की कहानी में समानताएँ:

साधारण शुरुआत :जिस प्रकार हनुमान और वानरों ने रावण के शक्तिशाली साम्राज्य के संसाधनों के बिना शुरुआत की थी ,उसी प्रकार चंद्रगुप्त ने भी अपनी यात्रा साधारण पृष्ठभूमि से शुरू की थी।

रणनीतिक नेतृत्व :चंद्रगुप्त को चाणक्य की प्रतिभा द्वारा निर्देशित किया गया था ,जो राम की रणनीतिक योजना और हनुमान की बुद्धिमत्ता के समान था।

समर्थन जुटाना :दोनों कहानियाँ जन-समर्थन जुटाने और गठजोड़ बनाने के महत्व पर जोर देती हैं।

विपरीत परिस्थितियों में विजय :शक्तिशाली नंद वंश और क्षत्रपों पर चंद्रगुप्त की अंततः विजयविपरीत परिस्थितियों के बावजूद सीता को बचाने और रावण को हराने के राम के दृढ़ संकल्प को दर्शाती है।

चिंतन:

राम ,चंद्रगुप्त ,हनुमान और चाणक्य के बीच समानताएं रणनीतिक प्रतिभा और दृढ़ नेतृत्व के महत्व को उजागर करती हैं। दोनों कहानियाँ हमें सिखाती हैं कि साधारण शुरुआत के बावजूद भी साधन-सम्पन्नता, साहस और अडिग दृढ़ संकल्प से महान उपलब्धियाँ हासिल की जा सकती हैं। चाणक्य के मार्गदर्शन में चंद्रगुप्त का सत्ता में आना और हनुमान के सहयोग से राम की लंका पर विजयइस बात का उदाहरण है कि कैसे सच्चे नेता और उनके भरोसेमंद रणनीतिकार किसी भी चुनौती पर विजय प्राप्त कर सकते हैं।

चंद्रगुप्त मौर्य की यात्रा से सबक

1. रणनीतिक सोच और योजना:
सबक :सफलता अकसर सावधानीपूर्ण योजना और रणनीतिक सोच पर निर्भर करती है। चाणक्य की सावधानीपूर्ण रणनीति और चंद्रगुप्त के अनुशासित क्रियान्वयन से स्पष्ट योजना बनाने केमहत्व का पता चलता है।

समानांतर :हनुमान द्वारा लंका में चतुराई से घुसपैठ करने और राम के रणनीतिक नेतृत्व की तरहएक सुविचारित योजना सबसे कठिन बाधाओं को भी पार करने में मदद कर सकती है।

2. दृढ़ता और दृढ़ संकल्प:

सबक :साधारण शुरुआत से लेकर विशाल साम्राज्य स्थापित करने तक चंद्रगुप्त का उत्थान दृढ़ता के महत्व को दर्शाता है। कई असफलताओं के बावजूदउन्होंने अपने लक्ष्य की ओर प्रयास जारी रखा।

समानांतर :हनुमान द्वारा सीता की निरंतर खोज और राम द्वारा उन्हें बचाने की अटूट इच्छा यह दर्शाती है कि दृढ़ संकल्प ही सफलता का महत्वपूर्ण कारक है ,चाहे यात्रा कितनी भी कठिन क्यों न हो।

3. गठजोड़ और टीमवर्क का निर्माण:

सबक :चंद्रगुप्त की गठजोड़ बनाने और समर्थन जुटाने की क्षमता उनकी सफलता के लिए महत्वपूर्ण थी। सहयोग और टीमवर्क ताकत को बढ़ा सकते हैं और कमजोरियों की भरपाई कर सकते हैं।

समानांतर :राम का वानरों के साथ गठजोड़ और हनुमान का अन्य योद्धाओं के साथ सहयोगएक समान लक्ष्य की दिशा में मिलकर काम करने की शक्ति को रेखांकित करता है।

4. अनुकूलनशीलता और संसाधन-सम्पन्नता :

सबक :चाणक्य और चंद्रगुप्त द्वारा शक्तिशाली शत्रुओं के विरुद्ध गुरिल्ला युद्ध और अपरंपरागत रणनीति का प्रयोग अनुकूलनशीलता और संसाधन-संपन्नता के महत्व को दर्शाता है।

समानांतर :हनुमान की विभिन्न परिस्थितियों के अनुकूल ढलने की क्षमता ,स्वयं को छिपाने से लेकर लंका में रणनीतिक अराजकता पैदा करने तक ,यह दर्शाती है कि चुनौतियों पर काबू पाने में लचीलापन और रचनात्मकता कितनी महत्वपूर्ण है।

5. साहस और नेतृत्व:

सबक :शक्तिशाली शत्रुओं का सामना करने में चंद्रगुप्त की बहादुरी और विभिन्न गुटों को एकजुट करने में उसका नेतृत्व उनकी सफलता के लिए महत्वपूर्ण हैं।

समानांतर :खतरे का सामना करते हुए राम का नेतृत्व और हनुमान का साहस हमें सिखाता है कि सच्चे नेता अपने अनुयायियों में आत्मविश्वास भरते हुए उदाहरण प्रस्तुत करते हैं और नेतृत्व करते हैं।

6. अनुभवी परामर्श की शक्ति:

चंद्रगुप्त की सफलता में गुरु के रूप में चाणक्य की भूमिका महत्वपूर्ण थी। चाणक्य जैसा एक अच्छा गुरु ज्ञान ,सलाह और सहायता प्रदान कर सकता है ,जिससे जटिल चुनौतियों से निपटने में मदद मिलती है।

समानांतर :राम के विश्वसनीय सलाहकार और रणनीतिकार के रूप में हनुमान की भूमिका दर्शाती है कि अविश्वसनीय उपलब्धियों को प्राप्त करने में एक विश्वसनीय और बुद्धिमान गुरु या सलाहकार का होना कितना बेशकीमती हो सकता है।

7. दृष्टि और महत्वाकांक्षा:

सबक :चंद्रगुप्त के अखंड भारत के सपने ने उन्हें वह हासिल करने के लिए प्रेरित किया जो असंभव लगता था। एक स्पष्ट दृष्टि और महत्वाकांक्षा किसी के प्रयासों को प्रेरित और निर्देशित कर सकती है।

समानांतर :सीता को बचाने और न्याय बहाल करने का राम का सपना और इस सपने को समर्थन देने के लिए हनुमान के महत्वाकांक्षी कार्येक स्पष्ट और प्रेरक लक्ष्य के महत्व को उजागर करते हैं।

8. नैतिक आचरण और सत्यनिष्ठा:

सबक :अपने समय की क्रूर राजनीति के बावजूदचंद्रगुप्त ने न्याय और नैतिक आचरण की भावना बनाए रखी ,जिससे उन्हें स्थायी सम्मान और वफादारी मिली।

समानांतर :राम का धर्म-पालन और हनुमान की अटूट निष्ठा व सत्यनिष्ठा दर्शाती है कि सच्ची और स्थायी सफलता के लिए नैतिक आचरण अत्यंत महत्वपूर्ण है।

पाठकों के लिए चिंतन:

चंद्रगुप्त मौर्य ,राम और हनुमान की कहानियाँ हमें सिखाती हैं कि हम चाहे जहाँ से भी शुरू करें ,हम रणनीतिक सोच ,दृढ़ता ,टीमवर्क , अनुकूलनशीलता ,साहस और मार्गदर्शन के साथ जबरदस्त चुनौतियों को पार कर सकते हैं और अपने लक्ष्यों को प्राप्त कर सकते हैं। ये कहानियाँ हमें दृढ़ निश्चयी बने रहने ,मजबूत गठजोड़ बनाने ,बदलती परिस्थितियों के अनुकूल ढलने और ईमानदारी एवं दूरदर्शिता के साथ नेतृत्व करने के लिए प्रोत्साहित करती हैं। इन सिद्धांतों को अपनाकरहम अपनी यात्रा को आगे बढ़ा सकते हैं और अपनी आकांक्षाओं को वास्तविकता में बदल सकते हैं।

25. लंका की घेराबंदी

राम ने अपने वानर सेनापतियों को लंका के चारों द्वारों की घेराबंदी करने का आदेश दिया। वह और लक्ष्मण उत्तरी द्वार पर पहरा दे रहे थे , जहाँ रावण ने सुरक्षा की कमान संभाली थी। शांतिपूर्ण समाधान के लिए बेताब राम ने रावण से तर्क करने के लिए अंगद को भेजा। अंगद ने एक शक्तिशाली भाषण दिया ,लेकिन रावण ने उसकी बात नहीं मानी। क्रोधित होकर रावण ने अपने रक्षकों को अंगद को पकड़ने का आदेश दिया। अविश्वसनीय शक्ति के साथअंगद ने अपने हमलावरों को खदेड़ दिया ,फिर रावण के महल की छत पर छलांग लगाईऔर उसे अपनी ताकत से कुचल दिया। अंत मेंअंगद राम के पास लौट आए ,जो अपनी भयंकर वानर सेना के बीच प्रतीक्षा कर रहे थे।

राम ने वानरों को हमला करने का आदेश दिया ,उनकी दहाड़ से धरती हिल गई। उन्होंने लंका की सुरक्षा को तहस-नहस कर दिया और नगर के द्वारों पर धावा बोल दिया। रावण की सेना ने हथियारों की बौछार कर दी ,लेकिन वानरों ने क्रोध से उनका मुकाबला किया। पेड़ और पहाड़ की चोटियाँ उनके डंडे बन गएऔर उन्होंने अपने दाँतों और नाखूनों को तलवारों की तरह इस्तेमाल किया। दोनों पक्ष कीसेना के टकराव और भयानक गर्जना से हवा गूंज उठी।

वानरों और राक्षसों के बीच भयंकर युद्ध छिड़ गया। इंद्रजीत ने अंगद से युद्ध किया ,संपाती ने प्रजंघ से युद्ध किया और हनुमान ने जम्बुमाली से कुश्ती लड़ी। विभीषण ने शत्रुघ्न से ,गज ने तपन से और नील ने निकुंभ से युद्ध किया। सुग्रीव ने प्रघास से युद्ध किया ,

जबकि लक्ष्मण ने विरुपाक्ष से युद्ध किया। वीर वानरों ने अपने राक्षसी शत्रुओं को नृशंस हाथापाई में मार गिराया ,जिससे रक्त की धारा बहने लगी। फिर भीजैसे ही सूर्य क्षितिज से नीचे डूबा ,शेष राक्षस एकजुट हो गए ,युद्ध के लिए उनका उत्साह फिर से बढ़ गया।

रात के अंधेरे में राक्षसों और वानरों के बीच संघर्ष के कारण अराजकता फैल गई। राक्षसों ने वानरों पर विनाश बरपाया,जबकि क्रोधित वानरों ने राक्षसों ,हाथियों और रथों को चीर डाला ,जिससे नरसंहार का निशान बन गया। राम और लक्ष्मण ने अंधेरे से विचलित हुए बिना सबसे दुर्जेय राक्षसों को काट डाला , जिससे युद्ध का मैदान खून की नदी में बदल गया। जैसे ही राक्षसी बाणों की वर्षा राम पर हुई , उन्होंने अपना न्यायपूर्ण क्रोध प्रकट किया , एक ही झटके में छह राक्षसों को मार गिराया , बाकी सभी डर के मारे बिखर गए। फिर उन्होंने एक धारदार हथियार की तरह राक्षसों की पंक्तियों को काट डाला , उनका पराक्रम बेजोड़ था।

धर्मी क्रोध से भरकर अंगद ने इंद्रजीत पर हमला किया ,उसके रथ को तोड़ दिया और उसके सारथी को मार डाला। लेकिन पलक झपकते ही इंद्रजीत गायब हो गया ,जिससे अंगद निराश हो गया। फिर भीसुग्रीव और वानरों में गर्व की लहर दौड़ गई क्योंकि वे अंगद की बहादुरी का जश्न मना रहे थे। हालांकि उनकी खुशी ज़्यादा देर तक नहीं रही। इंद्रजीत फिर से प्रकट हुआ ,अदृश्यता में लिपटा हुआ और शक्तिशाली जादू का इस्तेमाल करता हुआ। खतरे को भांपते हुएराम ने वानर सेनापतियों को तुरंत इंद्रजीत का पता लगाने का आदेश दिया। लेकिन इंद्रजीत ने शक्तिशाली बाणों से खोज करने वाले सेनापतियों को बेअसर कर दिया ,जिससे उनकी प्रगति रुक गई। फिरउसने राम और लक्ष्मण के महत्वपूर्ण अंगों को छेदते हुए सर्पीले बाणों की बौछार की।

दो शक्तिशाली योद्धा युद्ध के मैदान में गिर पड़े ,ऐसा लग रहा था कि वे बेजान हो गए हैं ,जिससे वानर पूरी तरह से निराश हो गए।

युद्ध के मैदान में निराशा छा गई क्योंकि हनुमान और अंगद सहित वानरों ने राम और लक्ष्मण को बाणों के जाल में उलझते हुए गिरते देखा। इंद्रजीत ने अपनी जीत का जश्न मनाया और राक्षसों के सामने शेखी बघारी कि उसने अपने सर्पीले बाणों से राम और लक्ष्मण को परास्त कर दिया। फिर उसने शेष वानर सरदारों को क्रोधित कर दिया और नील ,मैंदा ,द्विविद ,हनुमान ,गवाक्ष ,अंगद और यहां तक कि शक्तिशाली जाम्बवंत को भी मार गिराया।

सुग्रीव अपने सबसे करीबी सहयोगियों को गिरता देख निराशा में डूब गया। लेकिन विभीषण ,जो हमेशा तर्क की आवाज़ रहे ,आगे आए। उन्होंने सुग्रीव और निराश वानरों को भरोसा दिलाया कि राम का नाश नहीं होगा। उनके अटूट विश्वास ने उनके दिलों में उम्मीद की एक चिंगारी फिर से जला दी।

इस बीचइंद्रजीत ने रावण को विजय संदेश दिया ,जिसमें उसने राम और लक्ष्मण दोनों को मारने का दावा किया। अपने बेटे की कथित जीत से उत्साहित रावण ने त्रिजटा सहित महिला राक्षसों के एक समूह को बुलाया। उसने उन्हें सीता को अपने शानदार पुष्पक विमान (हवाई जहाज) में युद्ध के मैदान में ले जाने का काम सौंपा। वहाँउन्हें उसे राम और लक्ष्मण दिखाने थे ,जिन्हें इंद्रजीत ने मारा था।

दूर से अपने प्यारे भाइयों को बाणों से घायल होते देख सीता की दुनिया बिखर गई। वह दुःख से भर गई और वह दिल दहला देने वाली सिसकियाँ लेने लगीं। यद्यपि त्रिजटा ने धोखे को भाँपते हुए

सीता को सांत्वना के शब्द कहे। उसने कोमल तर्क के साथ सीता के दिल में आशा जगाई और उसे आश्वस्त किया कि राम और लक्ष्मण वास्तव में मरे नहीं हो सकते। त्रिजटा ने सीता को अशोक वाटिका (उद्यान) में वापस भेज दिया ,जिससे निराशा के बीच आशा की एक किरण दिखाई दी।

राम की नींद टूटी और उन्होंने देखा कि लक्ष्मण बेहोश पड़े हैं ,उनके विलाप की आवाज़ें शोकग्रस्त वानरों की कतारों में गूंज रही थीं और वे विभीषण को इंद्रजीत समझ रहे थे ,जिससे वानरों में भय व्याप्त हो गया। सुग्रीव ने जाम्बवंत को उनका साहस वापस लौटाने का काम सौंपा ,जबकि विभीषण गिरे हुए वीरों को देखकर व्याकुल हो गए।

सुग्रीव ने राम को सांत्वना दी ,उन्हें आश्वासन दिया कि लक्ष्मण ठीक हो जाएंगेऔर फिर अपने ससुर सुषेण की ओर मुड़े। उन्होंने सुषेण को आदेश दिया कि वे राम ,लक्ष्मण और उनकी सेना को सुरक्षा के लिए किष्किंधा ले जाएं ,जबकि सुग्रीव रावण का सामना करेंगे और सीता को बचाएंगे। सुषेण ने सुदूर समुद्र से शक्तिशाली जड़ी-बूटियाँ खोजने का प्रस्ताव रखा ,जो हनुमान के लिए बिलकुल उपयुक्त थी।

हनुमान के तैयार होते ही समुद्र में एक भयंकर तूफान आया ,लहरें उठीं ,पहाड़ हिलने लगे और उसके जीव-जंतु भयभीत हो गए। तभी शक्तिशाली गरुड़ प्रकट हुए ,उन्होंने सर्पों के बंधन तोड़ दिए ,राम और लक्ष्मण को पुनः जीवित कर दिया और अपने उपचारात्मक स्पर्श से उनकी शक्ति को दोगुना कर दिया।

राम ने बहुत राहत महसूस की और गरुड़ को धन्यवाद दिया-"आपकी समय पर की गई सहायता ने हमें संकट से बचा लिया है। आप कौन हैं ,जो इतनी सुंदरता और वैभव से सुशोभित हैं"?

"मैं गरुड़ हूँ ,आपका वफादार दोस्त," गरुड़ ने जवाब दिया। "मैं आपके प्रति अपने प्रेम से प्रेरित होकरइन भयानक बंधनों को तोड़ने के लिए यहाँ आया हूँ। सावधान !राक्षस विश्वासघाती हैंऔर इंद्रजीत का यह कृत्य इसे साबित करता है। अपनी सतर्कता मत खोइएगा।"

एक विनम्र विदाई के साथ ,गरुड़ आकाश में उड़ गए। "राम, एक बार जब आप जीत हासिल कर लेंगे , तब आप हमारे बंधन को समझ जाएंगे," उन्होंने वादा किया। "लंका का पतन होगा ,रावण मर जाएगा और सीता आपके पास वापस आ जाएगी।

26. लंका का पतन और वानरों की विजय

वानरों की खुशी भरी दहाड़ से घबराकर रावण ने इसका कारण जानना चाहा। राक्षस प्राचीर की ओर दौड़े और उन्होंने देखा कि राम और लक्ष्मण बाणों की बेड़ियों से मुक्त होकर युद्ध के मैदान में शक्तिशाली हाथियों की तरह खड़े हैं। घबराकर लौटते हुए उन्होंने रावण को बताया-"वे दोनों भाई जीवित हैं ! वे युद्ध के मैदान में मजबूती से खड़े हैं"!

क्रोधित होकर रावण ने एक भयंकर राक्षस धूम्राक्ष को बुलाया और उसे पश्चिमी द्वार से सेना लेकर जाने का आदेश दिया। उन्हें वहां राम , लक्ष्मण और उनके वानर सहयोगियों को कुचलना था। धूम्राक्ष अपनी विशाल सेना के साथ युद्ध के मैदान में दाखिल हुआ ,लेकिन उसे कई भयावह संकेतों का सामना करना पड़ा। उसकी रीढ़ की हड्डी में सिहरन दौड़ गई ,लेकिन कर्तव्य ने उसे आगे बढ़ने के लिए मजबूर कर दिया।

यह संघर्ष अति निकट काऔर नृशंस था। राक्षसों और वानरों ने क्रूरता से युद्ध किया ,जिससे युद्ध का मैदान खून से लाल हो गया। जैसे ही धूम्राक्ष हनुमान की ओर बढ़ा ,वानर नेता ने एक ही झटके में उसका रथ चकनाचूर कर दिया। अपनी गदा लेकर धूम्राक्ष हनुमान पर झपटा ,लेकिन सिर पर एक निर्णायक प्रहार ने उसकी उग्रता को समाप्त कर दिया। धूम्राक्ष के परास्त होने के साथ ही युद्ध का रुख बदलने लगा...

वानरों के बढ़ते दुस्साहस को दबाने के लिए रावण ने एक और दुर्जेय राक्षस वज्रदंष्ट्र को युद्ध के लिए भेजा। दक्षिणी द्वार से निकलकर

वज्रदंष्ट्र और उसकी सेना का सामना वानरों के वीर नेता अंगद से हुआ।

युद्ध में अराजकता का तूफान आ गया। वानरों ने दृढ़ निश्चय के साथ युद्ध किया ,उनकी दहाड़ से लंका की नींव हिल गई। धर्मी क्रोध से प्रेरित होकरअंगद ने तूफान की तरह राक्षसों की पंक्तियों को चीर दिया। उनकी तलवार चमक उठी ,जिसने सबसे भयानक योद्धाओं के सिर भी चीर दिए ,जिससे वज़दंष्ट्र सेना में दहशत फैल गई।

नरसंहार को रोकने के लिए बेताब वज़दंष्ट्र ने अंगद की ओर हमला किया। उनका संघर्ष देखने लायक था -शक्ति का शक्ति से मिलन , चपलता का क्रूर बल से टकराव। लेकिन अंगद का कौशल बेजोड़ था। एक तेज और निर्णायक प्रहार के साथअंगद की तलवार ने अपना निशाना साधा ,जिससे वज़दंष्ट्र का सिर ज़मीन पर गिर गया। उनके नेता के गिरने से राक्षसों का संकल्प चकनाचूर हो गया ,जिससे वे वानर योद्धाओं के सामने कमज़ोर हो गए।

अपनी हताशा को बढ़ाते हुएरावण ने एक अन्य योद्धा अकम्पन को युद्ध में भेजा। जैसे ही अकम्पन अपनी सेना के साथ युद्ध के मैदान की ओर बढ़ा ,उसे अपशकुन की एक लहर ने घेर लिया। उसकी आँखों के सामने अपशकुन चमकने लगे ,जिससे उसकी हड्डियों में कंपकंपी दौड़ गई ,लेकिन वह कर्तव्य से बंधा हुआ आगे बढ़ता रहा।

जैसे ही अकम्पन युद्ध के मैदान में दाखिल हुआ ,उसने वानरों पर बाणों की बौछार कर दी। हमले के कारण उनकी सेना लड़खड़ा गई, लेकिन शक्तिशाली वानर नेता हनुमान ने दहाड़ लगाई और बचाव के लिए हमला किया। अकम्पन और हनुमान के बीच भयंकर द्वंद्व छिड़ गया। धरती काँप उठी जब हनुमान ने ज़मीन से एक विशाल पेड़

उखाड़ा और उसे विनाशकारी बल के साथ घुमाया -यह वार अकम्पन के सिर पर लगा ,जिससे राक्षस नेता बेजान होकर ज़मीन पर गिर पड़ा।

अपने नेता की मृत्यु देखकरशेष राक्षस भयभीत होकर लंका की सुरक्षा की ओर भाग गए। विजयी वानरों की विजयी दहाड़ को छोड़कर युद्ध का मैदान शांत हो गया।

भाग्य बदलने के लिए आतुर रावण ने एक भयंकर योद्धा प्रहस्त को युद्ध में शामिल होने के लिए बुलाया। प्रहस्त एक विशाल सेना के साथ पूर्वी द्वार से आगे बढ़ाऔर वानरों के प्रतिरोध को कुचलने के लिए तैयार हो गया।

शाखाएँ टूट गईं और पत्थर धरती से उखड़ने लगे ,क्योंकि साधन संपन्न बंदरों ने हमला किया। भयंकर गदाओं और घातक अस्त्रों में तब्दील हो चुके उनके अस्थायी हथियार हवा में चीख रहे थे। युद्ध के मैदान में गर्जना और चीखों की एक गगनभेदी टक्कर गूंज रही थी। क्रोध से जलते हुएराक्षसों ने तीर छोड़े ,जो फेंके गए पत्थरों और टूटी हुई लकड़ी के तूफान का सामना कर रहे थे। युद्धरत सेनाओं के तेज़ कदमों के नीचे ज़मीन हिल रही थी। हिंसा की एक वीभत्स घटना सामने आई, जिसमें दोनों पक्षों के गिरे हुए योद्धा खून से लथपथ धरती पर बिखरे पड़े थे।

इस अराजकता के बीचदानवों के सरदार प्रहस्त ने शक्तिशाली बंदरों के सरदार नील से आँख मिलाई। प्रहस्त ने तीरों की बौछार की ,लेकिन बिजली की तरह तेज़ गति से नील ने उन सभी को चकनाचूर कर दिया। एक शक्तिशाली गर्जना के साथ नील ने ज़मीन से एक विशाल

पेड़ उखाड़ा और उसे प्रहस्त के रथ पर फेंक दिया ,जिससे रथ चकनाचूर हो गया और उसके घोड़े मर गए।

निहत्थे और क्रोधित प्रहस्त ने नील पर हमला किया। लेकिन इससे पहले कि वह उस तक पहुँच पाता , नील ने एक पत्थर पकड़ा और उसे बहुत ज़ोर से फेंका। वह पत्थर सीधे प्रहस्त के सिर से टकराया और उसके टुकड़े-टुकड़े हो गए।

अपने नेता की मृत्यु को देखकर राक्षसों में भय की लहर दौड़ गई। वे लंका की सुरक्षा के लिए युद्ध भूमि छोड़कर भाग गए ,जिससे वानरों को फिर से विजय प्राप्त हुई।

भय और क्रोध के मिश्रण से प्रेरित होकर रावण राक्षसों के एक भयानक दल के साथ युद्ध के मैदान में घुस आया। लंका के राक्षस योद्धाओं में सबसे श्रेष्ठ इंद्रजीत ,अतिकाय और महोदर ने रावण के साथ मिलकर आखिरी बार स्थिति को बदलने की कोशिश की।

एक भयंकर युद्ध छिड़ गया। सुग्रीव ,लक्ष्मण ,हनुमान और नील ने शेरों की तरह भयानक युद्ध किया ,उनकी तलवारें चमक रही थीं, मुट्ठियाँ बरस रही थीं और वे राक्षसों की पंक्तियों को चीर रहे थे।

अंत में धर्मयुक्त क्रोध के प्रतीक राम ने खुद को रावण के आमने-सामने पाया। जब वे टकराए तो धरती कांप उठी। उनके बाण बिजली की तरह चमक रहे थे , हवा में घातक गूँज भर रहे थे। लेकिन रावणकौशल के बजाय अहंकार से भरा हुआराम के अडिग उद्देश्य का मुकाबला नहीं कर सका। राम ने हमला जारी रखा ,उनके वार और बाण विनाशकारी सटीकता के साथ बरस रहे थे। रावण ,पस्त और आहत , हार का दंश चख चुका था। वह अपने अभिमान के टुकड़ों को

पकड़े हुए युद्ध के मैदान से भाग गया और अपने कुलीन रक्षकों को गिरे हुए लोगों के बीच बिखरा छोड़ गया...

रावण ने तिनके का सहारा लेकरभयंकर राक्षस कुंभकर्ण को जगाया ! अपनी शापित नींद से जागकरकुंभकर्ण युद्ध के मैदान में खड़ा हो गया।मांस और क्रोध का एक भयावह पहाड़ ,लड़ाई में शामिल होने के लिए उत्सुक।

विशालकाय के आने की खबर वानरों की कतारों में जंगल की आग की तरह फैल गई। जब उन्होंने कुंभकर्ण को करीब आते देखातो उनके दिलों में भय व्याप्त हो गया ,उसकी दहाड़ से धरती हिल रही थी। लेकिन वीर वानर राजकुमार अंगद ने डर के आगे घुटने टेकने से इनकार कर दिया। उसने एक विद्रोही दहाड़ के साथ अपने सैनिकों को इकट्ठा किया ,उन्हें उनकी ताकत और उद्देश्य की याद दिलाई।

युद्ध में भयंकर फर ,नुकीले दांत और लोहे की टक्कर हुई। कुंभकर्ण ने बंदरों को मक्खियों की तरह भगाया ,उसकी शक्तिशाली मुट्ठियों ने हड्डियों को आसानी से कुचल दिया। बंदरों के राजा सुग्रीव ने पहाड़ फेंके ,लेकिन कुंभकर्ण के राक्षसी रूप के सामने वे बिना किसी नुकसान के टूट गए। यहां तक कि महान योद्धा हनुमान भी उस विशालकाय की अपार शक्ति के आगे पीछे हट गए।

लेकिन दीवार से पीठ सटाए बंदरों ने आत्मसमर्पण करने से इनकार कर दिया। उन्होंने अटूट निश्चय के साथ कुम्भकर्ण को नोचते और काटते हुए घेर लिया। लक्ष्मण ने बाणों की बौछार कर दी ,जिसके नुकीले सिरे विशालकाय की मोटी त्वचा में धंस गए। और अंत मेंअपनी आँखों में चमक भरते हुएराम ने दिव्य शक्ति से भरपूर एक

अस्त्र छोड़ा। एक कौंधती हुई चमक के साथकुंभकर्ण ने एक हाथ खो दिया ,फिर दूसरा। उसके कटे हुए अंग युद्ध के मैदान में गिरे ,जो राम की धार्मिक शक्ति का प्रमाण था।

फिर भीकुंभकर्ण ने विद्रोह की दहाड़ लगाई। क्रोध की अंतिम लहर के साथवह राम की ओर बढ़ा ,लेकिन उसे अंतिम ,निर्णायक बाण लगा। उसका राक्षसी सिर ज़मीन पर गिर गया ,जिससे उसका आतंक शांत हो गया और इस महायुद्ध में एक महत्वपूर्ण मोड़ आया।

कुंभकर्ण के गिरने की खबर रावण पर वज्र की तरह पड़ी। वह गिर पड़ा ,उसकी इंद्रियों में अंधकार छा गया। होश में आने परउसका दिमाग अविश्वास में घूम गया। अजेय कुंभकर्ण का वध कैसे हो सकता है ?उसका शक्तिशाली दाहिना हाथ कट गया था। विभीषण की चेतावनियाँ , जिन्हें कभी मूर्खतापूर्ण माना जाता था ,अब एक भयानक सत्य के साथ प्रतिध्वनित होने पर उसके ऊपर पछतावे की ठंडी लहर छा गई। निराशा ने उसे कुचलने की धमकी दी ,लेकिन अवज्ञा की एक झलक बनी रही। वह लड़ता रहेगा , क्योंकि आत्मसमर्पण उसके स्वभाव में नहीं था।

रावण दुःख से कराह उठा ,लेकिन उसका क्रूर पुत्र त्रिशिरा आगे बढ़ा। उसने प्रतिज्ञा की-" पिताजी ,मैं कुंभकर्ण का बदला लूंगा !राम मेरी शक्ति के आगे गिरेंगे"!

त्रिशिरा के साहस से प्रेरित होकर रावण के अन्य पुत्र -देवान्तक , नरान्तक और अतिकाय -युद्ध में शामिल होने के लिए तैयार हो गए। उनके साहस से उत्साहित होकर रावण ने उन सभी को रवाना किया। रावण के वफादार भाई महोदर और महापार्श्व उनके साथ गए और उन्हें उनकी सुरक्षा का जिम्मा सौंपा गया।

राक्षसी भीड़ तीरों और युद्धघोषों की बौछार के साथ युद्ध के मैदान में उतरी।थके हुए लेकिन अडिग बंदरों ने चट्टानों और पेड़ों को उखाड़ फेंका ,हमले के लिए तैयार हो गए। नरान्तक ने भाला हाथ में लेकर बंदरों की पंक्तियों को चीरते हुए एक भयंकर संघर्ष शुरू कर दिया। उसका भाला बार-बार अपने निशाने पर लगता हुआ बज रहा था।

इस बीच ,कुंभकर्ण द्वारा बेहोश किए गए वानर फिर से जीवित हो गए। उन्होंने सुग्रीव की तलाश की ,जो भारी मन से अराजकता देख रहा था। तात्कालिकता को समझते हुएसुग्रीव अपने सबसे भरोसेमंद सेनानायक अंगद की ओर मुड़ा। "जाओ ! नरान्तक और उसके भाइयों को रोको "!उसने आदेश दिया।

जैसे ही नरान्तक ने अपना घातक भाला छोड़ा ,अंगद ने हमला कर दिया। हथियार अंगद की छाती परटूटकर बेकार हो गया। अंगद ने एक शक्तिशाली दहाड़ के साथ नरान्तक पर हमला किया ,एक ही वार में राक्षस के घोड़े को कुचल दिया। एक भयंकर द्वंद्व शुरू हुआ ,प्रत्येक मुट्ठी एक हथियार थी और प्रत्येक वार विनाश का वादा था। अंत में अंगद की ताकत जीत गईऔर नरान्तक गिर गया ,उसके जीवन का खून युद्ध के मैदान पर दाग लगा गया।

महोदर ,त्रिशिरा और देवान्तक ने अंगद पर समन्वित हमला किया। उनके हथियार चमक उठे ,उनके उखड़े हुए पेड़ों को काट डाला और चट्टानों को चकनाचूर कर दिया। अंगद ने दहाड़ते हुए जवाबी हमला किया जिससे देवान्तक का हाथी ज़मीन पर गिरकर मर गया।

अंगद को घिरा देखकर हनुमान और नील ने युद्ध में भाग लिया। हनुमान की मुट्ठी ने देवान्तक की हड्डियों को चकनाचूर कर दिया , जिससे उसकी मृत्यु हो गई। त्रिशिरा और महोदर की ओर से नील पर

बाणों की वर्षा हुई। नील ने चकमा दिया ,फिर दूरी कम कर ली ,उसकी तलवार ने क्रूर जवाबी हमले में महोदर की जान ले ली।

इस बीच हनुमान त्रिशिरा से भिड़ गए। तीन सिर वाले राक्षस ने भयंकर क्रोध के साथ युद्ध किया ,लेकिन हनुमान अडिग थे। अंत मेंहनुमान ने त्रिशिरा की तलवार पकड़ ली और उसे एक शक्तिशाली प्रहार से नीचे गिरा दिया ,जिससे उसके तीनों सिर कट गए और राक्षस का आतंक खत्म हो गया।

तभीविशालकाय राक्षस महापार्श्व युद्ध के मैदान में आया ,उसने एक विशाल गदा ली और वानर योद्धा ऋषभ को निशाना बनाया। ऋषभ ने बिना रुके हमला किया। उसने महापार्श्व की गदा को अविश्वसनीय शक्ति से उठाया और राक्षस के सिर पर जोरदार प्रहार किया , जिससे वह बुरी तरह से कुचला गया।

युद्ध के मैदान की धूल से एक राक्षसी आकृति उभरी ,जो गरजते हुए रथ पर सवार थी। उसके चालक ने चाबुक फटकाराऔर राक्षसी घोड़े चमचमाते कवच में बंधे एक योद्धा को खींचते हुए आगे बढ़े। राम हमेशा सतर्क रहते हुए ,आने वाले खतरे को देखते रहे।

उन्होंने पुकारा ,"विभीषण ,वह दुर्जेय योद्धा कौन है"?

विभीषण ने उस आकृति को देखा। "महाराज ,यह अतिकाय है," उसने उत्तर दिया। "यह रावण का पुत्र है ,जो उसकी प्रिय पत्नी धन्यमाली से उत्पन्न हुआ था।"

अतिकाय ,एक विशालकाय राक्षस ,एक भयानक दृश्य था। जब वानर योद्धा उस पर हमला करते थे ,तो उनकी दहाड़ें युद्ध के मैदान में गूंजती थीं ,वह बिना किसी प्रयास के उनके हमलों को दूर भगा देता

था। उसके शक्तिशाली हथियारों से पेड़ धरती से उखड़ जाते थे और प्रचंड बल से फेंकी गई चट्टानें दो टुकड़ों में टूट जाती थीं।

वानरों से विचलित हुए बिनाअतिकाय ने अपना रथ राम की ओर घुमाया ,उसकी आँखों में एक भयंकर चुनौती थी। इससे पहले कि राम कुछ प्रतिक्रिया कर पाते ,लक्ष्मण धनुष खींचकर आगे बढ़ गए। तीरों की बौछार हुई , लक्ष्मण के तीर अतिकाय के शक्तिशाली लेकिन कम नियंत्रित वार के विरुद्ध तेज़ और सटीक थे।

अतिकाय के एक तीर ने अपना निशाना साधा और लक्ष्मण की छाती में धंस गया। क्रोध की लहर ने लक्ष्मण के अगले तीर को और तेज कर दिया। उसका तीरएक आग्नेयास्त्र से सशक्त होकरअतिकाय की ओर बढ़ गया। राक्षस ने सौर ऊर्जा से संचालित तीर से जवाब दिया , लेकिन दोनों प्रक्षेपास्त्र टकराने से एक अंधा कर देने वाला विस्फोट हुआ ,जिससे दोनों योद्धा क्षण भर के लिए स्तब्ध रह गए।

हवा के रूख में अचानक बदलाव आया और युद्ध के मैदान में लहरें उठीं ,जिससे लक्ष्मण का अंगरखा उड़ गया। उस घुमावदार धारा में एक झिलमिलाती हुई आकृति दिल की धड़कन के लिए उस बहती धारा में टिमटिमाती हुई अस्तित्व में आई। हवा के देवतावायु ने हवा में बमुश्किल फुसफुसाते हुए सीधे लक्ष्मण से कहा ,"ब्रह्मास्त्र का प्रयोग करें"!

दिव्य मार्गदर्शन से शक्ति पाकर लक्ष्मण ने अपना सबसे शक्तिशाली बाण छोड़ा। यह एक अलौकिक गूँज के साथ उड़ा, हवा में एक रास्ता बनाते हुए अचूक सटीकता से अतिकाय पर वार किया। राक्षस का राक्षसी सिर दो टुकड़ों में फट गया और खून की बौछार के साथ रथ से नीचे गिर गया।

युद्ध के मैदान में सन्नाटे की लहर दौड़ गई। वानरों ने जयकारे लगाए, जबकि शेष राक्षस भयभीत अविश्वास में देख रहे थे। युद्ध के उग्र होने पर राम ने हमेशा की तरह शांतचित्त होकर लक्ष्मण को कृतज्ञतापूर्वक सिर हिलाया।

27. इन्द्रजीत का गौरव और पतन

रावण को जब यह विनाशकारी समाचार मिला तो वह स्तब्ध रह गया : अतिकाय , धूम्राक्ष , अकम्पन ,प्रहस्त , यहाँ तक कि कुंभकर्ण भी ! राम की सेना ने उसके सबसे शक्तिशाली योद्धाओं को मार गिराया था। सदमे की जगह चिंता ने ले ली–राम और लक्ष्मण इंद्रजीत के सर्पाकार बाणों से कैसे मुक्त हुए ? रावण ने अपने दिमाग पर जोर डाला , लेकिन कोई जवाब नहीं मिला।

वह दहशत में था। उसे यह अहसास हो गया था कि कोई भी राक्षस इतना शक्तिशाली नहीं था कि वह राम , लक्ष्मण , सुग्रीव और विभीषण की संयुक्त शक्ति का सामना कर सके। उसने अपनी सेना को संबोधित किया , उसकी आवाज में डर था। "हमारे नगर की रक्षा करो ! अशोक वाटिका में पहरेदारों को मजबूत करो ! इन बंदरों को कम मत समझो ! " उसने उन्हें चेतावनी दी ,उसके शब्द एक असामान्य हताशा से भरे थे।

हवा में गूंजते अंतिम निर्देशों के साथरावण अपने महल में वापस चला गया। अकेलेअतिकाय की मृत्यु का पूरा भार उस पर टूट पड़ा। उसके विलाप की चीखें कक्षों में गूंज उठीं ,जो युद्ध की उस लहर का स्पष्ट प्रमाण था जो उसके खिलाफ मुड़ रही थी।

लेकिन जब उनके वीर पुत्र इंद्रजीत ने अपने पिता का दुःख देखा ,तो उसके भीतर एक उग्र प्रतिज्ञा उमड़ पड़ी। "पिताजी ,निराश मत होइए ! मेरे बाणों से कोई भी जीवित नहीं बच सकता। आज आप राम और लक्ष्मण को गिरते हुए देखेंगे।"

दिव्य आशीर्वाद से प्रेरित होकरइंद्रजीत ने अपनी विशाल सेना को युद्ध के मैदान में उतारा। वह एक जीवंत तूफान की तरह आगे बढ़ा , उसके सिर पर एक सफ़ेद छत्र चमक रहा था ,युद्ध का मैदान उसकी उग्र आत्मा से प्रकाशित हो रहा था। इंद्रजीत ने पवित्र मंत्रों के साथ एक शक्तिशाली बलिदान किया ,उसके रहस्यमयी अस्त्र दूसरी दुनिया की ऊर्जा से चमक रहे थे।

अदृश्य ,शक्तिशाली भ्रमों से छिपे हुएइंद्रजीत ने बाणों की झड़ी लगा दी। वानर योद्धा झुंड में गिर गए ,अदृश्य प्रहारों से मारे गए। पहाड़ और पेड़ उनकी हताशा के हथियार बन गए ,लेकिन इंद्रजीत ने आसानी से जवाब दिया ,उसके बाण उन्मत्त हमलों को चीरते हुए निकल गए। उसने वानर नेताओं -हनुमान ,सुग्रीव ,अंगद और कई अन्य को क्रूर दक्षता से काट डाला।

यहां तक कि दृढ़निश्चयी वीर राम ने भी इंद्रजीत के अथक हमले के खिलाफ संघर्ष किया। फिर भीराम ने हार मानने से इनकार कर दिया। उन्होंने आग्रह किया ,"आशा मत खोनालक्ष्मण। यह हमारी वीरता की परीक्षा है।"

इंद्रजीत का ब्रह्मा की शक्ति से भरा हुआ जादुई अस्त्रएक चमक के साथ फटा। राम और लक्ष्मणइसकी भयानक शक्ति से घायल होकरबेहोश होकर जमीन पर गिर पड़े। युद्ध के मैदान मेंवानरों पर निराशा की लहरछा गई। एक-एक करकेवे गिर पड़े ,उनकी जीवन शक्ति हमले के कारण समाप्त हो गई।

लेकिन हनुमान और विभीषण ने अपनी आत्म-शक्ति में दृढ़होकर विनाशकारी जादू का प्रतिरोध किया। वे अपने साथियों को मरते हुए

देखकर भयभीत हो गए ,युद्ध के मैदान में भयानक सन्नाटा छा गया ,केवल मरने वालों की चीखों की धीमी गूँज सुनाई दे रही थी।

अपने शत्रुओं को पराजित देखकर इंद्रजीत विजयी होकर लंका लौट गयातथा युद्धभूमि में विनाश और वानरों के हृदय में निराशा छोड़ गया।

विभीषण ने युद्ध के मैदान को गहरी निगाहों से देखा और सुग्रीव के योद्धाओं के चेहरों पर निराशा के भाव देखे। उसकी आवाज़ स्पष्ट और दृढ़ थी। उसने आग्रह किया ,"आशा मत खोना ! " एक पवित्र मंत्र ने राम और लक्ष्मण को बांधा है , लेकिन उनका मनोबल अखंड है। हमें दृढ़ रहना चाहिए ! "

विभीषण के शब्दों से प्रेरित होकरपवन देव के पराक्रमी पुत्र हनुमान ने भी अपना शक्तिशाली आश्वासन दिया। उन्होंने कहा ,"हमें उन लोगों को एकजुट करना होगा जो बचे हुए हैं ! " उनकी आवाज़ शांत युद्ध के मैदान में गूंज उठी।

रात हो चुकी थी ,लेकिन हनुमान और विभीषण के गिरे हुए लोगों के बीच से गुजरते समय मशालें जल उठीं। उन्होंने सुग्रीव ,अंगद और अपने कई बहादुर योद्धाओं को देखा ,जिनके शरीर बाणों से छलनी थे और जो अभी भी मृतप्राय नज़र आ रहे थे।

उनकी खोज उन्हें जाम्बवंत तक ले गई ,जो एक बुद्धिमान वरिष्ठ राजनेता थे। उनका भूरा शरीर बाणों के समुद्र के बीच पड़ा था ,उनकी कभी उज्ज्वल आत्मा एक बुझती हुई लौ की तरह जल रही थी। विभीषण उनके बगल में घुटनों के बल बैठे थे ,उनके चेहरे पर चिंता की लकीरें थीं।

"बताओ ,क्या हनुमान जीवित हैं?" जाम्बवंत ने फुसफुसाते हुए कहा , उनकी आवाज़ में फुसफुसाहट थी। "वे हमारी आशा हैं ,इस अंधकार में भी।"

विभीषण ने संकोच करते हुए कहा ,"आप राजकुमारों से नहीं ,हनुमान से क्यों पूछ रहे हैं? "

"क्योंकि," जाम्बवंत ने फुसफुसाते हुए कहा ,"यदि हनुमान जीवित रहेंगे ,तो हमारी सेना अभी भी जीवित रहेगी। यदि वे गिर गए ,तो सारी उम्मीदें खत्म हो जाएंगी।"

उनके शब्दों से प्रभावित होकर हनुमान ने बड़े योद्धा को प्रणाम किया। बदले में जाम्बवंत ने एक कमजोर मुस्कान और गंभीर विनती की" :हनुमान ,मुझे उपचार करने वाली जड़ी-बूटियाँ लाओ। उड़कर हिमालय पर जाओ और मृत संजीवनी ,विशल्य करणी ,सुवर्ण करणी और संधानी खोजो। केवल वे ही हमारे गिरे हुए साथियों को बचा सकती हैं।"

लेकिन जब हनुमान पहाड़ पर पहुंचे तो जड़ी-बूटियाँ छिप गईं ,जादू के आवरण ने उन्हें छिपा लिया। हताश होकरउन्होंने पूरे पहाड़ को धरती से उखाड़ लिया और उसके कीमती माल को वापस युद्ध के मैदान में ले गए। जैसे ही जड़ी-बूटियों की मीठी खुशबू हवा में फैली ,एक चमत्कार हुआ :राम और लक्ष्मण में हलचल मच गई ,उनके घाव भर गए ,उनकी ताकत वापस आ गई। पूरे मैदान मेंवानर कराहने लगे और पलकें झपकाने लगे ,उनके युद्ध-थके हुए शरीर में फिर से जान आ गई।

राजा सुग्रीव की आँखों में दुःख और क्रोध की ज्वाला भड़क उठी। "हनुमान ! " वह दहाड़ उठा। "लंका को जला डालो ! "

हनुमान का दिल बदला लेने की खुशी से धड़क रहा था क्योंकि उन्होंने बचे हुए वानरों को इकट्ठा किया था। बंदरों ने मशालें और लपटें बनाईं, एक नए लक्ष्य की तलाश में। जब वानर लंका की ऊंची दीवारों की ओर झुंड बनाकर बढ़ रहे थे,तो हवा में उत्सुकता की चिंगारी गूंज रही थी। नारंगी रंग की एक चमक,फिर एक और -पूरे शहर में आग भड़क उठी।

ऊंचे-ऊंचे महलों से लेकर साधारण घरों तकलंका एक भयंकर आग बन गई। काला धुआँ आसमान में फैल गया,जो सूरज को दबा रहा था और भूतिया छायाएँ बना रहा था जो भयावह उल्लास के साथ नाच रही थीं। राक्षसों की पीड़ा भरी चीखें गूंज रही थीं क्योंकि आग ने उनके नगर को जला दिया था,जो उनके द्वारा मचाई गई तबाही की याद दिला रही थी और वानर के कानों में पीड़ा की एक ध्वनि थी।

इस बीचराम और लक्ष्मण में हलचल हुई और उनके घाव चमत्कारिक रूप से ठीक हो गए। लंका को जलता हुआ देखकरउनमें दृढ़ निश्चय आ गया। तीर खींचे,धनुष खींचे,वे युद्ध को फिर से शुरू करने के लिए तैयार खड़े हो गए।

राम के पहले बाण लंका के द्वारों पर लगे, जिससे पूरी नगरी कांप उठी और भागते हुए राक्षसों के दिल दहल गए। लगातार हमले के कारण इमारतें ढह गईं, एक समय का शक्तिशाली नगर विनाश की धुन में खुद ही ढह गया।

रावणअपने राज्य के विनाश से क्रोधित और दुःखी था,उसने अपनी बची हुई सेना को भेजा। अपने शक्तिशाली पिता कुंभकर्ण के लिए दुःख से भरे कुंभ और निकुंभ ने आक्रमण का नेतृत्व किया। एक क्रूर संघर्ष शुरू हुआ,फर,दांत,पंजे और लोहे का तूफान। खून से धरती लथपथ हो गईऔर हवा में मौत और हताशा की बदबू फैल गई।

लेकिन वानरों नेअपने दुश्मनों को उथल-पुथल में देखकर अपनी आत्मा को फिर से जगाया ,एक अकेले ,अजेय जीव की तरह लड़ाई लड़ी। उन्होंने राक्षस सेना को घेर लिया ,उनके भागने के रास्ते बंद कर दिए। घिरे हुए , संख्या में कम और धर्मी क्रोध से जलते हुए दुश्मन का सामना करते हुएराक्षसों को पता था कि उनका भाग्य तय हो चुका है।

अंगद क्रोध और प्रतिशोध की भावना से भर गया और उसने राक्षसी पंक्तियों को तहस-नहस कर दिया। उसके शक्तिशाली प्रहारों से कम्पन गिर गया और शोणिताक्ष लड़खड़ाकर पीछे हट गया ,उसके घावों से खून बहने लगा। फिर भीयुद्ध अभी खत्म नहीं हुआ था। शोणिताक्ष , युपक्ष और प्रजांग ने एकजुट होकर अंगद ,मैंदा और द्विविद को लोहे और क्रोध के बवंडर में घेर लिया।

अंगद ने दहाड़ते हुए प्रजांग को एक ही वार में हड्डी-तोड़कर नीचे गिरा दिया। द्विविद ने तेंदुए की तरह फुर्ती दिखाई और शोणितक्ष की पीठ पर छलांग लगाई ,उसके शक्तिशाली हाथ राक्षस के मांस में धंस गए। शोणितक्ष के गिरते ही एक कर्कश चीख गूंजी ,जो बेजान हो गई। एक हताश जवाबी हमले मेंयुपक्ष ने हमला किया ,लेकिन उसे केवल मैंदा की मुट्ठियों का सामना करना पड़ा -एक ऐसा निरंतर हमला जिसने खून की बौछार में उसके जीवन को समाप्त कर दिया।

तभी क्रोध से भरी आँखों से कुंभ आगे बढ़ा और अंगद से भिड़ गया। जब वे आपस में कुश्ती कर रहे थे ,तो धरती हिल गई ,विशालकाय राक्षस वीर वानर योद्धा के ऊपर भारी पड़ गया। हताश होकर कुंभ ने जोर से अंगद को धरती पर फेंक दिया।

लेकिन इससे पहले कि वह अपनी जीत का स्वाद चख पाता ,राम ने बाणों की बौछार कर दी और कुंभ को पीछे हटने पर मजबूर कर दिया। जाम्बवंत और अन्य शक्तिशाली वानर सरदारदानवों के टकराव से आकर्षित होकरयुद्ध में कूद पड़े ,उनके युद्ध घोष पूरे क्षेत्र में गूंज रहे थे।

सुग्रीव की मुट्ठी ,क्रोध और दृढ़ संकल्प से बना एक हथियारभयानक शक्ति के साथ कुंभ की छाती पर जा लगा। राक्षस लड़खड़ा गयाऔर उसकी दहाड़ उसके गले में ही मर गई। मौके का फायदा उठाते हुएसुग्रीव ने फिर से वार किया ,हड्डी को तोड़ दिया और राक्षस योद्धा की जान ले ली।

निकुंभ ,जो अपने भाई की मृत्यु का गवाह था ,क्रोध से भरकर आग-बबूला हो उठा। उसने एक विशाल लोहे का डंडा उठाया और चुनौती देते हुए वानरों की पंक्ति की ओर बढ़ा। उसका रास्ता उसे सीधे हनुमान के पास ले गया।

हनुमान ने अपनी आँखों में धर्म की अग्नि प्रज्ज्वलित कर आक्रमण का सामना किया। उनकी मुठ्ठी निकुंभ की छाती पर लगी ,जो वज्रपात की तरह गूंज रही थी। फिर भीराक्षस अडिग रहा। उसने गड़गड़ाहट भरी दहाड़ के साथ अपनी गदा घुमाई ,हनुमान को पकड़ लिया और उन्हें ज़मीन से उठा लिया।

लेकिन हनुमान इतनी आसानी से पराजित नहीं हुए। वे मुड़े ,निकुंभ की पकड़ से मुक्त हुए। उन्होंने बिजली की गति से दूरी कम की जैसे वन में सिंह हाथी के मस्तक पर झपटता है, वैसे ही उन्होंने निकुंभ के कंधों पर छलांग लगाई और लगातार वार करके उसकी छाती पर प्रहार किया। फिर उसके सिर को अपनी शक्तिशाली हाथों में पकड़ा, उसे

लट्टू की तरह घुमाया और सिर को उसके धड़ से अलग कर दिया ,
जिससे राक्षस के आतंक के शासन का हिंसक अंत हो गया।

रावण के चेहरे पर एक कर्कश स्वर उभरा। उसने दहाड़ते हुए कहा ,
""मकराक्ष !" अपनी सेना लेकर जाओ और राम ,लक्ष्मण तथा उन
दुष्ट वानरों को कुचल दो ! "

मकराक्ष , जो अपनी क्रूरता के लिए जाना जाता है , ने जवाब में
अपनी छाती पीट ली। उसकी सेना ,नुकीले दांतों और पंजों का एक
घूमता हुआ समूह ,झंडियों के जंगल के नीचे उमड़ पड़ा। लेकिन जब
वे आगे बढ़ रहे थे ,तब भी एक भयावह अपशकुन हुआ। मकराक्ष का
चाबुक और झंडा ,जो उसकी शक्ति का प्रतीक था ,जमीन पर गिर
गया ,उसके बाद अचानकधूल का एक घूमता हुआ तूफान आया जो
युद्ध के मैदान में फैल गया। यह एक बुरी हवा थी ,जो चेतावनी दे
रही थी जिसे मकराक्ष ने अपने खूनी उत्साह में अनदेखा कर दिया।

राक्षस सेना राम ,लक्ष्मण के स्थान पर पहुँच गईऔर अराजकता की
एक नई लहर उठी। मकराक्ष के बाण विषैले सांपों की तरह उड़ेऔर
वानरों के बीच अपना निशाना साधा ,जो डर कर बिखर गए। उनकी
कतारें कम हो गईंऔर उनके युद्ध घोष की जगह घबराई हुई चीखें
आने लगीं।

लेकिन राम ,जो हमेशा दृढ़ नेता रहे ,अपनी जगह पर डटे रहे। उन्होंने
मकराक्ष के हमले के खिलाफ़ बाणों की झड़ी लगा दी ,जो एक
चमकती ढाल थी। राम ने जब हर वार को रोका और उसका प्रतिकार
किया ,तो हवा में धातु के टकराने की आवाज़ गूंज उठी।

राम के कौशल से प्रभावित होकर मकराक्ष ने चुनौती देते हुए दहाड़
लगाई। दोनों के बीच भयंकर युद्ध हुआ ,तीरों के सिरे टूटकर बिखर

गए ,लेकिन कोई भी जीत नहीं पाया। अंत मेंएक शक्तिशाली झटके से राम ने मकराक्ष के रथ को दो टुकड़ों में विभाजित कर दिया ,घोड़े घबराकर चीखने लगे और धरती पर गिर पड़े।

मकरक्ष ने बिना रुके छलांग लगाई ,उसके हाथ में नुकीली गदा थी। वह क्रोध से भरा राक्षसी रूप धारण करके राम पर टूट पड़ा। लेकिन राम उससे भी तेज थे। फुसफुसाए मंत्र के साथ उन्होंने एक रहस्यमयी बाण छोड़ा जो मकराक्ष पर अचूक तरीके से लगा। राक्षस सेनापति जमीन पर गिर पड़ा ,उसकी आँखें अविश्वास से चौड़ी हो गईं।

मकराक्ष के बचे हुए सैनिकों पर आतंक की लहर छा गई। उनके नेता पराजित हो गए ,उनकी लड़ने की इच्छाशक्ति टूट गई ,वे दुम दबाकर लंका भाग गएऔर पीछे युद्ध का मैदान मृतकों और मरते हुए लोगों से भर गया।

मकराक्ष की मृत्यु की खबर सुनकर रावण की विजय-यात्रा टूट गई और वह क्रोध से उबल पड़ा। क्रोध का तूफ़ान उसके भीतर उमड़ पड़ा और उसने अपना अगला कदम उठाने के बारे में सोचा। पिघले हुए अंगारों जैसी चमकती आँखों से उसने अपने दुर्जेय पुत्र इंद्रजीत की ओर रुख किया।

"इंद्रजीत," रावण ने ठंडी फुसफुसाहट में आदेश दिया। आगे बढ़ो। अदृश्य हो या न हो ,राम और उस दखलंदाज़ लक्ष्मण का वध करो ! तुममें ऐसा करने की शक्ति है ! "

"पुत्र, तुमने तो स्वयं इंद्र को भी जीत लिया ! क्या तुम इन नश्वर प्राणियों को आसानी से नहीं मार सकते ? "

अपने पिता की आज्ञा का पालन करते हुए इंद्रजीत यज्ञ-स्थल की ओर बढ़ाऔर अग्नि के लिए आहुति तैयार करते हुए मंत्रोच्चार करता हुआ चला गया। अग्नि ,अग्नि के देवता एक स्वर्णिम ज्वाला के स्तंभ के रूप में प्रकट हुए ,जो उत्सुकता से आहुति स्वीकार कर रहे थे। वरदानों और आशीर्वादों से सशक्त इंद्रजीत एक शानदार रथ पर सवार हुआ , जो आँखों से ओझल होने में सक्षम था।

"आज," इंद्रजीत ने प्रतिज्ञा की ,उसकी आवाज रथ के खाली अंदरूनी हिस्से में गूंज रही थी ,"मैं अपने पिता को उपहार के रूप में विजय लेकर लौटूंगा ! "

वह आसमान में उड़ गया ,रथ हवा में गायब हो गया। अब अदृश्य इंद्रजीत ने राम और लक्ष्मण पर घातक बाणों की बौछार कर दी। हालांकि उन्होंने अपने दिव्य अस्त्रों से जवाब दिया ,लेकिन दोनों राजकुमार अपने अदृश्य हमलावर को छू नहीं पाए। इंद्रजीत अराजकता के बीच आगे बढ़ा ,उसके तीर निशाने पर लगते ही फुफकारने लगे।

इंद्रजीत ने जब धुआँ उड़ाया तो आसमान में अंधेरा छा गया और उसके बाद चारों ओर भ्रम की धुंध छा गई। उसकी हरकतें अदृश्य हो गईं -धनुष की टंकार ,उसके रथ की घरघराहट -यहाँ तक कि उसका पूरा रूप भी अप्राकृतिक अंधकार में डूब गया।

राम की भौंहें एकाग्रता में सिकुड़ गईं। उन्होंने प्रत्येक नए बाण के प्रभाव को देखा नहीं बल्कि महसूस किया ,एक अदृश्य शत्रु के विरुद्ध एक अथक प्रहार -लक्ष्मण ,जो समान रूप से घिरे हुए थे ,धर्मी क्रोध से उबल रहे थे। फिर भी ,मानसून से प्रभावित दो पहाड़ों की तरहउन्होंने आक्रमण को सहन किया।

उनके तीर जवाबी हमले में आसमान की ओर बढ़े ,इंद्रजीत तक पहुंचे और उसके शरीर में चुभने लगे ,फिर भी वह पकड़ में नहीं आया। आगे-पीछेसंघर्ष जारी रहा ,दोनों भाई अंधेरे के खिलाफ एक चुनौतीपूर्ण प्रकाश स्तंभ की तरह थे ,उनके तीर आने वाले प्रक्षेपास्त्रों की लहर को चीरते हुए निकल रहे थे।

उनके तीर जवाबी हमले में आसमान की ओर बढ़े ,इंद्रजीत तक पहुंचे और उसके शरीर में चुभने लगे ,फिर भी वह पकड़ में नहीं आया। आगे-पीछे ,संघर्ष जारी रहा ,दोनों भाई अंधेरे के खिलाफ एक चुनौतीपूर्ण प्रकाश स्तंभ की तरह थे ,उनके तीर आने वाले प्रक्षेपास्त्रों की लहर को चीरते हुए निकल रहे थे।

हर दिशा से तीरों की आवाज़ें निकल रही थीं। इंद्रजीत की हंसीयुद्ध के मैदान में एक क्रूर प्रतिध्वनि थी ,जो लगातार प्रहारों के कारण राम और लक्ष्मण के शरीर पर लगातार निशान छोड़ रही थी। वीर राजकुमार तूफान के सामने दो जंगल की आग की तरह खड़े थे ,अंधेरे में टिमटिमा रहे थे लेकिन बुझने का नाम नहीं ले रहे थे।

अदृश्य हमले ने वानर सेना पर अपना असर दिखाना शुरू कर दिया। उनकी दर्द भरी चीखें तीरों की सीटी के साथ मिल गईं और वे सैकड़ों की संख्या में गिरने लगे ,उनके शरीर ज़मीन पर बिखर गए।

क्रोधित होकर लक्ष्मण ने दिव्य शक्ति से युक्त ब्रह्मास्त्र तैयार किया ,जो शेष बचे राक्षसों का नाश करने के लिए अंतिम हथियार था। लेकिन राम ने अपने भाई का हाथ रोक लिया।

"लक्ष्मण ,नहीं," राम ने दृढ़ स्वर में चेतावनी देते हुए कहा। "हमारा लक्ष्य केवल इंद्रजीत है। हमें उस तक पहुँचने का कोई रास्ता ढूँढ़ना होगा ,ताकि यह मूर्खतापूर्ण वध रोका जा सके।"

गंभीर चेहरों के साथदोनों भाई अपने वानर योद्धाओं से घिरे हुए खड़े थेतथा अंधकार और छल में लिपटे शत्रु के विरुद्ध स्थिति को बदलने का कोई रास्ता तलाश रहे थे।

इंद्रजीतअपनी आंखों में चालाकी की चमक लिएयुद्ध से भाग निकला और नगर की दीवारों के भीतर गायब हो गया।
इंद्रजीतअपनी आँखों में क्रोध की ज्वाला लिएलंका के अभयारण्य से वापस आ गया। उसके मारे गए राक्षस रिश्तेदारों -कुंभकर्ण और अन्य की यादें उसके दिमाग में जल रही थीं ,जिससे राम और लक्ष्मण के प्रति प्रतिशोध की उसकी प्यास और बढ़ गई। राक्षस राजकुमार की सेना,उसके पीछे एक तड़पती हुई भीड़नगर के द्वार से फट पड़ी। अचानकउसने अपने रथ की लगाम खींच ली। उसके हाथों से भ्रम की भावना घूमी ,जिसने बंदी सीता की एक भ्रामक छवि को अस्तित्व में ला दिया।

उनसे पहले हनुमान और उनके वानर योद्धा आगे बढ़े। सीता को देखकर हनुमान का दिल बैठ गया -अस्त-व्यस्तउनकी एक चोटी निराशा का प्रतीक थी।

सेनाओं के बीच टकराव के दौरान इंद्रजीत की क्रूर चालें जारी रहीं। वह तलवार चमकाते हुए झूठी सीता को उसके बालों से घसीटता हुआ ले गया।

"राक्षस ! " हनुमान ने क्रोध से भरी आवाज़ में दहाड़ते हुए कहा।
"तुमने उन्हें छूने की हिम्मत की ? तुम्हारी मौत तुम्हारा पीछा करने के लिए दौड़ी आ रही है ! "

इंद्रजीत ने उपहास किया। वानरों की पंक्ति पर बाणों की वर्षा होने लगी। "तुम उसे लेने आए हो ,हनुमान ? उसका और अपना अंत देखो ! "

एक भयानक चीख के साथइंद्रजीत की तलवार सीता के रोते हुए भ्रामक रूप पर गिर पड़ी। उसकी झूठी मौत हवा में फैल गई और राक्षस के होठों से एक विजयी दहाड़ निकली। निराशा ने वानर सेना को घेर लिया और वे डर के मारे बिखर गए।

हनुमान के नेतृत्व में वानरों ने फर और क्रोध की लहर के साथ आगे बढ़ना शुरू कर दिया। पेड़ धरती से उखड़ गएऔर चट्टानें घातक अस्त्रों में बदल गईं ,जो राक्षसों की पंक्तियों से टकराने लगीं। इंद्रजीत ने अपनी सेना को पराजित होते देखजवाबी हमला किया। बाणों की बौछार हुई ,जिनमें से प्रत्येक ने वानर सेना पर अपना निशाना साधा।

हनुमान ने दहाड़ लगाई ,उनका क्रोध उनकी शक्ति को और बढ़ा रहा था। उन्होंने पेड़ों को उखाड़कर राक्षसों को चकनाचूर कर दिया और उन्हें पत्थरों के नीचे कुचल दिया। फिर भीराक्षस सेना दृढ़ रही। थके हुए हनुमान और उनकी सेना राम के पास लौट गई।

"इंद्रजीत...उसने सीता का वध किया था," हनुमान ने घुटते हुए कहा। राम के ऊपर अंधकार छा गया और वह गिर पड़े। बंदरों ने उनके चेहरे पर पानी छिड़का ,उनकी चीखें गूंज रही थीं और धीरे-धीरे उन्हें होश आ रहा था।

लक्ष्मण ने अपने भाई राम को घायल होते देखा। युद्ध भयंकर था और चीजें उनके हिसाब से नहीं चल रही थीं। उसे अपने सीने में निराशा का एक बड़ा गोला महसूस हुआ।

"हम अच्छे बनने की कोशिश कर रहे हैं," उसने पैर पटकते हुए सोचा। "लेकिन हमें सिर्फ़ दुख ही मिलता है। बुरा आदमीरावणबेहतर कर रहा है ,भले ही वह दुष्ट हो ! "

लक्ष्मण को उलझन महसूस हुई ,मानो उसका दिमाग़ पूरी तरह से उलझ गया हो। "शायद अच्छा होना हमेशा वैसा नहीं होता जैसा हम सोचते हैं। हो सकता है कि अच्छी चीज़ें कभी-कभी बुरी साबित हो जाती हैंऔर बुरी चीज़ें ज़िंदगी को आसान बना देती हैं।"

कभी-कभी जीवन अनुचित लगता है। यह जटिल हो जाता हैऔर अच्छे लोग हमेशा तुरंत जीत नहीं पाते। लेकिन यह याद रखना महत्वपूर्ण है कि एक अच्छा इंसान होना ,चाहे वह कितना भी कठोर क्यों न हो , हमें लंबे समय में मजबूत और खुश बनाता है।

विभीषण लक्ष्मण के पास पहुंचे और देखा कि राम अपने भाई की गोद में बेहोश पड़े हैं। उनकी आवाज़ काँप उठी और लक्ष्मण ने बताया कि सीता की मौत की खबर सुनकर राम बेहोश हो गए थे। विभीषण ने इंद्रजीत के मायाजाल को उजागर किया और उन्हें आश्वस्त किया कि सीता अभी भी जीवित हैं। उन्होंने लक्ष्मण से आग्रह किया कि वे इंद्रजीत पर हमला करें ,इससे पहले कि वह एक शक्तिशाली बलिदान अनुष्ठान पूरा करे और अपराजित हो जाए।

विभीषण के सुझाव पर राम ने लक्ष्मण को तुरंत हनुमान और जाम्बवंत के नेतृत्व में एक सेना के साथ निकुंभिला में इंद्रजीत के अनुष्ठान को बाधित करने के लिए भेजा। यह कार्य अत्यंत महत्वपूर्ण था, क्योंकि अनुष्ठान पूरा होने पर इंद्रजीत को अजेय शक्ति प्राप्त हो जाती।

विभीषण के शब्द उनके दिमाग में गूंज रहे थे , जब लक्ष्मण , हनुमान और जाम्बवंत राक्षसों के शिविर के बीचों-बीच पहुंचे। उन्होंने निकुंभिला की ओर एक रास्ता बनाया , जहां इंद्रजीत की अग्नि प्रज्वलित हुई और उसके मंत्र से आग और बढ़ गई। लक्ष्मण जानते थे कि समय उनका दुश्मन है -अनुष्ठान के अंत से पहले राक्षस का पतन होना चाहिए।

लक्ष्मण ने इंद्रजीत पर निशाना साधा तो तीरों की ध्वनि गूंजने लगी। वानरों और भालुओं के बीच राक्षसों की समुद्र से युद्ध की चीखें गूंजने लगीं। इंद्रजीत का ध्यान भंग हो गया और वह इस नए खतरे का सामना करने के लिए मुड़ा।

उन्होंने विभीषण पर गरजते हुए उसे गद्दार कहा। विभीषण की आवाज़ साफ़ सुनाई दी ,"मैंने बुराई का त्याग कर दिया हैऔर अब तुम्हारा अंत आ गया है ! "

हनुमान ने पहाड़ की तरह ऊंचे स्थान पर खड़े होकर धरती से एक पेड़ उखाड़ दिया। वे राक्षसों की सेना के बीच से गुजरे और उन्हें अपने प्रहारों से जलावन की तरह टुकड़े-टुकड़े कर दिया। अपनी सेना को बिखरता देख राक्षसों ने उस विशालकाय वानरपर हमला कर दिया और हथियार फेंकना शुरू कर दिया।

इंद्रजीत ने हनुमान की ओर अपना रथ घुमाया। उसने दहाड़ते हुए कहा ,"उसे छोड़ दोऔर यह वानरहमें नष्ट कर देगा ! " दूरी कम करते हुए उसने हनुमान पर तलवारों की बौछार कर दी।

हनुमान ने चुनौती देते हुए कहा ,"मुझसे लड़ो ,राक्षस ! आज के दिन तुम जीवित नहीं बचोगे ! "

विभीषण ने लक्ष्मण से कहा ,"अब प्रहार करो ; इंद्रजीत विचलित है ! "

बाणों की झड़ी लग गई। इंद्रजीत के बाणों ने लक्ष्मण ,हनुमान और विभीषण को भी छेद दिया। जवाबी हमले में लक्ष्मण के बाण इंद्रजीत के कवच पर लगे और उसके टुकड़े-टुकड़े हो गए। द्वंद्व चलता रहा , लगातार वार-पलटवार होते रहे। विभीषण ने लक्ष्मण का बोझ हल्का करते हुए वापस युद्ध में भाग लिया।

पुनः उत्साहित होकर उन्होंने वानर सेना को एकत्र किया। हनुमान ने फिर से क्रोध दिखाया ,राक्षसों को एक तरफ़ कर दिया। इंद्रजीत ने अपना रथ लक्ष्मण से भिड़ने के लिए मोड़ा। लक्ष्मण का बाण निशाने पर लगा ,जिससे सारथी मारा गया। वानर योद्धाओं ने इंद्रजीत के घोड़ों पर वार किया ,जिससे रथ उलट गया।

कुछ देर बाद इंद्रजीत लंका वापस चला गया। लेकिन वह एक नए रथ पर सवार होकर तेजी से वापस लौटा और वानरों पर कहर बरपाने लगा। लक्ष्मण उनकी रक्षा के लिए बने रहे ,जबकि इंद्रजीत ने उनसे निर्दयता से द्वंद्व किया। फिर भी , प्रहार के बदले प्रहार करते हुए लक्ष्मण ने राक्षस के बचाव को नष्ट कर दिया। बाणों ने इंद्रजीत के माथे को छेद दिया और राक्षस राजकुमार लड़खड़ा गया।

तभी विभीषण ने इंद्रजीत के घोड़ों पर वार किया। मौके का फायदा उठाते हुए लक्ष्मण ने राम का नाम लेते हुए एक दिव्यास्त्र चलाया और उसे छोड़ दिया। एक झटके में इंद्रजीत का सिर उसके कंधों से उड़ गया।

मौत की चीख़ वानर सेना की विजयी गर्जना में खो गई। उन्होंने दिन जीत लिया थाऔर युद्ध का रुख बदल गया था।

थके हुए लेकिन विजयीलक्ष्मण ने विभीषण और हनुमान का सहारा लिया और राम और सुग्रीव के पास लौट आए। वानर नेताओं को सम्मानपूर्वक प्रणाम करते हुएवह अपने भाई के पास पहुंचे। थकान से बुदबुदाते हुएलक्ष्मण ने इंद्रजीत के पतन का वर्णन किया। फिरविभीषण आगे बढ़े ,उनकी आवाज़ स्पष्ट और मजबूत थी ,उन्होंने पुष्टि की कि लक्ष्मण ने राक्षस राजकुमार को मार डाला।

राम ने गर्व और खुशी से कहा, "अद्भुत, लक्ष्मण ! तुमने असंभव को संभव कर दिखाया है। तुम्हारी इस महान उपलब्धि से हमारा विजय-पथ और अधिक सुगम हो गया है। तुम्हारी इस सफलता ने मुझे गर्व से भर दिया है। तुमने हमारी आशाओं को नई ऊंचाइयों पर पहुंचा दिया है।"

अपनी थकावट के बावजूद शरमाते हुएलक्ष्मण ने अपना सिर झुका लिया। राम ने अपने भाई को एक सौम्य मुस्कान के साथ अपने पास खींचाऔर गर्मजोशी से गले लगा लिया। उन्होंने लक्ष्मण को पकड़ लियाऔर उस योद्धा को प्यार से देखा ,जिसने अपने घावों के बावजूद इतनी महत्वपूर्ण जीत हासिल की थी।

28. रावण का हिसाब

इंद्रजीत की मृत्यु की खबर रावण के दिल को चीर गई। उस पर दुःख हावी हो गया और वह गिर पड़ा ,बहुत देर तक चुप रहा और हिला - डुला नहीं। जब वह आखिरकार उठा ,तो वह किसी भी राजा की तरह नहीं चीखा -एक कच्ची ,मानवीय आवाज़।

उसके अंदर क्रोध की आग भड़क उठी। दांत पीसते हुए उसने सीता को सजा देने का निश्चय किया। यह वही थी जिसने यह बर्बादी लाई थी। वह इंद्रजीत द्वारा निभाई गई उसकी मौत के भ्रम को एक भयावह वास्तविकता में बदल देगा। अपनी तलवार खींचकरवह उसे मारने के इरादे से अशोक वाटिका की ओर बढ़ा।

सीता ने उसे आते देखा ,उसका क्रोध एक स्पष्ट तूफान थाऔर वह निराश हो गई। "हनुमान सही थे,"वह रो पड़ी ,"मुझे उसके साथ चले जाना चाहिए था ! अब राम और लक्ष्मण शायद मर चुके हैं और मैं भी मर जाऊँगी ! " उसने कल्पना की कि कौशल्या , राम की माँ , दुःख के बोझ से टूट रही हैं।

सुपार्श्व नामक बुद्धिमान सलाहकार ने सीता की निराशा देखी और हस्तक्षेप किया। उसने रावण से सच बोलने का साहस किया और उसे इस क्रूर कृत्य को त्यागने और युद्ध में राम का सामना करने के लिए कहा। आश्चर्यजनक रूप सेराक्षस राजा ने उनकी बात सुनी और अपनी हत्या की योजना से विमुख हो गया।

रावण की सेना प्रतिशोध की भूख से युद्ध के मैदान में उमड़ पड़ी। वानरों पर बहुत दबाव था ,उनकी सेनाएँ टूट चुकी थीं लेकिन उन्हें

राम की मौजूदगी में शरण मिली। उनके बाण धधक रहे थे ,जिससे राक्षसों की भीड़ नष्ट हो रही थी। रावण के सैनिक भ्रमित हो गए , उन्हें भ्रम की गंधर्व अस्त्र ने घायल कर दिया। उन्हें अब एक राम नहीं , बल्कि हज़ारों राम दिखाई दिए ,जो जंगल में बवंडर की तरह उन्हें चीरते हुए आगे बढ़ रहे थे।

"वह वहाँ है ,हाथियों को नष्ट कर रहा है ! और वहाँ ,रथ योद्धाओं को मार रहा है ! " अपने आतंक मेंराक्षसों ने अपने साथियों पर हमला किया। राम प्रकृति की शक्ति बन गए ,उनका धनुष गरज रहा था , उनके तीर आग की निरंतर वर्षा कर रहे थे। कुछ ही घंटों मेंराक्षस सेना खंडहर में तब्दील हो गई -उनके रथ टूट गए ,उनके घुड़सवार मारे गए ,उनके सैनिक टूट गए।

राक्षसों और वानरों के खून की धाराएँ युद्ध के मैदान की विशाल धूल को शांत कर रही थीं। हाथियों और रथों को नदी के तटों के रूप में, घोड़ों को मछलियों के रूप में और ध्वजदंडों को पेड़ों के रूप में रखते हुए रक्त की नदियाँ मृतकों कोबहा ले जा रही थीं।

बचे हुए राक्षस ,जिनके घोड़े मारे गए ,रथ नष्ट हो गए ,ध्वजदण्ड टूट गएतथा मनोबल टूट गया ,वे लंका नगरी की ओर वापस भागे।

लंका के महलों में विलाप की ध्वनि गूंज रही थी। युद्ध में हारी हुई स्त्रियों ,उनके पतियों और पुत्रों ने सूर्पणखा को घेर लिया ,उनका दुःख तीव्र क्रोध में बदल गया।

"यह तुम्हारा काम है !" वे चीखे ,उनकी आवाज़ कर्कश थी। "तुमने ही रावण के कान में जहर फुसफुसाया था , जिसने उसे राम की पत्नी को चुराने के लिए उकसाया था ! देखो तुमने क्या कर दिया है ! "

वे शूर्पणखा पर टूट पड़े , उनकी निराशा में क्रोध भी समाया हुआ था। "क्या तुमने अपशकुन नहीं देखा ? क्या तुमने विभीषण की चेतावनियाँ नहीं सुनीं ? अब लंका में खून बह रहा हैऔर रावण का विनाश निश्चित है ! "

एक वृद्ध महिला आगे बढ़ी , उसकी आवाज़ कांप रही थी। "बहनों, याद है," उसने कर्कश स्वर में कहा ,"देवताओं की भविष्यवाणी ?एक महिला ,जो राक्षसों का नाश करने के लिए पैदा हुई थी ,पृथ्वी पर चलेगी। क्या सीता वह महिला हो सकती है"?

कक्ष में एक सामूहिक आह भर गई। लंबे समय से भूली हुई भविष्यवाणी ने एक नया भयावह अर्थ ग्रहण कर लिया। भय और निराशा क्रोध के साथ मिलकर लंका के भविष्य की एक निराशाजनक तस्वीर पेश कर रही थी।

लंका की हवा में शोक का माहौल था। विलाप करती राक्षसी महिलाओं को देखकर रावण को दुःख और क्रोध की तीव्र लहर महसूस हुई। उसने अपनी मुट्ठियाँ भींच लीं ,एक ऐसी आवाज जो खामोशी में हड्डी के टूटने जैसी गूंज रही थी।

क्रोध ने उसे बदल दिया। उसकी आँखें लाल हो गईं ,छाया में उसका रूप राक्षसी हो गया। "युद्ध के लिए तैयार हो जाओ !" उसने अपने सेनापतियों से दहाड़ते हुए कहा। "राम और उनके वानर अनुयायी खून से कीमत चुकाएंगे ! वे मेरे प्रतिशोध को जानेंगे ! "

रावण की सेना उमड़ पड़ी ,खून के प्यासे योद्धाओं की एक काली लहर। जैसे-जैसे वे आगे बढ़े ,आसमान ही उनके खिलाफ़ होता गया। अशुभ पक्षी ऊपर मंडरा रहे थेऔर उनके पैरों के नीचे ज़मीन काँप रही

थी। लेकिन रावण ने इन संकेतों को नज़रअंदाज़ कर दिया ,उसका मन बदला लेने पर लगा हुआ था।

उसके आने की गड़गड़ाहट वानर सेना तक पहुँची ,जिससे वे फिर से युद्ध में उतर आए। योद्धाओं के बीच संघर्ष ने युद्ध के मैदान को भर दिया -फर ,पंजे और राक्षसी क्रोध का बवंडर। रावण ने पंक्तियों को चीर दिया ,उसका हर वार क्रोध से भरा हुआ था।

रावण के क्रोध के कारण युद्ध का मैदान थर्रा उठा। उसने वानरों की कतारों को चीर दियाऔर गिरे हुए योद्धाओं की एक कतार छोड़ दी। रक्तपिपासा ने उसे आगे बढ़ने के लिए प्रेरित कियाऔर वह राम की ओर अंतिम मुकाबले के लिए बढ़ चला।

वानर राजा सुग्रीव उसे जाने नहीं दे रहा था। एक जोरदार गर्जना के साथवह और उसके कुलीन योद्धाओं ने राक्षस सरदारों पर हमला किया ,जो कि बाहुबल और शक्ति का एक अनवरत ज्वार था। इस्पात इस्पात से टकरा रहा था और युद्ध का मैदान मरने वालों की चीखों से गूंज रहा था।

विरुपाक्ष नामक एक विशालकाय राक्षस ने सुग्रीव पर हमला किया , उसकी आँखें घृणा से जल रही थीं। सुग्रीव ने बिना घबराएसीधे हमले का सामना किया। उसका हाथ ,जो गतिमान था ,विरुपाक्ष की कनपटी में एक प्रहारक मेढ़े की तरह जोर से जा लगा। राक्षस जमीन पर गिरकर बेजान हो गया।

सुग्रीव अपनी आंखों में चुनौती लिए खड़ा था और शेष राक्षसों को उसका सामना करने के लिए ललकार रहा था।

रावण अपनी सेना की कमी और विरुपाक्ष के पतन से क्रोधित हुआ और उसने युद्ध का रुख अपने पक्ष में मोड़ने के लिए महोदर को बुलाया। महा इस्पात शक्ति वाले महोदर ने वानरों की भुजाओं और पैरों को काट दिया और आतंक मचा दिया ,जिससे वानरों ने सुग्रीव से बचाव की मांग की ,जिसने उस पर बड़ी चट्टानों और ऊंचे पेड़ों से हमला किया। महोदर के बाणों ने चट्टानों और पेड़ों को टुकड़े-टुकड़े कर दिया और सुग्रीव के शरीर को क्षत-विक्षत कर दिया। क्रोधित होकर सुग्रीव ने युद्ध के मैदान से एक इस्पात की छड़ उठाई और उसके रथ के घोड़ों पर फेंकी और उन्हें मार डाला। जवाब मेंमहोदर ने सुग्रीव पर एक गदा फेंकी ,जिसने इसका जवाब एक इस्पात की गदा से दिया और दोनों हथियार टुकड़े-टुकड़े होकर जमीन पर गिर गए। महोदर और सुग्रीव कुश्ती में उतरे और दाएँ- बाएँ झूलते हुए एक-दूसरे पर प्रहार करने लगे। यह दृश्य दो पहाड़ों के आपस में टकराने जैसा था।

महोदर ने जमीन से तलवार और ढाल उठाईऔर उसे देखकर सुग्रीव ने भी एक लंबी तलवार और ढाल उठाई। महोदर का वार सुग्रीव की ढाल पर पड़ाऔर सुग्रीव की तलवार महोदर की गर्दन पर लगी ,उसके सिर के मुकुट और कुंडल कट गएऔर उसका धड़ जमीन पर इस तरह गिरा जैसे कोई पहाड़ धरती पर टूटकर गिर पड़ा हो।

महापार्श्व का क्रोध उनकी आँखों में लाल नरक की तरह था। उसकी भुजा धुंधली हो गई ,बिजली की एक किरण जैसे उसके धनुष से तीर छूट गए। उसे अपना लक्ष्य मिल गया ,बंदरों के फर पर लाल फूल खिलने लगे जो पेड़ों से टूटी कठपुतलियों की तरह गिर पड़े। युद्ध के मैदान में निराशा छा गई ,एक छाया जो वानर सेना को निगलने की धमकी दे रही थी।

अंगद ,जिसका फर महापार्श्व के समान क्रोध से भरा हुआ था ,ने
चुनौती देते हुए दहाड़ लगाई। वह मांसपेशियों और लोहे के बवंडर की
तरह हमला करने लगा। महापार्श्व की ढाल से उसकी छड़ी की
टकराहट गड़गड़ाहट की तरह गूंजीऔर दुनिया ने कुछ क्षण के लिए
अपनी सांस रोक ली।

जाम्बवंत ,एक पर्वत जैसे भालू ,जिनके वृद्ध चेहरे पर दृढ़ निश्चय की
झलक थी ,ने अपनी विशाल मुट्ठी महापार्श्व के रथ पर पटक दी।
लकड़ी टूट गईऔर कभी गर्वित घोड़े डर के मारे हिनहिनाने लगे ,
क्योंकि वे ज़मीन पर गिर गए। कभी प्रभुत्व का प्रतीक रहा यह रथ
टूट गया ,जो जाम्बवंत की अदम्य ताकत का प्रमाण था।

महापार्श्व ने क्रोधित होकर बाणों की बौछार छोड़ी। वे हवा में सीटी
बजाते हुएवानर सेना के हृदय पर घातक वर्षा कर रहे थे। जाम्बवंत
दहाड़ रहे थे ,उनकी बांह पर खून बह रहा था ,लेकिन उनका ध्यान
कभी नहीं डगमगाया।

अपने बुजुर्गों को गिरता देख अंगद के अंदर क्रोध उमड़ पड़ा। उसने
एक और इस्पात की छड़ छीन ली ,उसकी आँखों में ठंडे इरादे की
चमक थी। हवा को चीरती हुई चीख के साथउसने खुद को महापार्श्व
पर फेंक दिया। छड़हवा में उड़ गई ,युद्ध की पृष्ठभूमि के खिलाफ
एक चांदी की की लकीर बनाते हुए राक्षस के धनुष पर जोर से
टकराई ,जिससे उसके टुकड़े-टुकड़े हो गए।

महापार्श्व नेघृणा के मुखौटे में अपना चेहरा विकृत करते हुए ,अपने
पीछे से एक विशाल कुल्हाड़ी निकाली। यह सूर्य की रोशनी में दुष्टता
से चमक रही थी ,अंगद की गर्दन पर निशाना साधते हुए मृत्यु का
वादा कर रही थी। लेकिन अंगद एक धुंधलेपन में था ,वर्षों की

परिष्कृत सजगता उसके हर कदम का मार्गदर्शन कर रही थी। वह मुड़ा, कुल्हाड़ी उसके पास से एक भूखी सीटी की आवाज़ के साथ गुजरी।

फिरअंगद ने वार किया। वह आगे की ओर बढ़ा , एक रोएँदार अस्त्र की तरहऔर उसकी मुट्ठी महापार्श्व की छाती पर एक घिनौनी धमाका के साथ लगी। राक्षस के होठों से एक आह निकली ,जो उसकी पसलियों के टूटने की आवाज़ में दब गई। उसकी आँखें चौड़ी हो गईं , उनमें अविश्वास की एक झलक गुज़री और फिर वे चमक उठीं। वह एक बेजान भूसी की तरहज़मीन पर गिर पड़ा।

वानर सेना में जयकार गूंज उठी और युद्ध के मैदान में राहत की लहर दौड़ गई। आसमान में छाई लालिमा गायब हो गई और उसकी जगह उम्मीद की सुनहरी रोशनी छा गई। ज्वार बदल गया था और महापार्श्व का आतंक खत्म हो गया था।

रावण का दिल उसकी पसलियों के विरुद्ध एक बीमार लय में धड़क रहा था। उसके मारे गए योद्धाओं के चेहरे -वफादार सेनापति और चतुर सलाहकार -उसके सामने चमक गए ,उनकी खाली आँखें उसके अभिमान का अभियोग थीं। क्रोध ने एक काली आग को प्रज्ज्वलित किया, जिसने भय की झिलमिलाहट को भस्म कर दिया। "चलाओ ! "उसने अपने सारथी पर दहाड़ते हुए कहा ,उसकी आवाज़ एक नुकीले टुकड़े की तरह थी।

उसका रथ आगे बढ़ा ,लोहे और क्रोध का बना एक दानव वानरों की भीड़ को चीरता हुआ आगे बढ़ा। अपनी कलाई के एक झटके से रावण ने तमसा अस्त्र छोड़ा। यह छाया और राक्षसी चीखों के एक धूमकेतु

की तरह आकाश में चीखता हुआ विनाश का वादा करता हुआ दिखाई दिया।

इससे पहले कि वह हमला कर पाता ,लक्ष्मण वहाँ पहुँच गए -अँधेरे आसमान में सोने की चमककी भांति। रावण पर बाणों की वर्षा हुई , हर एक बाण विद्रोह का एक धारदार टुकड़ा था। राक्षस राजा ने उन्हें सहज कौशल के साथ रोक दिया ,क्रोध में वह लक्ष्मण को पीछे छोड़ते हुए सीधे राम की ओर बढ़ा।

राम अडिग खड़े थे ,उनके धनुष से प्रकाश की किरणें निकल रही थीं। उनके बाण रावण के बाणों से टकराए और वे एक भयंकर गति से टकराए ,उनकी टक्कर एक वज्रपात की तरह थी जिसने मरने वालों की चीखों को दबा दिया। हवा में कंपन होने लगी,दिन एक अप्राकृतिक रात में बदल गया और आकाश घातक चमक का एक गलीचा बन गया।

रावण ने गुर्राहट की ,योद्धा-राजा अब उसके क्रोध से अभिभूत हो गया। उसने फुफकारते हुए साँपों ,नुकीलेदांतों वाले शेरों और मांस के भूखे गिद्धों का एक जादू बुना -प्रत्येक हताशा से प्रेरित जादू का अस्त्र था। राम ने वार का जवाब वार से दिया ,आग छाया से जूझ रही थी ,विनाश का एक निराशाजनक संगीत।

रावण के गले से हताशा की दहाड़ निकली। उसने माया अस्त्र छोड़ा , भ्रम और अराजकता का भंवर। पतली हवा से गदाएँ निकलीं ,भूतिया गदाओं की बारिश हुईऔर चकाचौंध करने वाली रोशनी के गोले युद्ध के मैदान को जला रहे थे। फिर भी धनुर्विद्या के विशेषज्ञ राम ने हर वार का मुकाबला किया। उनके बाणों ने गंधर्वों की शक्ति से प्रेरित

एक चमकदार ढाल बनाई ,उनका अलौकिक गीत राक्षस के काले जादू का मुकाबला कर रहा था।

रावण की हताशा की चीख़ युद्ध के मैदान में गूंज उठी। उसके चक्र के बाण ,जो अप्राकृतिक ज्वाला में लिपटे हुए थे ,राम के भेदी बाणों से टकराकर हानिरहित चिंगारियों की बौछार में बदल गए। क्रोध में उसने अपने चेहरे को मोड़ते हुएराम के हृदय पर निशाना साधते हुए दस धारदार बाण छोड़े। फिर भी राम अडिग खड़े रहे ,अराजकता के बीच एक स्वर्ण प्रतिमा की तरह।

लक्ष्मण अपने भाई की पीड़ा से उबल पड़े। एक ही झटके में उन्होंने रावण के झंडे पर तीर चला दिया और दूसरे तीर ने उसके सारथी की जान ले ली। पांच और तीरों ने राक्षस राजा के धनुष को तोड़ दिया और उसके पैरों के नीचे खंडहर बन गए। विभीषण ने अपनी गदा चमकाते हुए रथ के घोड़ों को मार गिराया ,उनकी मरती हुई चीखें शोर को और बढ़ा रही थीं।

रावण बिना रथ के ज़मीन पर कूद पड़ा। उसका भाला मृत्यु का वादा करते हुए विभीषण की ओर तेज़ी से बढ़ा। लक्ष्मण के बाणों ने उसे बीच उड़ान में ही रोक लिया और एक चकाचौंध करने वाली रोशनी की बौछार के साथ फट गया।

रावण ने मायावी भाला निकाला ,जिसका काला धातु दुष्ट ऊर्जा से चटक रहा था। यह हथियार माया ,राक्षस राजा की काली शक्ति से स्पंदित थाऔर उसकी नज़र विभीषण पर टिकी थी। हमेशा सतर्क रहने वाले लक्ष्मण ने बदलाव को देखा। उसके अंदर एक हताश दांव उमड़ पड़ा -उसने बाणों की बौछार कर दी ,जिसका उद्देश्य मारना नहीं था बल्कि बाधा डालना था।

तीर भाले से टकराए ,उसकी कुत्सित चमक टिमटिमाने लगी। एक पल के लिए तो ऐसा लगा कि लक्ष्मण सफल हो सकते हैं। फिररावण का क्रोध उबल पड़ा। क्रोध से भरी उसकी आँखें लक्ष्मण पर टिक गईं। भाला उसकी मुट्ठी में मुड़ गया ,फिर एक गगनभेदी चीख के साथ उस योद्धा पर निशाना साधा जिसने उसका विरोध करने की हिम्मत की।

लक्ष्मण की सांस फूल गई ,उनकी आंखें सदमे से चौड़ी हो गईंक्योंकि भाला उनकी छाती में धंस गया था। वे गिर पड़े ,उनकी आंखों की रोशनी फीकी पड़ गई।

राम के गले से एक घुटी हुई चीख निकली। युद्ध का मैदान फीका पड़ गया ,उनकी जगह उनके गिरे हुए भाई की तस्वीर उभर आई। उनके गालों पर जलते हुए आंसू बह रहे थे ,जो उनके चारों ओर की आग के बिल्कुल विपरीत थे। यह एक भाई का दिल था जो अनाच्छादित हो गया था ,नुकसान का दर्द क्षण भर के लिए उसकी योद्धा-भावना को ग्रहण कर गया।

रावण के होंठों पर एक क्रूर मुस्कान उभर आई। शिकारी की भूख से चमकती उसकी आँखों ने अपना अवसर देखा। लक्ष्मण बिना हिले-डुले लेटे रहे ,माया के भाले की वजह से एक गिरे हुए योद्धा की तरह। यह राम को खत्म करने ,इस विद्रोह को हमेशा के लिए खत्म करने का सही समय था।

रावण ने इतनी तेज आवाज में गुर्राहट मचाई कि उसके राक्षसों की भी रूह कांप उठी ,उसने राम को अपंग करने के लिए बाणों की बौछार कर दी ,जिससे उसने जो घाव पहले ही पहुंचा दिया था ,उस पर और भी नमक छिड़क दिया।

राम ने अपनी बाँहों और पैरों पर तीरों के तीखे निशानों को महसूस किया और वे चौंक गए। खून की धारें लाल रंग की धाराओं की तरह बहने लगीं ,जिससे उनकी त्वचा का रंग गहरा नीला हो गया। फिर भी राजकुमार ने हिम्मत नहीं हारी। उनका ध्यान सिर्फ़ अपने भाई पर ही था।

वह लक्ष्मण के पास घुटनों के बल बैठ गए ,उनकी आवाज़ में एक मर्मस्पर्शी,हताश भावना भरी हुई थी। "लक्ष्मण," उन्होंने अपने अंगों में धड़कते दर्द को अनदेखा करते हुए कहा। उनकी पुकार एक हताश विनती थी ,अपने भाई के वापस आने के लिए एक मौन प्रार्थना।

राम की पीड़ा देखकर हनुमान और सुग्रीव आगे बढ़े। उन्होंने लक्ष्मण के चारों ओर एक जीवित ढाल बना ली ,उनकी भयंकर दहाड़ें किसी भी व्यक्ति को चुनौती दे रही थीं जो उनके पास आने की हिम्मत करता था। राम के प्रति उनकी निष्ठा और अटूट विश्वास रावण के भीतर पनप रही दुष्टता के बिल्कुल विपरीत था।

राम के लिए युद्ध की दहाड़ धीमी होकर एक धीमी धड़कन में बदल गई। उस पलदुनिया सिमट कर उनके भाई के पीले चेहरे ,उनके अपने धड़कते दिल और लक्ष्मण से आँखें खोलने की उनकी हताश आशा के बीच सिमट गई।

बुद्धिमान वानर चिकित्सक सुषेण लक्ष्मण के पास आ गए। उनका स्पर्श तेज और सुनिश्चित था। उनकी भौंहें एकाग्रता में सिकुड़ गईं। फिर ,आशा की एक किरण। "वह जीवित है ! " राम को राहत मिली , जो एक हताश तत्परता के साथ मिश्रित थी।

सुषेण की आँखें राम की आँखों से मिल गईं। "हिमालय ,मेरे स्वामी," उसकी आवाज़ धीमी थी ,चिंता से भरी हुई गड़गड़ाहट ,"वहाँ जड़ी-बूटियाँ हैं ...दुर्लभ ,शक्तिशाली। केवल वे ही उसे मृत्यु के द्वार से वापस खींच सकती हैं। "उसकी आवाज़ में उस क्षण की गंभीरता प्रतिध्वनित हुई।

हनुमान एक ही पल में चले गए। वे महोदर पर्वत की ओर बढ़े ,उनके विचार प्रार्थनाओं और दृढ़ संकल्प के बवंडर की तरह थे। फिर भी पर्वत विशाल था ,जड़ी-बूटियाँ अपरिचित थीं। निराशा उन्हें कुतर रही थी ,हर कीमती सेकंड एक पीड़ा थी। फिरउनकी आँखों में दृढ़ संकल्प दृढ़ हो गया। एक शक्तिशाली गर्जना के साथ ,उन्होंने पहाड़ को धरती से उखाड़ दिया और वापस भागे ,हवा उनके कानों में चीख रही थी।

सुषेण ने तेज ,अभ्यासपूर्ण हरकतों के साथ काम किया। कुचली हुई जड़ी-बूटियों की तीखी और मिट्टी जैसी खुशबू हवा में भर गई। लक्ष्मण हिलने लगे ,उनकी पलकें फड़कने लगीं ,उनकी साँसें उखड़ने लगीं। फिर ,जैसे ही पहाड़ की शक्तिशाली औषधि ने अपना जादू चलाया ,उनकी छाती लगातार ऊपर-नीचे होने लगी।

जब लक्ष्मण की आंखें खुलीं ,तो वे दर्द से घिरे हुए थे ,लेकिन जीवित थे। राम से उनके पहले शब्द ने उनके युद्ध की अहमियत को रेखांकित किया" :रावण का खात्मा करो और अपनी प्रतिज्ञा पूरी करो।"

राम का हृदय धर्मी क्रोध से भर गया। प्रत्येक बाण उनके धनुष से प्रतिशोध की चिंगारी छोड़ता था ,लेकिन उनकी दिव्य शक्ति भी पूरी तरह से बाधाओं को दूर नहीं कर पाती थी। रावण अपने रथ की सुरक्षा में अनुचित लाभ का दावा कर रहा था। फिर भी ,स्वर्ग स्वयं इस तरह के अन्याय को बर्दाश्त नहीं कर सकता था।

हथियारों की टक्कर से एक गड़गड़ाहट गूंजी ,लाल आसमान पर एक गड़गड़ाहट हुई। हवा चमक उठीऔर एक चमकदार शानदार युद्ध रथ उतरा ,आकाश में अलौकिक घोड़े पैर पटक रहे थे ,लगाम इंद्र के सारथी ,बुद्धिमान मातलि ने थाम रखी थी।

राम ने अपने हाथ में चमकते हुए सोने का धनुष बांधा ,जो धरती पर नहीं बना था। उनके बाजू में भरा तरकश गूंज रहा था ,हर तीर इंद्र के क्रोध का एक भाला था। दिव्य कवच ने उनके शरीर को लपेटा ,न केवल सुरक्षा के लिए ,बल्कि एक प्रतीक के रूप में -देवताओं ने उनके कारण को न्यायपूर्ण माना। और उनके दूसरे हाथ में एक भाला था ,जिसकी नोक धार्मिक ऊर्जा से चमक रही थी -खुद इंद्र की ओर से एक उपहार।

अबसंघर्ष बदल गया। राम के प्रत्येक बाण में दैवीय प्रतिशोध का भार था। उन्होंने रावण का सामना अकेले योद्धा के रूप में नहीं ,बल्कि धर्म के योद्धा के रूप में किया। युद्ध का मैदान अब झुकता हुआ लग रहा था ,अब यह अत्याचार का मंच नहीं था ,बल्कि एक ऐसा मंच था जहाँ न्याय की जीत होगी।

इस संघर्ष ने युद्ध के मैदान को हिलाकर रख दिया। फिररावण ने राक्षसी रूप का एक हथियार निकाला -एक भाला जो छाया में लिपटा हुआ था और बुरी शक्ति से कड़कड़ा रहा था। यह राम की ओर बढ़ा , जो मृत्यु का वादा था। राक्षस राजा की विजय की दहाड़ ने हवा को चीर दिया ...लेकिन इसे बीच में ही शांत कर दिया गया।

स्वर्ग से उत्तर की गड़गड़ाहट सुनाई दी। एक चमकती हुई रोशनी वाला भाला ,जो धर्मी क्रोध का प्रतीक था ,ने रावण के हथियार को बीच

उड़ान में ही रोक दिया। यह प्रभाव अंधा कर देने वाला था ,अंधकार और प्रकाश का टकराव जिसने इसे देखने वालों की हड्डियों को हिलाकर रख दिया। इंद्र का भाला मजबूती से टिका रहा ,जो देवताओं की कृपा का प्रमाण था।

इस मौके का फ़ायदा उठाते हुएराम दैवीय क्रोध के बवंडर की तरह थे। उनके बाण मौत के गीत गा रहे थे -पहले रावण के राक्षसी घोड़ों के पार्श्वों में अपना निशान बना रहे थे ,फिर राक्षस राजा की छाती , उसके माथे में धंस रहे थे। रक्त रथ पर बिखरा हुआ था ,जो उसकी काली लकड़ी के सामने चमक रहा था। रावण दहाड़ता हुआएक घायल जानवर ,लेकिन पराजित होने से बहुत दूर। प्रत्येक चोट उसके क्रोध को बुझाने के बजाय उसे और बढ़ा रही थी।

राम के आक्रमण से त्रस्त रावण घायल पशु की तरह दहाड़ने लगा। उसका अहंकार चकनाचूर हो गया ;उसने शेखी बघारना छोड़ दिया और नए क्रोध के साथ राम पर टूट पड़ा। उसकी आँखें अंगारों की तरह धधक रही थीं ,वह उस धर्मी राजकुमार पर टिकी हुई थी जिससे वह इतना घृणा करता था। उसके धनुष से तीरों की झड़ी लग गई ,जो राम को घातक बारिश में डुबोने का एक हताश प्रयास था।

राम ने हिम्मत नहीं हारी। वह युद्ध के खून में नहाए हुएलाल रंग की मूर्ति की तरह खड़े थे। उनकी त्वचा में धंसे हुए तीर जल रहे थे , लेकिन उनकी आत्मा अडिग थी। उनकी आँखों में क्रोध की चिंगारी भड़क उठी -किसी राक्षस का अंधा करने वाला क्रोध नहीं ,बल्कि बहुत समय से तिरस्कृत आत्मा का ठंडा ,धर्मी क्रोध।

"तुमने रात में चोर की तरह मेरी पत्नी को चुरा लिया !" युद्ध के मैदान में राम की आवाज़ साफ़-साफ़ गूंज उठी ,जिसमें तिरस्कार भरा

हुआ था। "तुम खुद को योद्धा ,नायक कहने की हिम्मत रखते हो ? कायरता में कोई साहस नहीं होता ,रावण -सिर्फ़ शर्म होती है ! "

राम का धनुष उनके हाथ में हल्का था ,जो दिव्य ऊर्जा से जल रहा था। हास्यास्पद सहजता के साथउन्होंने रावण के बाणों के तूफान को चकनाचूर कर दिया , प्रत्येक वार का जवाब छोटे सूर्यों की तरह चमकने वाले बाणों से दिया। रावण , जो कभी अपनी शक्ति के बारे में इतना आश्वस्त था , अब लड़खड़ा गया। उसके माथे पर खून के साथ पसीना भी था , राम के प्रत्येक बाण उसके अभिमान को चीरने वाले थे। उसके हाथ लड़खड़ा रहे थेऔर उसका दिल धड़क रहा था - यह अब जीत के लिए लड़ाई नहीं थी , बल्कि एक ऐसे दुश्मन के विरुद्ध अस्तित्व के लिए एक हताश संघर्ष था, जो न्यायपूर्ण क्रोध का प्रतीक था।

अंत मेंराम ने अपनी असली ताकत का प्रदर्शन किया। वैदिक ज्ञान से उत्पन्न और दिव्य शक्ति से युक्त रहस्यमयी अस्त्र हवा में तड़तड़ाने लगे। उन्होंने रावण पर अंधाधुंध ताकत से प्रहार किया ,प्रत्येक प्रहार न्याय को उजागर कर कर रहा था। राक्षस राजा लड़खड़ा गया ,उसका दिमाग घूम गया,उसका शरीर दर्द से छटपटा उठा। उसके चारों ओर की दुनिया अराजकता में बदल गई ,युद्ध उसकी पकड़ से दूर होता गया।

रावण की दुनिया पलट गई। राम द्वारा छोड़े गए दैवीय प्रकोप ने उसे चकरा दिया। उसकी दृष्टि धुंधली हो गई ,युद्ध की गर्जना दूर होती चली गई। फिर ,अराजकता के बीच ,रक्तरंजित धरती पर पहियों की खट-खट की आवाज़ और उसका रथ राम की पहुँच से दूर खींच लिया गया।

किसी भी तीर के घाव से भी ज़्यादा क्रोध उसके ऊपर हावी हो गया। जैसे ही उसे होश आया ,वह अपने सारथी की ओर मुड़ा ,उसका चेहरा क्रोध से विकृत हो गया। "कायर !" उसने थूका ,उसके शब्द ज़हर से टपक रहे थे। क्या तुम मुझे धोखा दे रहे हो? क्या तुम मेरी इज्जत पर दाग लगाने की हिम्मत करोगे ? "

सारथी अपने स्वामी के आरोप के बोझ से दब गया ,लेकिन उसकी आवाज़ आश्चर्यजनक रूप से स्थिर थी। "मेरे स्वामी," उसने कर्कश स्वर में कहा ,उसकी अंगुलियाँ लगाम पर सफ़ेद हो गई थीं ,"मेरी निष्ठासिर्फ़ आपके लिए है। फिर भी मैंने देखा...आपकी इंद्रियाँ विफल हो गईं ,घोड़े लड़खड़ा गए। तब लड़ना जीत नहीं ,बल्कि मौत को आमंत्रित करना था !"

रावण की आँखें सिकुड़ गईं। सारथी के शब्दों में सच्चाई का एक टुकड़ा था ,जिसे निगलना एक कड़वी गोली थी। उसकी निगाहें युद्ध के मैदान पर घूम रही थीं ,जो उसके योद्धाओं के शवों से अटी पड़ी थीं और राम की चुनौती की प्रतिध्वनि अभीभी उसके कानों में गूंज रही थी।

उसके अंदर शर्म और गर्व के बीच जंग छिड़ गई। फिर भीराक्षस राजा बच गया। अपने क्रोध को निगलते हुएउसने एक शब्द उगला ,जो पुनः प्राप्त ध्यान से भरा हुआ था:"वापस लौटो।"

रथ आगे की ओर झुका ,युद्ध के केंद्र की ओर वापस जाने का रास्ता बनाते हुए , राम के पासलौटते हुए , जिनका धर्मी क्रोध अभी भी दूरस्थ प्रकाश स्तंभ की तरह जल रहा था। रावण भले ही लड़खड़ा गया हो ,लेकिन उसका विद्रोह कायम रहा। यह युद्ध ,दुनिया की आत्मा के लिए यह संघर्ष ,अभी खत्म नहीं हुआ था।

इस बीच,युद्ध के मैदान मेंप्राचीन और बुद्धिमान ऋषि अगस्त्य स्वर्ग से उतरे और राम के पास आए। उन्होंने राजकुमार के उदात्त चेहरे पर थकान और एक अदम्य चमक देखी। ऋषि के पास कोई हथियार नहीं था ,बल्कि एक उपहार था :आदित्य हृदयम। यह मंत्र राम पर छा गया ,सूर्य के हृदय का एक गीत ,कायाकल्प का वादा। जैसे ही मंत्र के अंतिम शब्द फीके पड़े ,राम ने अपनी आँखें खोलीं। डूबता हुआ सूरज और अधिक चमकीला लग रहा था ,मैदान टूटे हुए शवों से अटा पड़ा था ,जो अभी भी जारी युद्ध का प्रमाण था। इस उपहार के साथउनकी थकान दूर हो गईऔर उसकी जगह नई ताकत ने ले ली। यह केवल शरीर का ही नहीं, बल्कि आत्मा का योद्धा था   -जो लड़खड़ाएगा नहीं, बल्कि एक बार फिर अपने दुश्मन का सामना करने के लिए उठ खड़ा होगा। ऋषि के अटूट विश्वास के साथरावण का पतन न केवल संभव बल्कि अपरिहार्य लग रहा था। *लेखक 2011 से प्रतिदिन 'आदित्यहृदयम्' का पाठ कर रहे हैं और उन्होंने इसके लाभों को अनुभव किया है।*

रावण के गले से राहत की एक कर्कश दहाड़ निकली। अपने सारथी के उन्मत्त चाबुक के साथरथ आगे बढ़ गया ,काले घोड़े खून से लथपथ धरती को मथ रहे थे। राम ने मातलि की ओर रुख किया ,उनकी आँखों में योद्धा के संकल्प की चमक थी। "रावण के पास," उन्होंने आदेश दिया,उनकी आवाज़ युद्ध के शोर को चीरती हुई थी। "यह आज समाप्त होता है। "दिव्य सारथी की ओर से एक सूक्ष्म इशारा ही वह प्रतिक्रिया थी, जिसकी उन्हें आवश्यकता थी।

दिव्य रथ इतनी तेज़ी से आगे बढ़ा कि आस-पास खड़े लोगों के घुटने मुड़ गए। राम के धनुष की डोरी ने घातक इरादे की एक तनी हुई रेखा खींची ,उनका हाथ धुंधला हो गया क्योंकि उन्होंने युद्ध के मैदान

में तीरों की बौछार की। मातलि ने अराजकता को चीरते हुए रावण के रथ को पार किया और उसे उड़ती धूल के बादल में डूबा दिया।

जब दोनों योद्धा आपस में भिड़े तो आसमान भी काँप उठा। बीच हवा में तीर टकराए ,जिनकी चमक ढलते हुए दिन के उजाले को चुनौती दे रही थी। क्रोध में अपने पहले के डर को दूर करते हुएरावण ने रहस्यमयी अस्त्र छोड़े -ज्वलंत साँप और भूतिया भेड़िये ,जिनमें से प्रत्येक राम के हृदय की तलाश में था। फिर भी राम ने इंद्र के हथियारों की चमकदार शक्ति से इनका सामना किया और उनका मुकाबला किया ,जो धर्मी राजकुमार पर देवताओं की कृपा का प्रमाण था।

पृथ्वी कराह उठी ,लंका ,जो स्वयं उनके द्वंद्वयुद्ध के प्रलयकारी तूफान से ग्रहणग्रस्त प्रतीत हुई। हथियारों के टकराने से आकाश में उल्काएँ चमक उठींऔर रक्त की वर्षा हुई -एक भयानक अपशकुन। गिद्ध चीखने लगे ,उनकी जीभें आग की लपटों को चाट रही थीं मानो वे निकट आती मौत का स्वाद चख रहे हों।

नीचेबंदरों और राक्षसों की सेनाएँ अचंभित खड़ी थीं ,हथियार भूलगई थीं ,आँखें ऊपर के भयानक सुंदर दृश्य पर टिकी थीं। यह कोई युद्ध नहीं था बल्कि इच्छाशक्ति का टकराव था ,रक्तके सामान लाल सूर्यास्त में नहाया हुआ द्वंद्व एक युग के अंत की भविष्यवाणी कर रहा था। एक व्यक्ति न्यायोचित रोष से भरा हुआ था ,दूसरा अत्याचार के शासन से बेतहाशा चिपका हुआ था।

रावण के बाण हवा में फुफकार रहे थे ,उनका निशाना राम नहीं बल्कि उनके रथ के ऊपर लगा ध्वज था। यह एक प्रतीकात्मक प्रहार था , धर्म के उस ध्वज को खंडित करने का एक हताश प्रयास जो उसपर

व्यंग्य करता प्रतीत हो रहा था। फिर भी ,इससे पहले कि वे अपने लक्ष्य तक पहुँच पाते ,राम के बाणों ने उन्हें रोक दिया , रक्तसमानलाल आकाश में सोने की चमक के साथउन्हें जमीन पर गिरा दिया।

राक्षस राजा का अभिमान बुरी तरह से डंक मार गया। क्रोध से दहाड़ते हुएउसने राम के रथ को खींचने वाले दिव्य घोड़ों पर निशाना साधा। ये कोई साधारण जानवर नहीं थे -उनके चमकीले फर की परत घातक हथियारों के लिए अभेद्य थे। तीर बिना किसी नुकसान के उछल गए ,एक ऐसा दृश्य जिसने रावण की दहाड़ को युद्ध के मैदान में अशुभ रूप से गूंजा दिया।

मृत्यु के नृत्य मेंदोनों रथ घूम रहे थे और चकमा दे रहे थे। मातलि , जिसका दिव्य कौशल हर मोड़ और चाल पर स्पष्ट था ,ने राम को रावण के क्रूर प्रहारों की पहुँच से दूर रखा। फिर भी ,राक्षस का रथ भी अनगिनत युद्धों से पैदा हुई विशेषज्ञता के साथ बुना गया था ,जो लगातार खतरा पैदा करता था।

राम का ध्यान दृढ़ था। प्रत्येक बाण प्रतिशोध था। उन्होंने रावण के राक्षसी घोड़ों को चीर दिया ,जिससे रथ लड़खड़ा गया। क्रोधित होकर रावण ने जवाबी हमला किया ,लेकिन राम बाणों की बौछार के बीच स्वर्ण प्रतिमा की तरह दृढ़ रहे। प्रत्येक वार को अडिग इच्छाशक्ति से झेला गया।

रावण को निराशा ने जकड़ लिया। यह बराबरी का द्वंद्व नहीं था , बल्कि एक ईश्वर-स्पर्शी योद्धा था जो हर मोड़ पर उसे जीत से वंचित कर रहा था। उसका अगला वार काले जादू से भरा हुआ था और सीधे मातलि पर निशाना साधा गया था। फिर भी ,सारथी बमुश्किल

झिझका ,उसका नियंत्रण पूर्ण था। ऊर्जा के झटके फीके पड़ गए , बमुश्किल उसके वस्त्रकोहिलाया।

राम का जवाबी हमला तेज और विनाशकारी था। उनके बाणों ने रावण के रथ के टुकड़े-टुकड़े कर दिएऔर उस पर मलबा बरसा दिया। राक्षस राजा ने गदाओं और लोहे की छड़ों की बौछार से जवाब दिया ,प्रत्येक वार कम होती ताकत और बढ़ते डर से भरा एक हताश करने वाला हमला था।

राम ने नाग जैसा बाण छोड़ा ,जो चांदी की एक धार के रूप में रावण की ओर तेजी से बढ़ रहा था। यह सही जगह लगा और राक्षस राजा के सिर से खून की धार बह निकली। वानरों की कतारों से जीत की चीख निकली...लेकिन यह उनके गले में फंस गई। जहां एक सिर गिरा था ,वहां दूसरा उग आया ,विचित्र और विद्रोही। रावण की हंसी एक कठोर ,कर्कश प्रतिध्वनि थी।

राम की आँखों में संदेह झलक रहा था। उन्होंने एक और बाण छोड़ा , फिर एक और। हर एक तीर ने अपना निशाना साधा ;हर एक सिर गिर गया ,केवल एक दानवी मजाक के रूप में फिर से उगने के लिए। क्रोध ने रेंगती बेचैनी के साथ युद्ध किया। रावण के अनगिनत योद्धाओं को मारने वाले हथियार अब बेकार लग रहे थे -एक घंटा बीत गया ,एक निर्दयी काल की अवधि जिसमें लोहा टकराता रहा और राक्षसी पुनर्जन्म जारी रहा।

बुद्धिमान सारथी मातलि ने युद्ध की धुंध को चीर दिया। "ब्रह्मास्त्र , मेरे प्रभु !" वह चिल्लाया ,उसकी आवाज़ अराजकता के बीच जीवन रेखा की तरह थी। "विधाता का हथियार इसे समाप्त करे! "

राम ने अब और संकोच नहीं किया। उनके हाथ में जो हथियार आया ,वह प्राचीन शक्ति ,भाग्य के भार से गूंज उठा। ऋषि अगस्त्य ने उन्हें यह हथियार इसी क्षण के लिए दिया था। जैसे ही उन्होंने धनुष की डोरी खींची ,आकाश में प्रत्याशा में कराह उठी।

ब्रह्मास्त्र ने उसके धनुष से एक ऐसी चीख मारी कि युद्ध की आवाज़ें दब गईं। इसने हवा को चीर दिया ,रावण के राक्षसी रूप पर धर्मी क्रोध का एक धूमकेतु। प्रभाव प्रकाश का एक विस्फोट था ,एक ऐसा झटका जिसने सबसे बहादुर योद्धाओं को भी लड़खड़ा दिया। जब यह फीका पड़ गया ,तो रावण बिखरा हुआ पड़ा था ,उसकी छाती धुएँ के समान खंडहर बन गई थी ,उसके कई सिर आखिरकार ,दयापूर्वक चुप हो गए।

अस्त्र ने अपना काम पूरा कर लिया और चुपचाप गायब हो गया। और रावण ,राक्षस-राज ,दुनिया पर राक्षसी कलंक ,अब नहीं रहा। वह एक कठपुतली की तरह टूट गया ,जिसके तार कट गए थे ,उसका पतन स्तब्ध युद्ध के मैदान में एक युग की मृत्यु की घंटी की तरह गूंज उठा।

युद्ध के मैदान में सांसें थम सी गईं। तभीबंदरों की सेना की दहाड़ गूंज उठी ,जिससे आसमान हिल गया। यह आदिम विजयभय के खात्मे और आशा के फिर से प्रज्ज्वलित होने का एक संगीत था। सबसे शक्तिशाली भालू से लेकर सबसे छोटे वानरों तक ,प्रत्येक योद्धा ने अपनी आवाज दी -एक अत्याचारी शासन के अंत का जश्न मनाने वाला एक गरजता हुआ समूह-गान।

खून से लथपथ धरती पर दुष्ट शक्तियां लड़खड़ा गईं। राक्षसों ने अपने हथियार गिरा दिए ,उनकी आँखों में भय का भाव भर गया क्योंकि उनके स्वामी की मृत्यु की पूरी सच्चाई उनके सामने आ गई थी।

लक्ष्मण ,सुग्रीव ,वफ़ादार अंगद और यहाँ तक कि विभीषण ,जिनके चेहरे पर दुःख और भय की भावना उभर रही थी ,भीड़ को चीरते हुए आगे बढ़े। थके हुए और युद्ध से क्षतिग्रस्त ,वे राम के सामने घुटने टेक कर बैठे। उन्होंने न केवल विजेता के सामने बल्कि मुक्तिदाता के सामने सिर झुकाया ,जो प्रकाश का प्रतीक था जिसने सबसे लंबी , सबसे अंधेरी रात को भगा दिया था।

देवता भी आनन्दित लग रहे थे। सूर्य की रोशनी ने युद्ध के मैदान में छाए बादलों को चीरकर दृश्य को आशा की चमक से भर दिया। पक्षियों का गाना ,जो इतने लंबे समय से गायब था ,धीरे-धीरे उठ रहा था ,मानो नाज़ुक शांति की परीक्षा ले रहा हो। यह एक नई सुबह थी , न केवल लंका के लिए बल्कि लंबे समय से बंधक बनाए गए विश्व के लिए।

विभीषण अपने भाई के गिरे हुए शरीर के ऊपर खड़ा था। यह एक जीत थी ,फिर भी वह अपने सीने में खालीपन को दूर नहीं कर सका। उसके चेहरे पर खून और धूल के साथ आँसू भी थे। मृत्यु में भी , रावण एक प्रभावशाली व्यक्ति था -जो उसकी शक्ति और उसके द्वारा किए गए कष्टों का एक राक्षसी प्रमाण था।

विभीषण ने एक कर्कश सिसकी भरी। "लेकिन वह मेरा भाई था," उसने घुटते हुए कहा ,पीड़ा उसे चीर रही थी। "वह प्रतिभाशाली था , भयंकर था ...वह इससे कहीं अधिक हो सकता था "...उसकी आवाज़

धीमी हो गई ,उसकी जगह एक कठोर सत्य ने ले ली -रावण ने अपना रास्ता चुना था ,जिसके कारण उसे यह खूनी अंत मिला।

युद्ध के मैदान में एक अजीबोगरीब दृश्य सामने आया। रावण की बची हुई रानियाँ विलाप कर रही थीं ,उनकी चीखें जीत की विजयी गर्जना के साथ गूंज रही थीं। उनके चेहरे बिल्कुल विपरीत थे -कुछ के चेहरे पर असली दुःख थाऔर दूसरों के चेहरे पर डर था, जो शायद अब कभी पूरी तरह से खत्म न हो क्योंकि उनका रक्षक चला गया है। रावण के संगीत समारोहों में विलाप किया गया कि अगर रावण ने विभीषण की बात मान ली होती और सीता को रावण को लौटा दिया होता तो वह आत्म-विनाश से बच सकता था।

राम विभीषण के पास घुटनों के बल बैठे और उसके कंधे को छूते हुए विजय की भावना से नहीं बल्कि सौम्य समझ की भावना से बोले। "वह चला गया है," राम की आवाज़ धीमी थी ,लगभग फुसफुसाहट जैसी। उसका आतंक का राज खत्म हो गया है।"

विभीषण ने राम के स्पर्श से खुद को पीछे खींचते हुए एक कर्कश आह भरी। "वह मेरा भाई हो सकता है," उसने घुटते हुए कहा ,"लेकिन वह मेरा अत्याचारी भी था। उसने मेरी गरिमा को छीन लिया ,मेरे जीवन को खतरे में डाल दिया ...यह सब धर्म के मार्ग पर चलने की हिम्मत के लिए। "निर्वासन और धमकियों की यादें फिर से उभर आईं ,पुराने जख्मों पर नए घाव।

विभीषण ने कहा ,"मैं उसका संस्कार नहीं करूंगा।" "उसकी लाश सड़ने दो ,गिद्धों का भोज बनने दो। यह राक्षस का उचित अंत है। "उसके दुःख के नीचे रोष उबल रहा था ,एक न्यायोचित क्रोध, जो मृत्यु में भी न्याय की मांग कर रहा था।

राम ने कोई सामान्य बात नहीं कही ,केवल मौन सहानुभूति व्यक्त की। आखिरकारएक लंबी ,तनावपूर्ण चुप्पी के बादउन्होंने कहा-"शत्रुता मृत्यु के साथ समाप्त होती है," उनकी आवाज़ कोमल लेकिन दृढ़ थी। "अब आपको उसके बारे में और अधिक निर्णय नहीं लेना है। अब आपका कर्तव्य अपने मृतक रिश्तेदार के प्रति है, विभीषण।"

शब्द हवा में भारी लग रहे थे। विभीषण हिचकिचाया ,उसके भीतर परस्पर विरोधी भावनाएँ युद्ध कर रही थीं। फिरएक भारी आह के साथउसने धीरे से सिर हिलाया। "आप सही हैं," उसने कर्कश स्वर में कहा। "बहुत अच्छा। मैं अनुष्ठान करूँगा। लेकिन यह कर्तव्य के कारण है ...प्रेम के कारण नहीं।"

लंका पहुँचने परविभीषण ने तुरंत रावण के लिए प्रचलित दैनिक अग्नि अनुष्ठानों का आयोजन किया। उन्होंने तीन पवित्र अग्नियों को लाने का निर्देश दिया ,साथ ही तीन प्रकार की लकड़ियाँजैसे- चंदन ,मोती , मूंगा और कीमती धातुएँ। अपने नाना के साथ और राक्षसों से घिरे हुएविभीषण ने रावण के शरीर के लिए अंतिम अग्नि अनुष्ठान किया। उसी समयपुजारियों ने उसके परलोक की शांतिपूर्ण यात्रा को सुविधाजनक बनाने के लिए भजन गाए। लपटों ने रावण के शरीर को भस्म कर दिया ,जिससे आतंक और प्रभुत्व से भरे शासन का समापन हुआ।

29. अग्नि परीक्षा: प्रेम की अंतिम विजय

रावण के लिए पवित्र अनुष्ठान संपन्न होने के बादराम बदल गए। योद्धा का क्रोध ,जो उसकी खोज से प्रेरित था ,फीका पड़ गया। धनुष,बाण और दिव्य कवच एक तरफ रख दिए गए ,जिससे उनके अंदर का दयालु हृदय प्रकट हुआ। यहां तक कि इंद्र के सारथी मातलि ने भी इस बदलाव को महसूस किया और अपना कार्य पूरा करके चले गए।

इंद्र ने स्वयं राम को सम्मानित किया और वरदान दिया। लेकिन राम के विचार अपने बारे में नहीं थे। उन्होंने युद्ध में बलिदान हुए वानरों को वापस लाने के लिए कहा। इंद्र ने उनकी इच्छा पूरी की और वानरों में खुशी की लहर दौड़ गई क्योंकि खोए हुए साथी वापस आ गए।

राम ने सुग्रीव को गले लगाया ,उनकी आँखों में गर्माहट लौट आई। कोमल स्पर्श के साथउन्होंने लक्ष्मण को लंका के नष्ट हो चुके सिंहासन के असली उत्तराधिकारी विभीषण का राज्याभिषेक शुरू करने का निर्देश दिया। पवित्र जल लेकर वानर सरदार समुद्र की ओर तेजी से बढ़े और स्वर्ण कलश चमक उठे।

लंका के भव्य सभागार के अंदरलक्ष्मण ने अनुष्ठान किए। विभीषण के झुके हुए सिर पर जल की धारा बह रही थी ,सिंहासन पर बैठते ही प्राचीन मंत्र गूंज रहे थे। नए राजा की आवाज़ गूंज उठी ,ठोस और पारदर्शीराम की प्रशंसा करते हुएउसका चेहरा कृतज्ञता और अपने नए कर्तव्य के भार से चमक रहा था।

विभीषण ने अपने वफ़ादार मंत्रियों के साथ अपनी प्रजा को संबोधित किया। उनके शब्द मरहम की तरह थे ,युद्ध के तूफ़ान के बाद शांति

का वादा करते हुए। थके हुए और दुःखी लंकावासियों ने उपहारों के साथ जवाब दिया ,बेहतर भविष्य की उम्मीद उन्होंने अपने राजा के चरणों में रख दी।

विभीषण ने राम और लक्ष्मण को बहुमूल्य खजाने से सम्मानित किया ,जो कठिनाइयों में बनी संधि का एक ठोस संकेत था। न ही वह वानर सेना को भूला ;उपहार और प्रशंसा की बाढ़ आ गई ,उनके अटूट समर्थन के लिए कृतज्ञता की लहर।

राम हनुमान की ओर मुड़े ,जो सम्मान में हाथ जोड़कर ध्यान से खड़े थे। "हनुमान ,विभीषण की अनुमति लें ,फिर अशोक वाटिका में सीता के पास जाएँ। उसे हमारी भलाई का आश्वासन देंऔर उसे बताएँ कि रावण का अत्याचार समाप्त हो गया है। उसे याद दिलाएँ कि यह जीत उसकी अटूट शक्ति के बिना संभव नहीं थी।"

अशोक वाटिका में हनुमान ने सीता को पाया। एक समय में गर्व से भरी रानी सीता अब शांत निराशा में डूबी हुई थीऔर उसके चारों ओर राक्षसियाँ थीं। फिर भी ,जब हनुमान ने राम की विजय के बारे में बात की ,तो उसकी आँखों में आशा की एक किरण जगी।

"देवी," हनुमान ने धीरे से कहा ,"रावण मारा गया है। राम , उनकेसहयोगी और आपका असीम साहस विजयी हुआ है। लंका अब विभीषण की हैऔर आप स्वतंत्र हैं।"

सीता के चेहरे पर खुशी के आंसू बह रहे थे ;तनावपूर्ण सन्नाटे में सिर्फ़ उसकी घुटी हुई सिसकियाँ ही आवाज़ थीं। "यह खबर ...यह सुनकर मैं अवाक रह गई," उसने फुसफुसाते हुए कहा। "मेरे पास तुम्हें देने के लिए कुछ भी नहीं है ,हनुमान।"

उसने सिर झुकाकर प्रणाम किया। "देवी ,आपके शब्द किसी भी खजाने से अधिक कीमती हैं। उन्हें सुनना मेरे लिए सबसे बड़ा सम्मान है।"

उनकी पीड़ा को महसूस करते हुएउन्होंने कहा ,"क्या मैं उन लोगों को दंड दूँ जिन्होंने आपको सताया है ? "

सीता ने अपना सिर हिलाया ,उनकी आवाज़ में दृढ़ता का भाव था। "वे तो एक बड़े खेल के मोहरे मात्र थे ,हनुमान। मेरे मन में उनके प्रति कोई दुर्भावना नहीं है।"

"तो फिर मैं राम के पास क्या संदेश लेकर जाऊं ? "

सीता की आवाज़ कांप उठी ,लालसा से भर गई। "उनसे कहो ...मेरा दिल अपने पति को देखने के लिए तड़प रहा है।"

हनुमान राम के पास लौटे और सीता की बातें बतायीं तथा उनकी आशा की रक्षा के दृश्य का वर्णन किया।

सीता का संदेश -अपने पति से मिलने की एक साधारण सी विनती -राम के दिल को चीर गई। उनकी आँखों में आँसू भर आए ,उनके भीतर एक खामोश युद्ध चल रहा था। वे विभीषण की ओर मुड़े , उनकी आवाज़ में अनकही उथल-पुथल थी। "सीता को मेरे पास लाओ ,लेकिन पहले ...उसे नहाकर रानी की तरह सजने-संवरने दो।"

विभीषण जल्दी से लंका वापस लौटे ,उनका मन बहुत तेज़ी से घूम रहा था। उन्होंने अपने सेवकों के ज़रिए सीता तक राम का अनुरोध पहुँचाया और वह उनसे मिलने के लिए तैयार हो गईं।

विभीषण ने हाथ जोड़कर प्रणाम करते हुए उससे कहा ,"हे सीते !स्नान के बाद आप आभूषणों और सुन्दर वस्त्रों से सुसज्जित हो जाएं। आपके पति राम आपसे मिलना चाहते हैं।

सीता की आँखें चमक उठीं। "विभीषण ,मेरा हृदय पुनर्मिलन के लिए तड़प रहा है। मुझे अब उन्हें देखना चाहिए !स्नान और आभूषण तो बाद में मिलेंगे।"

विभीषण ने झिझकते हुए सीता को बताया कि राम चाहते हैं कि सीता को शाही स्नान और श्रृंगार कराया जाए। अपने पति की इच्छा और खुद को पेश करने की ज़रूरत को समझते हुए सीता ने सहमति दे दी।

विभीषण की स्त्रियों ने आदरपूर्वक उनकी सेवा की। उन्होंने पवित्र स्नान की तैयारी की ,उसके बाद रानी के प्रति सम्मान दर्शाते हुए उन्हें उत्तम वस्त्र ,सौंदर्य प्रसाधन और आभूषण पहनाए।

एक बार तैयार होने के बादसीता को पालकी में बिठाकर राम की ओर ले जाया गया। विभीषण ने उनके आने की घोषणा की ,फिर भी राम अपने विचारों में खोए रहे ,दुःखी मन से। अंत मेंआंतरिक संघर्ष से भरी उनकी आवाज़ मेंउन्होंने आदेश दिया ,"विभीषण ...उसे तुरंत मेरे पास ले आओ।"

विभीषण ने अपने राजा की अशांत भावनाओं को भांपते हुए ,खुद ही कार्रवाई करने का बीड़ा उठाया। उन्होंने पालकी उठाने वालों को निर्देश दिया ,"तितर-बितर हो जाओ !उनके लिए जगह बनाओ। "राक्षसों और वानरों ने अनिच्छा से आज्ञा का पालन किया ,जिससे राम और सीता एक तनावपूर्ण ,खुले घेरे में रह गए।

यह कार्य ,जो गोपनीयता प्रदान करने के लिए किया गया था ,इसके बजाय राम के क्रोध को भड़का दिया। "तुम मेरी इतनी उपेक्षा क्यों कर रहे हो ,विभीषण?" उनकी आवाज़ क्रोध से भरी हुई थी। "तुम मेरे सामने इन लोगों -मेरे लोगोंको क्यों परेशान कर रहे हो ?इसे तुरंत बंद करो ! "

वह विभीषण की तरह ही खाली हवा को संबोधित करते हुए मुड़े। "दीवारें ,वस्त्र ,घूंघट ...ये चीजें एक महिला की रक्षा नहीं करती हैं। उसका चरित्र ही उसकी असली ढाल है। युद्ध के समय ,पवित्र समारोह में ...रीति-रिवाज के अनुसार एक महिला को बिना शर्म के सार्वजनिक रूप से देखा जा सकता है।"

फिरउनकी आवाज़ बर्फ़ में बदल गई।   "सीता से कहो कि वह मेरे पास आए। पैदल। यहाँ का हर वानरउसका आगमन देखे।"

उस समय राम का चेहरा निर्दयी था ,जो उनकी हमेशा की गर्मजोशी के विपरीत था। विभीषण के साथ सीता उनके पास आईं। आशा और भय से भरी उनकी आँखें राम को पहचानने की कोशिश कर रही थीं , लेकिन उन्हें केवल ठंडी उदासीनता ही मिली।

एक शांत भीड़ से घिरे हुएराम सीधे खड़े थे। फिर भी उनकी आँखें ,जो हमेशा गर्मजोशी से जलती रहती थीं ,ठंडी हो गई थीं। उन्होंने सीता पर अपनी नज़रें टिकाईं ,उनकी रूप काँप रही थी ,कठोर पृष्ठभूमि के सामने उनकी नाजुक सुंदरता निखर कर सामने आ रही थी।

"मैंने रावण का वध किया," राम ने अपनी बात शुरू की ,उनकी आवाज़ में स्पष्ट और भावना रहित भाव था ,"एक पति के रूप में अपनी पत्नी को बचाने के लिए नहीं ,बल्कि एक पुरुष के रूप में जो अपने सम्मान की रक्षा कर रहा था। ऋषि अगस्त्य की तरह ,जिन्होंने

कभी अभेद्य दक्षिण पर विजय प्राप्त की थी ,मैंने अपने नाम पर लगे दाग को मिटा दिया है।"

"सीता ,यह युद्ध ,जो वफादार मित्रों की सहायता से लड़ा गया ,कभी तुम्हारे लिए नहीं लड़ा गया था। यह मेरे गौरवशाली वंश से जुड़ी हुई अफवाहों को शांत करने के लिए कर्तव्य और प्रतिष्ठा के लिए लड़ा गया था।"

वह एक कठोर कदम आगे बढे और बोले ,"अब ,संदेह तुम्हें कलंकित कर रहा है। तुम्हारी उपस्थिति कमजोर आंखों वाले व्यक्ति के लिए एक अंधा कर देने वाली रोशनी की तरह है ,जो मेरे लिए असहनीय है।"

यह दृश्य देखने वालों में स्तब्धता की लहर दौड़ गई ,लेकिन राम ने बिना रुके कहा ,"चलो सीता। सभी दिशाएँ खुली हैं। अब तुम मेरे प्रति किसी भी दायित्व से मुक्त हो गई हो।"

"कौन कुलीन व्यक्ति ऐसी स्त्री को वापस लेगा जो स्वेच्छा से दूसरे के घर में रहती हो?" उनकी आवाज़ ऊँची हो गई ,जिसमें उसके वंश का कटु उपहास था। "रावण की मुट्ठी में जकड़े जाने के बाद ,उसकी वासना भरी नज़रों से देखने के बाद ...मैं तुम्हें फिर से कैसे स्वीकार कर सकता हूँ ?मेरे दिल में तुम्हारे लिए कोई जगह नहीं है।"

"हे कृपालु महिला ,लक्ष्मण ,भरत ,शत्रुघ्न -यदि आप चाहें तो मेरे भाइयों में से किसी एक को चुन लें। या शायद सुग्रीव ? या राक्षस विभीषण? जहाँ भी आपको आराम मिले ,वहाँ तलाश करें।"

वह कुछ देर रुके ,फिर आखिरी करारा प्रहार किया। "यदि तुम नहीं चाहती तो रावण अपनी शक्ति के बल पर तुम्हारे आकर्षण का अधिक समय तक विरोध नहीं कर सकता था।"

सीता की दुनिया बिखर गई। हर शब्द उसकी आत्मा को छेदने वाला कांच का टुकड़ा था। वह जिस उम्मीद से चिपकी हुई थी ,वह मुरझा गई ,उसकी जगह उसके पति के तिरस्कार के भारी बोझ ने ले ली।

भीड़ ने दबाव डाला ,उनकी बुदबुदाहट राम के आरोप के नीचे एक धीमी गुनगुनाहट थी। सीता कमज़ोरी से नहीं बल्कि उसके शब्दों की ताकत से हिल गई। आँसू बह निकले ,लेकिन उन्होंने हार नहीं मानी -वे उसके गालों पर एक लकीर बना रहे थे ,हर बूँद अपमान से पिघल रही थी।

उसने अपने सिर को ऊपर उठाया ,अपनी आत्मा में दर्द के बावजूद रीढ़ को सीधा किया। "मेरे प्रभु राम," उसकी आवाज़ ,जो अखंड सिसकियों से भरी हुई थी ,हवा में फट गई ,"आपने मुझे किसी भी राक्षस के धारदार हथियार से भी ज़्यादा गहरा घाव दिया है। आपने हर उस महिला को घायल किया है जिसने कठिनाइयों के बीच भी प्यार को मज़बूती से थामे रखा है।"

सीता करीब आ गई ,हर कदम उनके साझा इतिहास के वजन से भारी था। "क्या लंका के सोने के पिंजरे में मेरी वफादारी की परीक्षा नहीं हुई ? क्या मेरी आत्मा कभी भटकी ,जबकि मेरा शरीर कैदी था? आप उस दिल पर कैसे सवाल उठा सकते हैं जिसने केवल आपका नाम जाना है ? "

उनकी आवाज़ में निराशा भरी चीख उभरी। "अगर यह मेरी वफ़ादारी का इनाम है ,तो हमारे लिए क्या उम्मीद है ?हनुमान ने अपनी जान

जोखिम में डालकर या शक्तिशाली रावण से लड़करआपकी ,लक्ष्मण की और आपके दोस्तों की जान जोखिम में डालकर समुद्र क्यों पार किया ?अगर इसका मतलब सिर्फ़ इतना ही थाकि हमारी उपेक्षा की जाए ? "

"यदि आपका इरादा हमेशा मुझे एक तरफ़ कर देने का थातो हनुमान द्वारा मुझे पहली नज़र में ही क्यों नहीं त्याग दिया? मैं हनुमान के सामने ख़ुशी-ख़ुशी अपना जीवन समाप्त कर लेती। संदेह की इस धीमी पीड़ा की तुलना में वह पीड़ा दयापूर्ण होती।"

सीता के शब्द सन्नाटे में गूंज रहे थे ,जो उनके परीक्षणों और अटूट प्रेम की याद दिला रहे थे। उनकी अंतिम विनती नम्र नहीं थी ;यह उनके वंश के गौरव से गूंज रही थी" :राम ,अगर आप सत्य को नहीं देख सकते ,तो मुझे अग्नि में भस्म कर दें। धरती मुझे पूरी तरह निगल जाए। क्योंकि आपके भरोसे के बिना जीवन बिल्कुल भी जीवन नहीं है।"

भीड़ हिल गई ,बेचैनी उनके भीतर फैल गई। सीता के शब्द सिर्फ़ बचाव से कहीं ज़्यादा थे। वे एक महिला का विलाप थे ,उस पर थोपे गए असंभव विकल्पों का पर्दाफ़ाश ,उन सभी चीज़ों के उद्देश्य को खत्म करने की धमकी देने वाला विनाशकारी संदेह ,जिन पर उन्होंने काबू पाया था।

एक नाटकीय और दुःख भरे दृश्य मेंसीताअपनी पवित्रता साबित करने और अपने दुःख को खत्म करने के लिए दृढ़ संकल्पित होकरदुःखी लक्ष्मण को चिता बनाने का आदेश देती है। लक्ष्मणअपनी भावनाओं से जूझते हुए और पल की गंभीरता को समझते हुएभारी मन से आज्ञा का पालन करते हैं ,उनकी हरकतें यांत्रिक होती हैं ,उनका मन उथल-पुथल से भरा होता है।

अपने सामने चिता रखकर सीता राम के चारों ओर चक्कर लगाती हैं और देवताओं से प्रार्थना करती हैं। उनका व्यवहार संयमित लेकिन दृढ़ है। वह राम के प्रति अपनी अटूट निष्ठा की घोषणा करती हैंऔर कहती हैं कि उनके ऊपर लगाए गए संदेहों के बावजूद उनका हृदय और कर्म हमेशा सच्चे रहे हैं ;अग्नि देवता से अपनी पवित्रता का अंतिम आह्वान करते हुएसीता आग की लपटों में कदम रखती हैं , उनकी आकृति चटकती आग से घिर जाती है।

दर्शक-राक्षस ,वानर और अन्य उपस्थित लोग-इस क्षण की गहन गंभीरता से स्तब्ध हैं। निराशा और सदमे की उनकी चीखें हवा में भर जाती हैं ,जो दृश्य में घूम रही उथल-पुथल भरी भावनाओं की प्रतिध्वनि करती हैं। इस कृत्य को देखकर राम बहुत भावुक हो जाते हैं ,उनका चेहरा चिंतन और दुःख का मुखौटा बन जाता हैऔर वे सामने आ रही घटनाओं से जूझते हुए आंसू बहाते हैं। यह क्षण न केवल सीता के सद्गुणों की परीक्षा लेता है ,बल्कि इसे देखने वाले सभी लोगों पर एक अमिट छाप छोड़ता है ,जो प्राचीन महाकाव्य में कर्तव्य ,प्रेम और सम्मान के बीच संघर्ष को दर्शाता है।

जैसे ही सीता को आग की लपटों ने घेर लिया ,लंका पर एक अद्भुत भीड़ उमड़ पड़ी। ऊपर आसमान दिव्य रथों के आगमन से जगमगा उठा ,जिनमें से प्रत्येक सूर्य की तरह चमक रहा था। कुबेर ,यम और पूज्य पूर्वजों ने दिव्य दल का नेतृत्व किया ,उसके बाद इंद्र, वरुण , तीसरी आंख और बैल ध्वज के साथ दुर्जेय शिव और स्वयं सृष्टिकर्ता ब्रह्मा थे।

वे राम के इर्द-गिर्द एकत्र हुए ,उनकी उपस्थिति में विस्मय और गंभीरता का मिश्रण था ,ताकि सीता की अग्नि परीक्षा के प्रति उनकी स्पष्ट उदासीनता पर सवाल उठा सकें। जवाब में ,राम ने खुद को मानव घोषित करके अपनी पहचान पर स्पष्टता मांगी ,जिससे ब्रह्मा

को पवित्र भजनों के माध्यम से अपने दिव्य सार की पुष्टि करने के लिए प्रेरित किया।

इस दिव्य टकराव के बीच अग्निदेव चिता से बिना किसी चोट के और भव्य रूप में उभरे। उन्होंने सीता को अपनी गोद में उठाकर उनकी पवित्रता का प्रमाण दिया। उन्होंने सीता को वापस राम के सामने पेश किया और सार्वजनिक रूप से उनकी निष्ठा को प्रमाणित किया।

राम ने सभा को संबोधित करते हुए बताया कि सीता के सम्मान को बनाए रखने और रावण के अधीन लंबे समय तक कैद में रहने के कारण उनकी पवित्रता के बारे में किसी भी सांसारिक संदेह को शांत करने के लिए उनके कार्यों को आवश्यक माना गया। उन्होंने सीता के बेदाग गुणों की घोषणा की ,उन्हें सूर्य और उसकी किरणों से अविभाज्य बतायाऔर घोषणा की कि उनकी पवित्रता तीनों लोकों में स्पष्ट है और निंदा से परे है।

देवताओं की सलाह और कठिन परीक्षा के परिणाम से प्रभावित होकरराम ने सीता के साथ खुशी से पुनर्मिलन किया। इस पुनर्मिलन ने न केवल पुण्य की जीत को चिह्नित किया ,बल्कि राम की शक्ति और यश का भी जश्न मनाया ,जो खुशी के हकदार थे और अपने कार्यों के लिए प्रशंसित थे। दृश्य का समापन स्वर्गीय संस्थाओं द्वारा उनके मार्गदर्शन की धार्मिकता की पुष्टि के साथ हुआ ,जबकि राम और सीता ,दिव्य अनुमोदन से घिरे हुए ,खुशी और श्रद्धा से भरे भविष्य को गले लगाते हैं।

30. अयोध्या की पुकार: घर वापसी और पुनर्मिलन की गाथा

भगवान शिव राम के सामने प्रकट हुए , युद्ध के मैदान में एक दीप्तिमान उपस्थिति। "आपके पितादशरथप्रतीक्षा कर रहे हैं," शिव की आवाज़ गूंजी ,"उनका आत्मिक रूप अभी भी इंद्र के दिव्य रथ पर सवार होकर आ रहा है। "राम और लक्ष्मण ने सिर झुकाया , उनके दिल दुःख और प्रत्याशा से उमड़ रहे थे।
दशरथ की अलौकिक आकृति रथ से उतरी ,उनकी आँखें गर्व से भरी हुई थीं। "मेरे बेटे ,तुमने विजय प्राप्त कर ली है !तुम्हारा वनवास समाप्त हो गया है। "उन्होंने राम को गले लगाया ,उनका स्पर्श सबसे कोमल हवा की तरह था। "अयोध्या लौट जाओ। भरत प्रतीक्षा कर रहा हैऔर तुम्हारा राज्य तुम्हें पुकार रहा है। "लक्ष्मण और सीता की ओर मुड़ते हुएउन्होंने आशीर्वाद दिया। "हमेशा राम की सेवा करो ,क्योंकि उनमें दिव्यता निवास करती है।"

फिरएक लुप्त होते सितारे की तरह ,दशरथ रथ पर वापस लौटे और स्वर्ग की ओर प्रस्थान कर गए। राम का संकल्प दृढ़ हो गया। यह घर वापसी से कहीं बढ़कर था -यह भाग्य की पूर्ति थी।

विभीषण द्वारा राम को लंका में ही रहने के लिए कहने के बावजूदराम की आवाज़ दृढ़ थी। "मेरा दिल अयोध्या के लिए तरस रहा है -मेरी माताओं ,भाइयों और उन लोगों के लिए जो मेरी प्रतीक्षा कर रहे हैं।"

विभीषण के आदेश परभव्य पुष्पक प्रकट हुआ। जैसे ही राम ,लक्ष्मण और सीता विमान पर चढ़े ,विभीषण द्वारा सम्मानित वानरों ने खुशी से जयकारे लगाए। "चलो हम भी आपके साथ शामिल हो जाएं ! आपका राज्याभिषेक देखने के लिए ! "

राम मुस्कुराए ,उनका दिल छू गया। "बेशक !पुष्पक में हम सबके लिए जगह है। "अदृश्य इंजनों की गर्जना के साथशानदार विमान ऊपर उठा ,जिसमें न केवल नायक थे ,बल्कि एक राज्य की उम्मीदें और सपने भी थे जो अपने सच्चे राजा की प्रतीक्षा कर रहा था।
पुष्पक विमान लंका के ऊपर से उड़ रहा था। नीचेयुद्ध का मैदान साफ दिखाई दे रहा था ,गिरे हुए राक्षसों की भयावह तस्वीर। राम ने नल -सेतु की ओर इशारा किया ,जो समुद्र के पार अभियांत्रिकीका एक चमत्कार था ,फिर मैनाक पर्वत की ओर ,जो लहरों के नीचे सो रहा था। "यही वह जगह है जहाँ से तुम्हें बचाने के लिए मेरी यात्रा वास्तव में शुरू हुई थी," उन्होंने बुदबुदाते हुए कहा।
सीता ने परिचित चेहरों की लालसा में अनुरोध किया ,"राम ,क्या तारा और अन्य वानरों की पत्नियाँ आपके राज्याभिषेक के लिए मेरे साथ आ सकती हैं ?उनका समर्थन मेरे लिए बहुत मायने रखेगा।"
राम मुस्कुराए। कोमल स्पर्श से उन्होंने पुष्पक को किष्किन्धा की ओर मोड़ दिया। सुग्रीव ,जो हमेशा वफादार रहा ,सीता के निमंत्रण से सम्मानित हुआ। तारा ,जो दीप्तिमान थी ,ने वानर स्त्रियों को इकट्ठा किया ,उनकी खुशी पुष्पक की भव्यता के सामने रंगों की बौछार थी।
यात्रा जारी रही। ऋष्यमूक पर्वत की झलक दिखी ,जो हनुमान और सुग्रीव के साथ राम की पहली मुलाकात की एक कड़वी-मीठी याद दिलाती है। पंपा झील परउनकी आवाज़ में सीता के गायब होने पर उनकी पीड़ा की याद अभी भी ताज़ा थी। "वसंत के फूल तब कांटों की तरह थे ,जो मेरे नुकसान की प्रतिध्वनि कर रहे थे।"

जनस्थान वन ,पंचवटी ,गोदावरी नदी -हर एक मील का पत्थर उनकी कहानी का एक अध्याय है। ऋषि अत्रि का आश्रम ,चित्रकूट पर्वत , झिलमिलाती यमुना -निर्वासन में बिताए गए जीवन की प्रतिध्वनियाँ। भारद्वाज ,गंगा...और अंत में ,अयोध्या नीचे चमक उठी ,उनकी यात्रा का अंत। लेकिन प्रत्याशा के बीच ,दुःख की एक किरण बाकी थी - उन परीक्षणों का एक मूक प्रमाण जिसने उन्हें हमेशा के लिए बदल दिया था।

राम एक अद्भुत आकाश रथ पर सवार होकर अयोध्या की ओर बढ़े और ऋषि भारद्वाज के आश्रम पर उतरे। उन्होंने आग्रहपूर्वक पूछा , "मुझे बताइए ज्ञानीजन,क्या भरत और मेरी माताएँ सकुशल हैं ?क्या अयोध्या अभी भी मज़बूती से खड़ी है? "

ऋषि की आँखों में अविरल आँसू चमक रहे थे। "सब कुछ वैसा ही है जैसा होना चाहिए," उन्होंने कर्कश स्वर में कहा ,"यद्यपि तुम्हारी अनुपस्थिति राज्य पर भारी पड़ रही है। तुम्हारे कर्म...अपनी तपस्या के बल पर ,मैंने सब कुछ देखा है। अपहरण ,सीता का बल ,रावण का पतन"...

राम ने सिर झुकाकर कहा ,"तो फिर मुझे यह वरदान दीजिएऋषिवर - वृक्षों पर अब भीबेमौसमफल लगें। मेरे साथी वानर बहुत दूर तक चले हैंऔर भूख उनके पेट को चुभ रही है।"

भारद्वाज मुस्कुराए ,उनके चेहरे पर उनकी पुरानी शक्ति की झलक दिखी। उनके हाथ के स्पर्श से जंगल में जीवंत ,असमय फूल खिल उठे ,जो जल्द ही मीठी खुशियों से भर गए। वानरों ने दावत उड़ाई , उनकी खुशी की चीखें पेड़ों में गूंज रही थीं।

"हनुमान," राम की आवाज़ में गर्मजोशी और तत्परता थी ,"आगे उड़ो !सबसे पहले गुहा के पास जाओ ,उसे मेरे सम्मान का आश्वासन दो और घर लौटने के लिए सबसे तेज़ मार्ग के बारे में उसका मार्गदर्शन मांगो। फिरअयोध्या जाओ -भरत को बताओ कि मैं जीवित हूँ ,सीता सुरक्षित हैऔर हम पूरी तेज़ी से आगे बढ़ते हैं ! "

शक्तिशाली वानर ने सिर झुकाया ,फिर फर और मांसपेशियों के धुंधलेपन में गायब हो गया। नंदीग्राम मेंहनुमान द्वारा समाचार सुनाए जाने परचौदह वर्षों के जागरण की पीड़ा से भारी-भरकम भरत का हृदय उछल पड़ा। खुशी की खबर फैलते ही उपहारों के साथ आंसू भी मिल गए ,जिससे अयोध्या उत्सुकता से जगमगा उठी।

हनुमान के शब्दों ने भरत के लिए जीवंत चित्र चित्रित किए : कठिनाइयों का सामना करते हुए उनके भाई की दृढ़ता ,सीता की अडिग भावना और रक्तसमानलाल आकाश के नीचे सेनाओं का टकराव। जिस क्षण भरत ने उन पादुकाओं को सिंहासन पर रखा ,से लेकर रावण की अंतिम ,विद्रोही दहाड़ तक ,हनुमान ने सब कुछ उजागर कर दिया।उनकी आवाज़ खुशी और याद किए गए दर्द से कांप रही थी।

"वह आ रहे हैं ! " हनुमान की खुशी भरी पुकार ने भरत को झकझोर दिया। "रास्ता तैयार करो !"उसने शत्रुघ्न से कहा ,उसकी आवाज़ में भावनाएँ भरी हुई थीं। अयोध्या में हलचल मच गई ,हर गली साफ हो गई ,हर घर मालाओं से सज गया।

नंदीग्राम ,जो अब तक दुःख का स्थान था ,उत्साह से स्पंदित हो उठा। फिरपुष्पक विमान नीचे उतरा ,बादलों के बीच एक चमकदार प्रकाश स्तंभ। भरत आगे बढ़े ,उनके चेहरे पर आंसू थे और उन्होंने राम , लक्ष्मण और फिर सीता को गले लगाया। परीक्षणों से निखर कर आई उनकी शांत शक्तिउनकी कोमल मुस्कान में चमक रही थी।

राम ने अपनी माताओं का अभिवादन किया ,उनका स्पर्श उनकी थकी हुई आत्मा के लिए मरहम की तरह था। फिर भरत ने घुटनों के बल बैठकर राम के चरणों में पादुकाएँ रख दीं। एक सौम्य आदेश के साथ ,राम ने पुष्पक विमान को उसके दिव्य स्वामी के पास लौटने का आदेश दिया।

 "भरत चमकती आँखों से उसके सामने घुटनों के बल बैठ गया। "प्रिय भ्राता," उसकी आवाज़ भावनाओं से भर गई थी ,"राज्य आपकी प्रतीक्षा कर रहा है। यह हमेशा से आपका और केवल आपका रहा है।"

राम ने अपने भाई के कंधे पर हाथ रखा। "भरत ,तुमने इस बोझ को मुझसे कहीं ज़्यादा शालीनता से उठाया है। लेकिन अब मुझे अपना स्थान वापस पाने का समय आ गया है। "वह मुस्कुराया ,उसकी आँखों में उनके पुराने सौहार्द की झलक दिखाई दी। "अब इसे उठाने में मेरी मदद करें ,भ्राता।"

औपचारिक स्नान ने वनवास की धूल को धो दिया। राम और उनके वफादार भाइयों ने घर वापसी की तैयारी करते हुए छाल के कपड़े की जगह साज-सज्जा की। उनका रथ चमचमा रहा था ,जिसके दोनों ओर शत्रुघ्न ,लक्ष्मण और कुलीन विभीषण खड़े थे। हज़ारों हाथियों ने तुरही बजाई ,जिसमें वे वानर योद्धा थे जिन्होंने उनके साथ मिलकर बहुत भयंकर युद्ध किया था।

अयोध्या में आग नहीं बल्कि खुशी की लपटें उठ रही थीं। हर छत पर पताका लहरा रही थी ,हर आवाज़ में खुशी की पुकार थी। आखिरकार राम को उनके महल में राजतिलक किया गया और सारे विश्व का उनका उनका आशीर्वाद बन गया। उपहारों की बाढ़ आ गई -पुजारियों ,सहयोगियों और सबसे बढ़कर हनुमान को ,जिनका दिल खुशी से भर गया जब सीता ने उनके गले में मोतियों की माला पहनाई।

फिर ,एक मधुर-कड़वी विदाई। वानर सेना अपना कर्तव्य पूरा करके अपने जंगलों में लौट गई। और जैसे-जैसे रामायण समाप्त होने लगी , वाल्मीकि की आवाज़ युगों-युगों तक गूंजती रही ,जो प्रेम ,निष्ठा और अच्छी तरह से कही गई कहानी की स्थायी शक्ति का प्रमाण है।

31. महानायक हनुमान: साहस, भक्ति और विजय की कहानी

रामायण में हनुमान की महत्वपूर्ण भूमिका उनकी अद्वितीय बहादुरी , बुद्धिमत्ता और सबसे बढ़कर राम के प्रति उनकी अटूट निष्ठा पर जोर देती है , एक ऐसी भक्ति जो हम सभी को प्रेरित कर सकती है।

हनुमान की क्षमता को पहचानने में राम की महत्वपूर्ण भूमिका हैऔर जाम्बवंत हनुमान को महानता प्राप्त करने के लिए प्रेरित करते हैं। यह किसी की क्षमता को उजागर करने में मार्गदर्शन और नेतृत्व के महत्व को रेखांकित करता है।

1. बौद्धिक आधार और मैत्री-संधि:

जब हनुमान वन में राम और लक्ष्मण से मिलते हैं , तो वे अपनी बुद्धिमत्ता , विनम्रता और वाकपटुता से उन्हें प्रभावित करते हैं। रामहनुमान की क्षमता को पहचानते हुएउन्हें उद्देश्य-पूर्ति के लिए नियुक्त करते हैं।

सुग्रीव का परिचय :हनुमान ने राम को सुग्रीव से मिलवाया ,जिससे एक महत्वपूर्ण मैत्री-संधि हुई। उन्होंने सुग्रीव को राम के साथ मैत्री स्थापित करने की सलाह दी ,जिससे आपसी सहयोग और शक्ति सुनिश्चित हुई। राम और सुग्रीव के बीच मैत्री-संधि को सुगम बनाया,जो सीता को बचाने और रावण को हराने के उनके संयुक्त प्रयासों की नींव बन गई।

2. सीता की खोज:

सीता की खोज में हनुमान की भूमिका महत्वपूर्ण है। उनकी प्रखर बुद्धि और दृढ़ संकल्प ने उन्हें लंका में सीता का पता लगाने में मदद की। हनुमान विशाल समुद्र को पार करते हुए लंका तक पहुँचने के लिए एक जोखिम भरी यात्रा पर निकलते हैं। वह अपनी बुद्धि और शक्ति से कई बाधाओं को पार करते हैंऔर जाम्बवंत के अटूट प्रोत्साहन से प्रेरित होते हैं। हनुमान अशोक वाटिका में सीता को ढूंढते हैं ,उन्हें आशा के प्रतीक के रूप में राम की अंगूठी देते हैं और उन्हें राम के द्वारा शीघ्र बचाव का आश्वासन देते हैं।

3. लंका की सुरक्षा कमजोर करना:

हनुमान ने अपनी अद्वितीय शक्ति और युद्ध-कौशल का प्रदर्शन करते हुए शक्तिशाली सेनापतियों और रावण के पुत्र अक्षय सहित 80,000 राक्षसों को मार डाला। पकड़े जाने और रावण के सामने लाए जाने परहनुमान ने इस अवसर का उपयोग अपनी जलती हुई पूंछ से लंका को जलाने के लिए किया ,जिससे व्यापक विनाश हुआ और नगर की सुरक्षा काफी कमज़ोर हो गई।

4. युद्ध में अडिग:

भयंकर युद्ध के बावजूदहनुमान युद्ध के मैदान में एक अजेय शक्ति बने रहे ,अपनी शक्ति और लचीलेपन से वानर योद्धाओं को प्रेरित किया। युद्ध के महत्वपूर्ण क्षणों के दौरानराम और लक्ष्मण हनुमान के कंधों पर सवार होकर लड़े। हनुमान ने एक स्थिर और शक्तिशाली सहारा प्रदान किया ,जिससे वे अधिक पहुंच और प्रभावशीलता के साथ आक्रमण करने में सक्षम हुए।

5. विभीषण को शरण देने की सलाह:

जब विभीषण रावण द्वारा अस्वीकार किए जाने के बाद शरण मांगता है ,तो हनुमान राम को विभीषण को स्वीकार करने की सलाह देते हैं।हनुमान ने विभीषण के चरित्र की पहचान रावण के सामने प्रस्तुत किए जाने के दौरान की थी और अपने निरीक्षण और निर्णय के आधार पर यह सलाह दी।हनुमान की सलाह अन्य वानर नेताओं को समझाने में मदद करती है ,जिससे उनकी बुद्धिमत्ता और रणनीतिक सोच का पता चलता है।

6. उपचारात्मक जड़ी-बूटियों की खोज:

इंद्रजीत द्वारा राम और लक्ष्मण पर अपने जादुई हथियारों से हमला करने के बाद वानर सेना हताश हो जाती है ,जिससे वे बेहोश हो जाते हैं। गंभीर रूप से घायल जाम्बवंत हनुमान की बेजोड़ क्षमताओं को पहचानते हुए उन्हें हिमालय से उपचारात्मक जड़ी-बूटियाँ लाने के लिए कहते हैं।

हनुमान हिमालय की साहसिक यात्रा पर निकलते हैं ,बाधाओं को पार करते हैं और विशिष्ट जड़ी-बूटियों की पहचान न कर पाने पर एक पूरा पर्वत ही उठा लाते हैं।

हनुमान पर्वत लेकर लौटते हैं और औषधियों से राम ,लक्ष्मण और मृत योद्धा पुनर्जीवित हो जाते हैंतथा वानर सेना में आशा और शक्ति का संचार होता है।

7. युद्ध की रणनीति बनाना:

राम से परामर्श :हनुमान की रणनीतिक अंतर्दृष्टि और दूरदर्शिता ने उनकी युद्ध रणनीतियों की योजना बनाने और उन्हें क्रियान्वित करने में महत्वपूर्ण योगदान दियातथा रावण के विरुद्ध युद्ध में महत्वपूर्ण भूमिका निभाई।

8. इंद्रजीत का सामना:

इंद्रजीत वानर सेना का मनोबल गिराने के लिए माया का इस्तेमाल करता है ,जिसमें सीता की मौत की झूठी छवि बनाना भी शामिल है। हनुमान इन छल-कपटों को समझने में मदद करते हैं ,जिससे सेना का मनोबल बरकरार रहता है।

इंद्रजीत अजेय बनने के लिए एक शक्तिशाली बलि-अनुष्ठान करने का प्रयास करता है। हनुमान ,लक्ष्मण और जाम्बवंत इस अनुष्ठान को बाधित करते हैं और इंद्रजीत से युद्ध में उलझ जाते हैं।लक्ष्मण हनुमान के कंधों पर सवार होकर इंद्रजीत से युद्ध करते हैं ,जिससे वे इंद्रजीत के हवाई हमलों का प्रभावी ढंग से मुकाबला कर पाते हैं।एक भयंकर युद्ध मेंहनुमानलक्ष्मण का साथ देते हैं ,जो अंततः इंद्रजीत को पराजित कर मार देते हैं ,जिससे वानर सेना की महत्वपूर्ण जीत होती है।

9. लक्ष्मण की रक्षा:

युद्ध के अंतिम चरण में रावण के शक्तिशाली भाले से लक्ष्मण गंभीर रूप से घायल हो जाते हैं।

फिर से औषधीय जड़ी-बूटियाँ प्राप्त करना: लक्ष्मण के जीवन को बचाने के लिए आवश्यक जड़ी-बूटियाँ प्राप्त करने के लिए हनुमान हिमालय की एक और आवश्यक यात्रा करते हैं। हनुमान की त्वरित

कार्रवाई और जड़ी-बूटियों को सफलतापूर्वक प्राप्त करने से लक्ष्मण फिर से स्वस्थ हो जाते हैं ,जिससे वे युद्ध जारी रख पाते हैं।

10. राम को सशक्त बनाना:

रावण के साथ अंतिम युद्ध के दौरान हनुमान राम के साथ खड़े रहे , उन्हें महत्वपूर्ण समर्थन और सुरक्षा प्रदान की तथा उनके अटूट बंधन का प्रतीक बने ,जिसने राम को सशक्त बनाया।

इससे पहले कि भगवान इंद्र अपना रथ और सारथी मातलि भेजते , राम ने हनुमान के कंधों पर सवार होकर युद्ध किया ,जिससे हनुमान की अद्वितीय शक्ति और अटूट समर्थन का प्रदर्शन हुआ।

पूरे युद्ध के दौरान हनुमान की अटूट निष्ठा और शक्ति ने राम और वानर सेना को सशक्त बनाया और उनकी अंतिम विजय में महत्वपूर्ण भूमिका निभाई।

निष्कर्ष:

हनुमान की विरासत :रावण पर विजय प्राप्त करने में हनुमान के अपरिहार्य योगदान परचिंतन करते हुए एक योद्धा, चिकित्सक, रणनीतिकार और निष्ठावान भक्त के रूप में उनके गुणों को उजागर किया जा सकता है।

प्रेरणा-स्रोत :हनुमान के कार्य भक्ति ,साहस और निःस्वार्थताकी शक्ति का उदाहरण हैं। उनकी अपार शक्ति ,अटूट विश्वास और बुद्धिमान सलाह उन्हें पूजनीय बनाती है।

सार्वभौमिक अपील :हनुमान की कहानी विभिन्न पृष्ठभूमि के लोगों को प्रभावित करती है जो उनके गुणों से प्रेरणा पाते हैं। उनकी निष्ठा ,बहादुरी और बुद्धिमत्ता ऐसे शाश्वत गुण हैं, जो संघर्ष और

विपत्ति के समय मार्गदर्शन चाहने वाले सभी लोगों को शक्ति और प्रोत्साहन प्रदान करते हैं।

Super Hearing
Superconsiousness
Hyperthymesia
Synesthesia
High Immunity
Genetic Anomaly
Extreme Breath-Holding

32. असंभव को संभव बनाने की शक्ति: मानव की क्षमताएं असीमित

मनुष्यों में "सुपरपावर "की अवधारणा का अन्वेषण वैज्ञानिकों द्वारा किया जा रहा है ,जिन्होंने कुछ व्यक्तियों में असाधारण क्षमताओं की पहचान की है ,जो अकसर आनुवंशिक उत्परिवर्तन ,पर्यावरण अनुकूलन या अद्वितीय मानसिक अनुकूलन के परिणामस्वरूप होती हैं। यहाँ अलौकिक क्षमताओं के और भी दिलचस्प उदाहरण दिए गए हैं:

आनुवंशिक उत्परिवर्तन और पर्यावरण अनुकूलन

1. उच्च श्रवण क्षमता :

पृष्ठभूमि :कुछ व्यक्तियों में आनुवंशिक विविधताओं के कारण सुनने की क्षमता बढ़ जाती है। इससे वे सामान्य मानवीय-सीमा से परे आवृत्तियों को सुन सकते हैं।

उदाहरण : कुछ व्यक्ति पराश्रव्य ध्वनियों का पता लगा सकते हैं , जो आम तौर पर औसत व्यक्ति के लिए अश्रव्य होती हैं। इस क्षमता को विशिष्ट आनुवंशिक उत्परिवर्तनों से जोड़ा जा सकता है जो आंतरिक कान की संरचना और कार्य को प्रभावित करते हैं। उदाहरण के लिए,OTOFजीन में उत्परिवर्तन इस क्षमता से जुड़ा हुआ है। यह जीन आंतरिक कान के कार्य के लिए महत्वपूर्ण प्रोटीन के लिए कोड करता हैऔर इस जीन में उत्परिवर्तन से सुनने की क्षमता में वृद्धि हो सकती है।

2. बेहतर प्रतिरक्षा प्रणाली:

पृष्ठभूमि : कुछ लोगों में आनुवंशिक उत्परिवर्तन होते हैं जो उन्हें कुछ बीमारियों के प्रति प्रतिरोधक क्षमता प्रदान करते हैं।

उदाहरण : CCR5 जीन में उत्परिवर्तन वाले व्यक्ति HIVकेप्रति प्रतिरोधी माने जाते हैं। यह उत्परिवर्तन वायरस को Tकोशिकाओं में प्रवेश करने और उन्हें संक्रमित करने से रोकता है, जो प्रतिरक्षा प्रणाली का एक महत्वपूर्ण घटक है।

3. असाधारण शीत सहिष्णुता :

पृष्ठभूमि :बर्फीले वातावरण के प्रति अनुकूलन से शीत सहिष्णुता बढ़ सकती है।

उदाहरण :ग्रीनलैंड और कनाडा के इनुइट लोग ,जो मानव लचीलेपन और अनुकूलनशीलता का प्रमाण हैं ,में आनुवंशिक अनुकूलन है जो उन्हें भीषण ठंड का सामना करने में सक्षम बनाते हैं। इन अनुकूलनों में चयापचय और वसा भंडारण से संबंधित जीन में परिवर्तन शामिल हैं ,जो ठंडे तापमान में शरीर की गर्मी बनाए रखने में मदद करते हैं।

मानसिक और संवेदी संवर्द्धन

1. हाइपरथाइमेसिया (श्रेष्ठ आत्मकथात्मक स्मृति) :

पृष्ठभूमि :हाइपरथाइमेसिया से पीड़ित व्यक्ति अपने जीवन के लगभग हर विवरण को सटीक रूप से याद कर सकते हैं।

उदाहरण :आइए, मारिलू हेनर पर करीब से नज़र डालें ,जो एक अभिनेत्री हैं और हाइपरथाइमेसिया के कुछ प्रलेखित मामलों में से एक हैं। इस स्थिति के कारण वह अपने जीवन के प्रत्येक दिन के विशिष्ट विवरणों को याद रख पाती हैं, जो मस्तिष्क में एक सामान्य से बड़े आकार के पुच्छल नाभिक से जुड़ा हुआ है। उनकी अनोखी याददाश्त

ने उनके निजी जीवन और करियर को आकार दिया है ,जिससे वे मानव मन की असाधारण क्षमता का जीवंत प्रमाण बन गई हैं।

2. सिनेस्थेसिया:

पृष्ठभूमि :सिनेस्थेसिया एक ऐसी स्थिति है ,जिसमें एक इंद्रिय को एक या एक से अधिक अतिरिक्त इंद्रियों द्वारा एक साथ महसूस किया जाता है।

उदाहरण :क्रोमेस्थेसिया या सिनेस्थेसिया से पीड़ित लोग संगीत सुनते समय रंग देखते हैं। मस्तिष्क में संवेदी मार्गों का असामान्य जुड़ाव असाधारण कलात्मक क्षमताएँ और अनुभव पैदा कर सकता है।

सीखी हुई योग्यताएं और अनुकूलन

1. विम हॉफ विधि:

पृष्ठभूमि" :द आइसमैन "के नाम से मशहूर विम हॉफ ने सांस लेने की तकनीक ,ठंड के संपर्क और ध्यान के माध्यम से अपने स्वायत्त तंत्रिका तंत्र को नियंत्रित करने की क्षमता का प्रदर्शन किया है। विम हॉफ विधि के नाम से जानी जाने वाली यह विधि वैज्ञानिक शोध का विषय रही है और इसने प्रतिरक्षा कार्य में सुधार और सूजन को कम करने में आशाजनक परिणाम दिखाए हैं।

उदाहरण :हॉफ ने सिर्फ़ शॉर्ट्स और जूते पहनकर माउंट एवरेस्ट पर चढ़ाई की है और ठंड के संपर्क में आने के कई विश्व रिकॉर्ड बनाए हैं। उनकी विधि उन्हें अपने शरीर के तापमान को नियंत्रित करने और अत्यधिक ठंड का सामना करने में मदद करती है।

2. अंधे लोगों में इकोलोकेशन:

पृष्ठभूमि :कुछ अंधे व्यक्तियों ने अपने वातावरण में दिशा जानने के लिए इकोलोकेशन का उपयोग करने की क्षमता विकसित कर ली है। उदाहरण :बेन अंडरवुड ,जिन्होंने कम उम्र में ही अपनी दृष्टि खो दी थी ,ने अपनी जीभ से क्लिक की आवाज़ निकालकर और लौटने वाली प्रतिध्वनियों की व्याख्या करके रास्ता खोजना सीखा। इस क्षमता ने उन्हें खेल खेलने और साइकिल चलाने सहित कई तरह की गतिविधियाँ करने में सक्षम बनाया है।

असाधारण शारीरिक लक्षण

1. अत्यधिक ताकत:

पृष्ठभूमि :मांसपेशियों की वृद्धि को प्रभावित करने वाले आनुवंशिक उत्परिवर्तन व्यक्तियों की ताकत को महत्वपूर्ण रूप से बढ़ा सकते हैं। उदाहरण :लियाम होएक्स्ट्रा ,जिसे "विश्व का सबसे शक्तिशाली बच्चा "कहा जाता है ,में एक उत्परिवर्तन है जो मायोस्टेटिन उत्पादन को बाधित करता है ,जिसके कारण बहुत कम उम्र से ही उसकी मांसपेशियों का असाधारण विकास होता है।

नेशनल जियोग्राफ़िक लेख असाधारण क्षमताओं वाले मनुष्यों के वास्तविक जीवन के उदाहरणों पर प्रकाश डालता है। ये "सुपरपॉवर " आनुवंशिक उत्परिवर्तन ,पर्यावरणीय अनुकूलन या गहन मानसिक प्रशिक्षण के परिणामस्वरूप हो सकते हैं।

शेरपा :वे कम ऑक्सीजन वाले ऊंचे स्थानों पर जीवित रहने के लिए विकसित हुए हैं ,ऐसा ऑक्सीजन के उपयोग को बढ़ाने वाले आनुवंशिक अनुकूलन के कारण संभव हुआ है।

बाजाऊ सागर खानाबदोश :वे ऑक्सीजन को संग्रहित करने वाली बड़ी तिल्ली की सहायता से बहुत गहराई तक मुक्त रूप से गोता लगा सकते हैं।

एलेक्स होन्नोल्ड :प्रसिद्ध पर्वतारोही के मस्तिष्क में भयकी प्रतिक्रियाओं को दबाने की अनोखी क्षमता दिखती है।

मानसिक एथलीट :समर्पित प्रशिक्षण और मानसिक अनुकूलन के माध्यम सेव्यक्ति असाधारण स्मृति क्षमताओं का विकास कर सकते हैं ,जो मानव मस्तिष्क की अप्रयुक्त क्षमता का प्रमाण है।

ये मामले मानव अनुकूलन और प्रशिक्षण की उल्लेखनीय क्षमता को दर्शाते हैं।

ये उदाहरण मानव आनुवंशिकी की अविश्वसनीय क्षमता को रेखांकित करते हैं और हमारी क्षमताओं पर पर्यावरणीय कारकों और मानसिक प्रशिक्षण के आशाजनक प्रभाव का संकेत देते हैं। हालांकि ये 'सुपरपावर 'कॉमिक पुस्तकों में दर्शाए गए लोगों की तरह आकर्षक नहीं हो सकते हैं ,लेकिन वे कुछ मनुष्यों की उल्लेखनीय क्षमताओं की गवाही देते हैं। वैज्ञानिक इन घटनाओं के अपने अध्ययन में लगे हुए हैं ,जिसका उद्देश्य उनके अंतर्निहित तंत्र को उजागर करना और चिकित्सा और उससे परे उनके संभावित अनुप्रयोगों का पता लगाना है ,जिससे भविष्य की एक झलक मिलती है जहाँ मानवता की भलाई के लिए ऐसी क्षमताओं का उपयोग किया जा सकता है।

योगी लंबे समय से अपनी असाधारण क्षमताओं के लिए जाने जाते हैं ,जिन्हें अकसर गहन ध्यान ,सांस पर नियंत्रण और शारीरिक अनुकूलन के लिए जिम्मेदार ठहराया जाता है। यहाँ उनकी अलौकिक उपलब्धियों को उजागर करने वाली कुछ कहानियाँ दी गई हैं:

दफ़न से बचे

हरिदास जैसे योगियों ने ऐसे करतब दिखाए ,जिसमें वे लंबे समय तक जमीन के नीचे दबे रहने के बाद भी जीवित रहे। इन करतबों में गहन ध्यान और सांस पर नियंत्रण के माध्यम से अपनी चयापचय प्रक्रियाओं को धीमा करना और सुषुप्त अवस्था की स्थिति में प्रवेश करना शामिल था।

अत्यधिक तापमान सहनशीलता

कुछ योगी तुम्मो (तिब्बती बौद्ध अभ्यास)ध्यान का प्रदर्शन करते हैं , जिससे वे शरीर में आंतरिक गर्मी पैदा करके अत्यधिक ठंड का सामना करने में सक्षम होते हैं। विम हॉफ ,जिन्हें "द आइसमैन "के नाम से जाना जाता है ,कम से कम कपड़ों में माउंट एवरेस्ट पर चढ़ने कीएक समान तकनीक का अभ्यास करते हैं।

श्वांस पर नियंत्रण

स्वामी राम जैसे योगियों ने प्राणायाम (सांस पर नियंत्रण)के माध्यम से अपनी हृदय गति और शारीरिक क्रियाओं को नियंत्रित करने की क्षमता का प्रदर्शन किया है। यह अभ्यास उन्हें गहन विश्राम की स्थिति में प्रवेश करने या उच्च शारीरिक प्रदर्शन करने की क्षमता प्रदान करता है।

दर्द सहनशीलता और उपचार

योगी अकसर अत्यधिक दर्द को सहन करने और उपचार प्रक्रियाओं को तेज करने में सक्षम होते हैं। यह केंद्रित ध्यान और मानसिक अनुशासन के माध्यम से प्राप्त होता है ,जिससे वे दर्द की अनुभूति और शारीरिक कार्यों को नियंत्रित कर सकते हैं।

उत्तोलन और टेलीकिनेसिस

ऐतिहासिक और किस्से-कहानियों से पता चलता है कि उन्नत योगियों ने उत्तोलन और टेलीकिनेसिस का प्रदर्शन किया है। हालांकि वैज्ञानिक रूप से अप्रमाणितये कहानियाँ यौगिक अभ्यासों के माध्यम से अनुशासित होने पर मानव मन और शरीर की क्षमता को उजागर करती हैं।

ये क्षमताएं मानवीय अनुकूलन की उल्लेखनीय क्षमता और शरीर पर मन की शक्ति को प्रदर्शित करती हैं ,जो अनुशासित अभ्यास और गहन ध्यान के माध्यम से प्राप्त की जाती है।

योगियों द्वारा असाधारण कार्यों के वास्तविक जीवन के उदाहरण

1.रामकृष्ण परमहंस:

आध्यात्मिक परमानंद :कभी-कभी कई दिनों तकरामकृष्ण को तीव्र आध्यात्मिक परमानंद और समाधि का अनुभव हुआ ,जिसके दौरान उन्होंने ईश्वर के साथ संवाद किया और गहन अंतर्दृष्टि प्राप्त की।

2. स्वामी विवेकानंद:

मानसिक और शारीरिक कौशल :पश्चिमी दुनिया में वेदांत और योग को पेश करने वाले प्रमुख व्यक्ति स्वामी विवेकानंद ने उल्लेखनीय बौद्धिक और शारीरिक क्षमताओं का प्रदर्शन किया।1893में शिकागो में विश्व धर्म संसद में उनके भाषण ने वैश्विक श्रोताओं को गहराई से प्रभावित किया। अपनी गहन ध्यान अवस्थाऔर असाधारण स्मृति के लिए जाने जाने वाले विवेकानंद सिर्फ़ एक बार पाठ पढ़ने के बाद बहुत सारी जानकारी याद कर लेते थे। अपनी शिक्षाओं और व्यक्तिगत

उदाहरण के माध्यम से लोगों को प्रेरित करने और उन्हें संगठित करने की उनकी क्षमता बेमिसाल है।

3. परमहंस योगानन्द:

शरीर का संरक्षण :1952 में उनकी मृत्यु के बादयोगानंद के शरीर में कई सप्ताह तक सड़न के कोई लक्षण नहीं दिखे ,यह एक ऐसी घटना थी जिसे शवगृह निदेशक ने देखा और इसे उल्लेखनीय माना।

4. योगी सत्यमूर्ति :

जीवित दफन :1967 मेंयोगी सत्यमूर्ति को आठ दिनों तक एक बंद गड्ढे में जीवित दफना दिया गया था,जहाँ से वे सुरक्षित बाहर निकलेऔर उन्होंने अपनी सांसों पर अविश्वसनीय नियंत्रण और चयापचय की धीमी गति का प्रदर्शन किया।

5. स्वामी राम:

हृदय गति नियंत्रण :स्वामी राम ने अपनी हृदय गति को नियंत्रित करने की क्षमता का प्रदर्शन किया ,जिसमें थोड़े समय के लिए अपने हृदय को रोकना भी शामिल था ,जैसा कि 1970के दशक में मेनिंगर फाउंडेशन में किए गए एक अध्ययन में देखा गया था।

प्रहलाद जानी :

भोजन या पानी के बिना जीवित रहना :जानी ने दावा किया कि वे दशकों तक बिना भोजन या पानी के जीवितरहे हैं।उन्हें 15दिनों तक अस्पताल में बिना कुछ खिलाए-पिलाए रखा गया और उनमें निर्जलीकरण या कुपोषण के कोई लक्षण नहीं दिखे।

माता अमृतानंदमयी (अम्मा) :

गले लगाने वाली संत :दुनिया भर में लाखों लोगों को गले लगाने के लिए जानी जाने वाली अम्मा की शारीरिक सहनशक्ति और बिना आराम के घंटों तक आराम और करुणा प्रदान करने की क्षमता को असाधारण माना जाता है।

स्वामी शिवानंद:

अत्यधिक लचीलापन और असाधारण स्वास्थ्य :स्वामी शिवानंद , जिन्होंने 2021में अपना 125वां जन्मदिन मनाया ,अपने असाधारण स्वास्थ्य और लचीलेपन के लिए जाने जाते हैं ,जिसका श्रेय उनके आजीवन योग अभ्यास और अनुशासित जीवनशैली को जाता है। 2022मेंभारत सरकार ने योग में उनके योगदान को मान्यता देते हुए उन्हें पद्म श्री से सम्मानित किया। वह यह प्रतिष्ठित पुरस्कार पाने वाले सबसे उम्रदराज व्यक्ति हैं।

श्री चिन्मय:

भारोत्तोलन :अपने अविश्वसनीय शारीरिक करतबों के लिए जाने जाने वाले श्री चिन्मय ने विशेष रूप से तैयार किए गए उपकरण का उपयोग करके 7,000 पाउंड से अधिक वजन उठाया ,जो आध्यात्मिक अभ्यास और शारीरिक प्रशिक्षण की शक्ति पर जोर देता है।

बाबा लोकनाथ ब्रह्मचारी:

दीर्घायु :ऐसा कहा जाता है कि बाबा लोकनाथ 160वर्षों तक जीवित रहेतथा उन्होंने अनुशासित योगाभ्यास और ध्यान के माध्यम से स्वास्थ्य और जीवन शक्ति को बनाए रखा।

हीरा रतन मानेक:

सूर्य दर्शन :मानेक का दावा है कि उन्होंने सूर्य दर्शन के माध्यम से सौर ऊर्जा पर जीवित रहने का प्रयास किया है ,कथित तौर पर वे लंबे समय तक ठोस भोजन के बिना रहे हैंतथा जीविका के लिए सूर्य के प्रकाश पर निर्भर रहे हैं।

ये उपलब्धियां मानव की सहनशक्ति ,अनुशासन और समर्पित योगाभ्यास के गहन प्रभाव को प्रदर्शित करती हैं।

तुम्मो ध्यान अभ्यासकर्ता:

शरीर में गर्मी उत्पन्न करना :तुम्मो ध्यान करने वाले साधकों ने, जो तिब्बती बौद्ध अभ्यास है, उनके बारे में ऐसा कहा गया है कि उन्होंने अपने शरीर का तापमान इस हद तक बढ़ा दिया कि उनके चारों ओर लपेटी हुई गीली चादरें जमने वाली परिस्थितियों में भी सूख गईं।

लामा थुबतेन येशे:

टेलीपैथी और उपचार :लामा येशे ने टेलीपैथिक संचार और उपचार क्षमताओं का प्रदर्शन किया ,अकसर अपनी आध्यात्मिक प्रथाओं के माध्यम से बीमारियों का निदान और इलाज किया।

ये कहानियाँ समर्पित यौगिक और आध्यात्मिक अभ्यासों के माध्यम से मानवीय क्षमता की विशाल संभावनाओं को दर्शाती हैंतथा ऐसे कारनामों का प्रदर्शन करती हैं जो पारंपरिक समझ को चुनौती देते हैं।

स्रोत:

The Independent

Punnett's Square

HowStuffWorks

Big Think

National Geographic

Leadership Lessons from Ramayana

33. रामायण की राह: संकल्प और नैतिकता के प्रबंधन की प्रेरणा

भारतीय पौराणिक कथाओं के सबसे महान महाकाव्यों में से एक रामायण न केवल सद्गुण और भक्ति, बल्कि प्रबंधन और नेतृत्व के बारे में भी गहन शिक्षा प्रदान करता है। ये शिक्षाएँसार्वभौमिक रूप से लागू होती हैं और सांस्कृतिक सीमाओं से परे हैं ,ये सभी छात्रों और व्यावसायिक नेताओं के लिए हैं जो अपने नेतृत्व कौशल को बढ़ाना चाहते हैं। यहाँ कुछ मुख्य बातें दी गई हैं:

दृष्टि और उद्देश्य

राम का मिशन :सीता को बचाने के अपने अभियान पर राम का अटूट ध्यान स्पष्ट दृष्टि और उद्देश्य के महत्व को दर्शाता है। उनके द्वारा किया गया हर कार्य इस लक्ष्य के अनुरूप था ,जो उनके सहयोगियों को दिशा और प्रेरणा प्रदान करता था।

सीख :अपने संगठन के लिए एक स्पष्ट लक्ष्य और उद्देश्य निर्धारित करें ,जैसा कि राम ने सीता को बचाने के अपने अभियान में किया था। सुनिश्चित करें कि सभी कार्य और रणनीतियाँ इस दृष्टिकोण के अनुरूप हों ताकि ध्यान और प्रेरणा बनी रहे ,जैसा कि राम ने अपने अभियान के प्रति अटूट प्रतिबद्धता से प्रदर्शित किया है।

नेतृत्व और मार्गदर्शन

राम का नेतृत्व :अयोध्या के राजकुमार रघुकुल नायक रामसेवक नेतृत्व काआदर्श उदाहरण हैं। वे अपने अनुयायियों की भलाई को सबसे पहले रखते हैं और उदाहरण के द्वारा नेतृत्व करते हैं। वानर सेना सहित अपने सहयोगियों को प्रेरित करने और प्रोत्साहित करने की उनकी क्षमताप्रभावी नेतृत्व को दर्शाती है।

जाम्बवंत का मार्गदर्शन :बुद्धिमान जाम्बवंत हनुमान को प्रेरित करते हैं और उनका मार्गदर्शन करते हैं ,जिससे उन्हें अपनी वास्तविक क्षमता का एहसास करने में मदद मिलती है। हनुमान की उपलब्धियों में उनका मार्गदर्शन महत्वपूर्ण है।

सीख:सेवक नेतृत्व का अभ्यास करें और अपनी टीम की भलाई को प्राथमिकता दें। अपने टीम के सदस्यों को आगे बढ़ने और उनकी क्षमता का एहसास करने में मदद करने के लिए एक संरक्षक के रूप में कार्य करें।

रणनीतिक योजना और कार्यान्वयन

हनुमान का लंका अभियान :शक्तिशाली वानर योद्धा हनुमान लंका की खतरनाक यात्रा पर निकलते हैं। उनकी निगरानी और प्रमुख लक्ष्यों का रणनीतिक विनाश सावधानीपूर्वक योजना और निर्णायक निष्पादन के महत्व को दर्शाता है।

सीख : स्पष्ट उद्देश्यों के साथ विस्तृत योजनाएँ बनाएं और उन्हें निर्णायक रूप से क्रियान्वित करें। सुनिश्चित करें कि आपकी टीम

अभियान को प्राप्त करने में अपनी भूमिका और ज़िम्मेदारियों को स्पष्ट रूप से समझती है।

प्रतिभा की पहचान और उपयोग

राम द्वारा हनुमान की क्षमता को पहचानना :राम ने हनुमान की क्षमताओं और उनकी प्रतिभा के रणनीतिक उपयोग को पहचानातथा संगठन के भीतर प्रतिभा की पहचान करने और उसे पोषित करने के महत्व पर प्रकाश डाला।

सीख :अपनी टीम के सदस्यों की अद्वितीय प्रतिभाओं को पहचानें और उनका पोषण करें। संगठनात्मक लक्ष्यों को प्राप्त करने के लिए उनकी ताकत का प्रभावी ढंग से उपयोग करें।

टीम निर्माण और गठजोड़

राम और सुग्रीव का गठजोड़ :राम और सुग्रीव का गठजोड़रणनीतिक साझेदारी की शक्ति को दर्शाता है। उनके सहयोग ने उनकी ताकत और संसाधनों को बढ़ाया ,जिससे लंका की सफल घेराबंदी हुई।

सीख :राम और सुग्रीव की तरह मज़बूत गठजोड़और साझेदारीबनाएं। आपसी ताकत का फ़ायदा उठाने और साझा लक्ष्य हासिल करने के लिए दूसरों के साथ मिलकर काम करें। आधुनिक संगठनात्मक संदर्भ मेंइसका मतलब संसाधनों और क्षमताओं को बढ़ाने के लिए अन्य कंपनियों या विभागों के साथ रणनीतिक साझेदारी बनाना हो सकता है।

लचीलापन और अनुकूलनशीलता

हनुमान का लचीलापन :चाहे वे जड़ी-बूटियों के लिए हिमालय की यात्रा पर हों या युद्ध में ,बाधाओं पर विजय पाने के लिए हनुमान का दृढ़ संकल्प लचीलेपन और अनुकूलनशीलता का उदाहरण है।

सीख :अपनी टीम में लचीलापन और अनुकूलनशीलता विकसित करें। उन्हें चुनौतियों का सामना करने और बदलती परिस्थितियों के अनुकूल ढलने के लिए प्रोत्साहित करें।

प्रभावी संचार

हनुमान की कूटनीति :सीता के साथ संवाद करने और विभीषण के साथ बातचीत करने में हनुमान की वाक्पटुता और कूटनीतिक कौशल प्रभावी संवाद की शक्ति को प्रदर्शित करते हैं।

सीख :मजबूत संवाद कौशल विकसित करें। लक्ष्य स्पष्ट करें , प्रतिक्रिया दें और अपनी टीम के भीतर खुले संचार को बढ़ावा दें।

नैतिक नेतृत्व और सत्यनिष्ठा

राम का नैतिक आचरण :प्रतिकूल परिस्थितियों में भी राम द्वारा धर्म का पालन करना ,नैतिक नेतृत्व और सत्यनिष्ठा के महत्व को उजागर करता है।

सीख :ईमानदारी के साथ नेतृत्व करें और नैतिक मानकों को बनाए रखें।टीम ,प्रबंधन और बाहरी हितधारकों के बीच विश्वास और सम्मान का निर्माण करें।

सशक्तिकरण और विश्वास

प्रतिनिधिमंडल और विश्वास :सीता को खोजने और बाद में हिमालय से औषधीय जड़ी-बूटियां लाने के लिए राम का हनुमान पर भरोसाटीम के सदस्यों को सशक्त बनाने और उनकी क्षमताओं पर भरोसा करने के महत्व को दर्शाता है।
सीख :अपनी टीम को ज़िम्मेदारियाँ सौंपकर और उन्हें पूरा करने के लिए भरोसा देकर उन्हें सशक्तबनाएं। सहायता और संसाधन प्रदान करें ,लेकिन उन्हें अपने कार्य करने की स्वायत्तता दें।

संकट प्रबंधन

असफलताओं से निपटना :वनवास से लेकर सीता को खोने तक राम के सामने आने वाली अनेक चुनौतियाँतथा इन असफलताओं के प्रति उनकी रणनीतिक प्रतिक्रियाएँप्रभावी संकट प्रबंधन को प्रदर्शित करती हैं।

सीख :संकट प्रबंधन रणनीति विकसित करें। दबाव में शांत रहें ,स्थिति का मूल्यांकन करें और सोच-समझकर कदम उठाएं।

प्रेरणादायक और उत्साहवर्धक

हनुमान की प्रेरणा :समुद्र पार करने से लेकर लंका जलाने तक , हनुमान के कार्य वानर सेना को प्रेरित करते हैं तथा आत्मविश्वास और दृढ़ संकल्प पैदा करते हैं।

सीख :अपने कार्यों और शब्दों के माध्यम से अपनी टीम को प्रेरित और प्रोत्साहित करें। मनोबल और उत्पादकता बढ़ाने के लिए टीम के योगदान को स्वीकार करें और उनकी उपलब्धियों का जश्न मनाएं।

निष्कर्ष:

रामायण में प्रबंधन और नेतृत्व के ऐसे शाश्वत पाठ हैं जो आपकी नेतृत्व प्रभावशीलता ,टीम की गतिशीलता और संगठनात्मक परिणामों को बदलने की क्षमता रखते हैं। इन सिद्धांतों को अपनाकरछात्र और व्यावसायिक नेता अपनी नेतृत्व प्रभावशीलता को बढ़ा सकते हैं , मजबूत टीम बना सकते हैं और ईमानदारी और लचीलेपन के साथ अपने संगठनात्मक लक्ष्यों को प्राप्त कर सकते है।

सफ़र का शिखर: रामायण के मूल्यों के साथ सफलता की ओर

रामायण की इस गहन यात्रा के समापन परहमें उस कालातीत ज्ञान और अंतर्दृष्टि पर विचार करना चाहिए, जो हमने प्राप्त किया है। राम ,सीता ,लक्ष्मण और हनुमान की कथा केवल दिव्य वीरता और

साहस की कहानी नहीं है ;यह सहनशीलता ,नैतिक नेतृत्व ,अपने कर्तव्यों के प्रति अडिग प्रतिबद्धता और सहायक संबंधों की शक्ति के स्थायी मूल्यों का प्रमाण है। ये मूल्य व्यक्तिगत विकास ,नैतिक निर्णय लेने और आधुनिक दुनिया में प्रभावी नेतृत्व के लिए प्रासंगिक और आवश्यक हैं।

राम का जीवनअसाधारण सहनशीलता और प्रतिबद्धता से परिपूर्णहै,जोहमें सिखाता है कि सच्ची महानता मानवीय गुणों जैसे- सम्मान ,अखंडता और करुणा को अपनाने में है। उदाहरण के लिए- जब राम को वनवास मिला ,तो उन्होंने अपने भाग्य को गरिमा और शांति के साथ स्वीकार किया ,अपने राजकुमार के कर्तव्य के प्रति अपनी प्रतिबद्धता दिखाते हुए। व्यक्तिगत हानि और विपत्ति के बीच भीधर्म के प्रति उनकी अडिग निष्ठा उन सभी के लिए एक मार्गदर्शक प्रकाश है जो धर्म और उद्देश्य के साथ नेतृत्व करना चाहते हैं। यह एक उदाहरण है कि जब राम नेसीता के प्रति अपने प्रेम के बावजूदसमाज की शंकाओं के कारण उन्हें त्यागने का निर्णय लिया। यह निर्णयहालांकि पीड़ादायक था ,फिर भीराजा के रूप में उनके कर्तव्य और धर्म के प्रति उनकी अडिग निष्ठा का प्रमाण था।

सीता काराम के प्रति अडिग समर्पण प्रेम और निष्ठा का गहरा उदाहरण है। राज्य में रहने का विकल्प मिलने के बावजूदसीता ने राम के साथ वनवास जाने का निर्णय लिया ,यह घोषणा करते हुए कि उनका स्थान हमेशा उनके साथ है। यह निर्णयगहरे प्रेम और प्रतिबद्धता में निहितउनके चरित्र की मजबूती और अपने पति के प्रति उनके अडिग समर्थन को दर्शाता है। रावण द्वारा अपहरण और कैद के बाद भीसीता राम के प्रति अपने विश्वास और निष्ठा में अडिग रहीं।

विपत्ति में उनकी आंतरिक शक्ति ,गरिमा और सहनशीलता उनके चरित्र का प्रमाण है।

अपने बचाव के बादजब राम ने उनकी शुद्धता के बारे में संदेह किया ,तो सीता ने अपनी शुद्धता साबित करने के लिए अग्निपरीक्षा देने का निर्णय लिया। उनके प्रिय पति की अस्वीकार्यता को गरिमा और दृढ़ता के साथ संभालने की उनकी क्षमता आंतरिक शक्ति और सहनशीलता का एक गहरा सबक है। आधुनिक महिलाएं सीता के उदाहरण से साहस और शक्ति प्राप्त कर सकती हैं ,अपने संघर्षों का सामना गरिमा और धैर्य के साथ कर सकती हैंऔर यह याद कर सकती हैं कि वे किसी भी बाधा को पार करने की शक्ति रखती हैं। सीता की कहानी उन्हें अपने मूल्यों और अखंडता को बनाए रखने के लिए प्रेरित करती है ,चाहे वे किसी भी अन्यायपूर्ण आरोप या कठिनाइयों का सामना करेंऔर उनके परीक्षणों को अपने चरित्र के प्रमाण में बदल दें।

लक्ष्मण के अडिग समर्थन और विवेकपूर्ण सलाहने राम को उनके सबसे अंधकारमय क्षणों में सहारा देने में महत्वपूर्ण भूमिका निभाई। उनका समर्पण ,निष्ठा और अडिग उपस्थिति हमें याद दिलाती है कि एक सहायक साथी का गहरा प्रभाव हो सकता है ,जिससे हम अपनी चुनौतियों का सामना कर सकते हैं। लक्ष्मणनेअपने भाई के प्रति निष्ठा और प्रेम से गहराई से प्रेरित होकरउनके अलगाव का विचार सहन न कर पाने के कारणराम के साथ वनवास जाने का निर्णय लिया।उनके कार्य पारिवारिकसंबंधों के महत्व और ऐसे संबंधों से मिलने वाली ताकत को दर्शाते हैं। लक्ष्मण की भूमिका एक सलाहकार और सांत्वना देने वाले के रूप में भरोसेमंद सहयोगियों के महत्व को

उजागर करती है,जो हमें आवश्यकता के समय में शक्ति और विवेक प्रदान करते हैं।

हनुमान की भक्ति ,बुद्धिमानी और रणनीतिक सोच के पाठ विशेष रूप से आज की जटिल और गतिशील दुनिया में प्रासंगिक हैं। उनकानिर्भीक समर्पण और वानर सेना को प्रेरित और संगठित करने की क्षमता हमें याद दिलाती है कि सच्चा नेतृत्व दूसरों को सशक्त बनाने ,उद्देश्य की भावना को प्रोत्साहित करने और साहस एवं रचनात्मकता के साथ चुनौतियों का सामना करने में है।

हनुमान की रणनीतिक अंतर्दृष्टि और भविष्य दृष्टि ने उनकी युद्ध रणनीतियों की योजना और क्रियान्वयन में महत्वपूर्ण योगदान दिया , रावण के खिलाफ युद्ध में महत्वपूर्ण भूमिका निभाई। राम को विभीषण की शरणागति स्वीकार करने की सलाह देने से लेकर इंद्रजीत के बलिदान को बाधित करने तक, हनुमान की बुद्धिमानी और निर्णायक कार्यों ने युद्ध की दिशा बदल दी।

हिमालय से औषधीय जड़ी-बूटियों को खोजने की उनकी यात्रा और सीता को खोजने केउनके अडिग प्रयास दर्शाते हैंकि धैर्य ,दृढ़ता और विश्वास बाधाओं को पार करने और सफलता प्राप्त करने में महत्वपूर्ण हैं।

हम अपने लक्ष्यों पर ध्यान केंद्रित करके और चुनौतियों से निपटने के लिए समय देकर अपनी कठिनाइयों को जीत में बदल सकते हैं।

रामायण में विभीषण की भूमिका कहानी के नैतिक आयामों में एक और परत जोड़ती है। रावण के धर्म के मार्ग का पालन करने की

सलाह को अस्वीकार करने के बादविभीषण ने राम के अधीन शरण ली ,पारिवारिक निष्ठा से ऊपर उठकरधर्म का साथ चुनते हुए। उनके कार्य लंका को औरअधिक विनाश से बचाने में सहायक सिद्ध हुए और नैतिक साहस का प्रतीक बने। उनकी कहानी आधुनिक पाठकों को व्यक्तिगत और व्यावसायिक जीवन में नैतिक मूल्यों और नैतिक साहस को प्राथमिकता देने के लिए प्रेरित करती है-यह दर्शाते हुए कि सच्ची शक्ति न्याय और धर्म को बनाए रखने में निहित है।

हमारे आधुनिक जीवन मेंरामायण की कहानियां और चरित्र ऐतिहासिक अंतर्दृष्टि और व्यक्तिगत विकास ,नैतिक निर्णय लेने और प्रभावी नेतृत्व में मूल्यवान पाठ प्रदान करते हैं। इन सिद्धांतों को अपनाकरहम सहनशीलता की मानसिकता विकसित कर सकते हैं , मजबूत टीमों का निर्माण कर सकते हैंऔर सत्यनिष्ठाव करुणा के साथ नेतृत्व कर सकते हैं ,रामायण की शिक्षाओं को हमारे समकालीन अस्तित्व का एक जीवंत और सांस लेने वाला हिस्सा बना सकते हैं।

रामायण के माध्यम से यात्रा केवल एक निष्क्रिय अवलोकन नहीं है , बल्कि हमारे भीतर देखने ,हमारे जीवन में वीरता खोजने और करुणा से भरे दिल और विवेक से मार्गदर्शित मन के साथ नेतृत्व करने का निमंत्रण है। आइए, हम इन कालातीत पाठों को अपने साथ रखें ,उन्हें हमारेव्यक्तिगत और व्यावसायिक प्रयासों में प्रेरित और मार्गदर्शन करने दें ,हमें बेहतर ,अधिक सहनशील और नैतिक संस्करणों में बदलने दें। ये पाठ किसी विशेष संस्कृति या समय तक सीमित नहीं हैं ,बल्कि सार्वभौमिक रूप से लागू और प्रासंगिक हैं।

राम की साहस की भावनासीता के अडिग विश्वास ,लक्ष्मण के अडिग समर्थन और हनुमान के अथक संकल्प के साथ हमारी राहों को रोशन

करते रहें ,हमें उत्कृष्टता की ओर बढ़ने ,अपने मूल्यों को बनाए रखने और दुनिया पर सकारात्मक प्रभाव डालने के लिए प्रोत्साहित करते रहें।

गहन कृतज्ञता और आशा के साथ

आइए, महान रामायण की भावना में हम आने वाली यात्रा को सहनशीलता ,सत्यनिष्ठाऔर हमारे सर्वोच्च आदर्शों के प्रति अडिग प्रतिबद्धता के साथ अपनाएं। इन कालातीत कथाओं में प्रेरणा खोजें और उनकी बुद्धिमत्ता को हमारे आधुनिक जीवन की जटिलताओं को संचालित करने में लागू करें ,एक ऐसी दुनिया का निर्माण करें जहां न्याय ,करुणा और साहस प्रबल हों।